高等院校创新创业教育规划教材

DESIGN AND PRACTICE
OF ENTREPRENEURSHIP

创业设计与实务

主编　杨　芳

参编　田　可　汤志斌　李广川　李　苑
　　　李杨扬　李满春　肖双江　周文辉
　　　孟川瑾　段庆华　桂玲智　陶辉锦
　　　韩　雷　傅沂

（以姓氏笔画为序）

机械工业出版社
CHINA MACHINE PRESS

本书安排了认识创业、学会创业、准备创业、启动创业、实施创业五大模块，共计十一章内容。每章以真实案例作引，提出观点和问题；内容以生动简明的语言阐述相关知识，并辅以大量生动的案例；每章配有贴近创业实际的思考题；还精选了创业相关优惠政策作为附录。

本书编写紧密联系大学生创业实际，突出原创性、时代性、系统性和针对性，内容设计符合教学规律，通过学习目标、核心内容、知识导图、扩展阅读、案例、思考题等形式，帮助学生对重点内容进行理解和掌握。

本书既可以作为普通高校、高职高专、开放式大学等创业教育课程教学用书和相关领域研究者的参考用书，也可以作为创业者的培训指导用书。

图书在版编目（CIP）数据

创业设计与实务 / 杨芳主编. —北京：机械工业出版社，2016.1（2020.9重印）

（高等院校创新创业教育规划教材）

ISBN 978-7-111-52964-4

Ⅰ. ①创… Ⅱ. ①杨… Ⅲ. ①企业管理-高等学校-教材 Ⅳ. ①F270

中国版本图书馆CIP数据核字（2016）第028667号

机械工业出版社（北京市百万庄大街22号　邮政编码100037）

策划编辑：裴　泱　责任编辑：裴　泱　刘　静

责任校对：黄兴伟　责任印制：孙　炜

河北宝昌佳彩印刷有限公司印刷

2020年9月第1版第9次印刷

184mm × 260mm　20印张　355千字

标准书号：ISBN 978-7-111-52964-4

定价：49.90元

［序］

创新创业，是国家发展之根，是民族振兴之魂。

当下的中国，"众创"热潮蓬勃涌动，大众创业、万众创新已经成为培育和催生经济社会发展的新动力，形势越发凸显出提高国民素质、培养大批高素质创新创业人才的重要性和紧迫性。

党中央、国务院高度重视创新创业人才培养。习近平总书记多次做出重要指示：造就规模宏大、富有创新精神、敢于承担风险的创新创业人才队伍。李克强总理多次强调：大众创业、万众创新的核心在于激发人的创造力，尤其在于激发青年的创造力。

作为国家的顶层设计，《国务院办公厅关于深化高等学校创新创业教育改革的实施意见》印发，从人才培养质量标准、人才培养机制、课程体系、教学方法和考核方式、创新创业实践、教学和学籍管理制度、教师教学能力建设、创业指导服务、资金支持和政策保障体系九个方面，对创新创业教育提出了高要求。教育部从宏观指导和系统部署的层面，制定实施了《普通本科学校创业教育教学基本要求》，大力推进创新创业教育进入大学课堂教学主渠道，明确了一门必修课"创业基础"，该课程32学时，面向全体大学生开设，鼓励大学在专业课教学中有机融入创业教育。

深化高等学校创新创业教育改革，是国家实施创新驱动发展战略、促进经济提质增效升级的迫切需要，是推进高等教育综合改革、促进高校毕业生更高质量创业就业的重要举措。事实上，厚植大众创业、万众创新土壤，为建设创新型国家提供源源不断的人才智力支撑，已经成为大学教育教学的主体责任和普遍共识。在很多大学，创业学、创业实训指导、创业培训等已经成为全校性选修课程，与之相配套的创新创业教材也越来越多。但在整体上还是缺乏特色鲜明、针对性强的优质教材。问题即方向，适应大学生创业的特点，遵循高等教育的教学规律，编写一本实用性好、针对性强、覆盖面广的实务型教材，正是应时之需。有鉴于此，杨芳教授领衔成立编写组，结合多年教学经验和实践成果，紧密联系大学生创业教育实际，编写了本书。

中南大学创新与创业教育办公室（学生创新创业指导中心）主任杨芳教授是全国知名的创新创业教育专家。她自2002年起在全国率先开展创业教育实践探索。率先将创业教育纳入人才培养方案，推进创业教育贯穿学校人才培养全过程；率先将创业教育写入二级学院目标责任书；在全国率先设立创业实践学分；2002年组建全国首家大学生创业综合服务网站；成立全国首家SIYB培训（创业培训）项目管理部；开办全国首个创业实训试验班；2005年率先建设校、院、班三级创业教育组织；2006年起，组织开设创业通识、技能和实训课程86门；2008年组建大学生创业园；连续十年寒假组织开展创新创业实践调研，参与学生5万多人；引进社会资金，促成学校设立米塔尔、小榄智造、蔡田碹珠资助金；2015年推动开设创新创业教育课程群36门，认定校内创客空间12个。提出并促进创新创业教育与专业教育融合，与同仁们一道构建了中南大学创新创业教育培养新模式，育人成效显著，学生将知识转化为财富的能力得到了提升，在校学生创办公司300多家，组建工作室800多个；21家公司获得科技部创新基金890万元资助，66家公司获地方政府资助450万元；涌现出中宣部全国大学生创业典型、大学生创业先锋年度人物和国务院表彰的全国就业创业优秀个人等一大批学生创业典型。学校的创新创业教育经验得到教育部、人社部等部委的推介。

杨芳教授同时担任中国高等教育学会创新创业教育分会秘书长、专家委员会副主任委员，是教育部高等学校创业教育教学基本要求专家组专家，参与了《国务院办公厅关于深化高等学校创新创业教育改革的实施意见》等文件的制定。在创新创业教育理论研究、教学和实践探索等领域，建树颇丰。先后主持或参与国家发改委项目《国家大学生创业就业服务体系——湖南省大学生创业就业服务体系建设规划》等课题近20项。参编教育部普通本科学校创业教育示范教材《创业基础》、人社部创业培训教材《创办你的企业（大学生版）创业培训手册》、湖南省就业创业指导教材《大学生职业发展与就业指导》，担任了《创业基础教程》副主编及主编了《新时期大学生人性化管理》等教材或著作。中宣部理论局理论片《从怎么看到怎么办》中提到："'杨芳'们的工作价值，就是要突破大学生创业成功率仅为2.4%的魔咒。现在他们的工作就是埋下了一颗颗希望的种子。"2013年，杨芳教授与柳传志、马云、俞敏洪等人一道被列为新华社"改革时代人物"；2015年，获第四届全国教育改革创新"先锋教师"奖。

本书是杨芳教授及其团队十多年的教育教学工作经验的成果结晶。本书的目标很明确，即通过向学生传授一定的基础知识，为学生提供一个可以选择的新途径，从而增强学生的创新创业实践能力，提升其综合素质。本书突出了原创性、时代性、系统性和针对性，内容设计上既符合教学规律和创业规律，也契合了"互联网+"的发展趋势，具有较强的权威性、实用性和参考价值，能够帮助增强学生和青年朋友创业知识和技能的储备，并对其创新创业实践活动有所裨益，是一本真正难得的优质教材。

希望本书能够对大学生、青年朋友们创新创业有所帮助，让更多怀有美好创业梦想的青年美梦成真！也希望本书能对大学开展创新创业教育教学有所启迪！同时也感谢以杨芳教授为首的编写团队为该书所付出的辛劳！

中国高等教育学会会长

瞿振元

［前言］

当前，中国进入"十三五"时期，进入全面建成小康社会的决胜阶段，经济发展进入了新常态。党的十八届五中全会强调"激发创新创业活力，推动大众创业、万众创新"，国务院连续出台指导意见，"大众创业、万众创新"已经成为培育和催生经济社会发展的新动力。开发开设相关创业课程，编写优质教材，增强以大学生为主体的青年创新创业知识储备，推进以大学生为主体的年轻人创新创业，回应了时代发展主题的呼唤。

创业与创业教育于 20 世纪末在美国兴起，硅谷大批"学生"企业的创立和成功创业有力地刺激和推动了美国经济的发展，创业教育也在此时受到了前所未有的关注。目前，在欧美等发达国家，创业教育已经颇具规模。一些学校甚至以创业领域的研究和教学作为自身的策略重心及核心竞争力。中国高校开展创业教育时间短、普及程度不够，且存在着一系列理论和实践问题，如：创新创业教育理念滞后，课程体系建设零散，与专业教育结合不紧，与实践脱节；教师开展创新创业教育的意识和能力欠缺，教学方式方法单一，针对性、实效性不强；实践平台短缺，指导帮扶不到位，创新创业教育体系亟待健全等。伴随着以创新驱动、互联网+、中国制造2025、众创空间为表征的"众创"时代的到来，在"大众创业、万众创新"发展得如火如荼的形势下，现有的大学创新创业教育体制机制和模式已经不能满足时代发展对人才培养的需求，亟须通过改革，推动其真正担负起深化高等教育改革的功能定位。

2015年，《国务院办公厅关于深化高等学校创新创业教育改革的实施意见》印发，这是新形势下高校开展创新创业教育工作的重要文件。《意见》对新时期高校责任赋予了新要求、提出了新任务。越来越多的大学开始从全局性、战略性和前瞻性的高度，审视自身深化创新创业教育改革的深层次问题，落实主体责任，思考对策、提出方案。越来越多的大学开始面向全校学生，开设"创业基础""创业导论"等知识入门课程，编写配套教材，推动创新创业教育进入教学主渠道。但是，创业是实践性很强的行为，单纯的知识传授对增强学生的创业能力裨益有限。同时，尽管教材数量繁多，种类丰富，但还是缺少特色鲜明、针对性强的优质教材，不能满足广大读者，尤其是大学生群体，用以创业知识学习、创业实践指导和参考的要求。因此，我们深入挖掘了创业本质内涵，遵循了创业教育的特点和教学的规律，根据广大读者的需求，组织编写了本书。

本书安排了认识创业、学会创业、准备创业、启动创业、实施创业五大模块，共计十一章内容。以传授基本的创业知识、提高创业技能和能力、指导践行创业为宗旨，主要特色是：

1.突出了创新性

在结构设计和内容编排上积极创新，增加了大量前沿和实用的教学内容，在系统总结国内外创业教育教学成果的基础上，既注重理论知识的内在逻辑，又大量涉及创业教育课程教学和实践教学中的实务与经验，推进通识性、应用性、指导性和自主实践的紧密结合，形成完整、严密、规范、实用的教学体系。每章以真实案例作引，提出观点和问题；内容以生动简明的语言阐述相关知识，并辅以大量生动的扩展阅读和案例；每章配有贴近创业实际的思考题；还精选了创业相关优惠政策作为附录；构筑了新颖、充实的内容体系，有利于激发学生的学习兴趣，调动学生的创业热情，增强学生的创业意识，培养学生的创业能力。

2.保证了原创性

本书的编写是基于十多年的教育教学、创业培训、实训及实践指导等工作积累而来。本书经过了长时间的沉淀与多次修订，编者通过缜密的理论研究、广泛的实践调研和科学的归纳整理，分析了我国大学生创业和创业教育的时代背景，并针对大学生创业实践能力薄弱的环节，确定了选题、知识点和提纲。在编写的过程中，强调了教材的实用性，注重在已有的观念、概念和知识点基础上，进行推理和创新，从培养创业意识、掌握创业知识、重点提高创业技能和促进新创企业发展等方面着手，注重内容上的逻辑关系链接，系统阐述相关知识点，推进原创性观点、概念的表述，杜绝抄袭、复制和重复前人作品的观点，具有很好的原创性。

3.凸显了时代性

本书是对当代大学生强烈创业愿景的有效呼应，是针对大数据、云计算和"互联网+"环境下大学生创业新动态的有力响应。"众创"时代，需要一大批富有创新精神、勇于投身实践的创新创业人才。本书将具有鲜明时代特点的课堂教学、案例分析、课后思考题和实践调研等内容和环节有机组织起来，突出创业的"实践"特点，并针对目标群体的差异，提供"菜单式"的选择，理论与实践相结合，能够有效提升学生的社会责任感、创新精神、创业意识和创业能力，显著提升学生的实践动手能力，适应新时期、新形势对高校人才培养的要求，选题富有鲜明的时代特征，符合时代发展趋势。

本书紧密联系大学生创业实际，内容设计符合教学规律，通过学习目标、核心内容、知识导图、扩展阅读、案例、思考题等形式，帮助学生对重点内容进行理解和掌握。本书既可以作为普通高校、高职高专、开放式大学等创业教育课程教学用书和相关领域研究者的参考用书，也可以作为创业者的培训指导用书。

相信这本实用性好、针对性强、覆盖面广的实务型教材，必然能够为广大读者所接受和喜爱，达到编者推进大学生创新创业实践的初衷和目的！

杨芳

本书知识结构导图

创业设计与实务

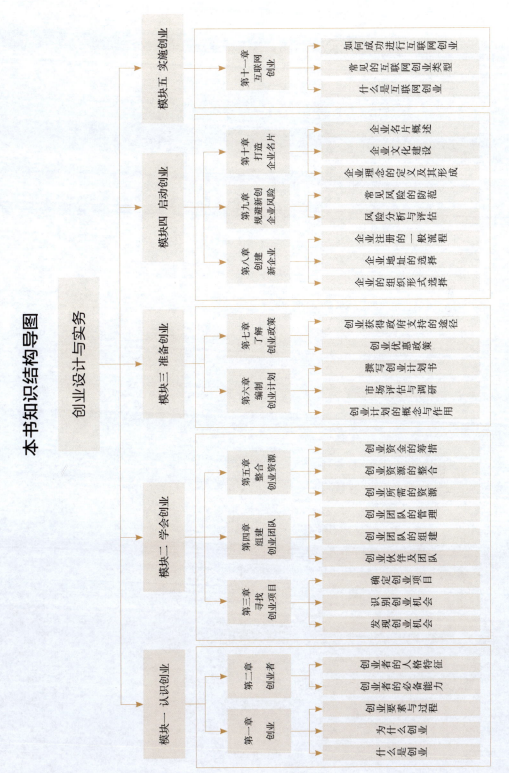

模块一 认识创业
- 第一章 创业
  - 什么是创业
  - 为什么创业
  - 创业要素与过程
- 第二章 创业者
  - 创业者的必备能力
  - 创业者的人格特征

模块二 学会创业
- 第三章 寻找创业项目
  - 发现创业机会
  - 识别创业机会
  - 确定创业项目
- 第四章 组建创业团队
  - 创业伙伴及团队
  - 创业团队的组建
  - 创业团队的管理
- 第五章 整合创业资源
  - 创业所需的资源
  - 创业资源的整合
  - 创业资金的筹措

模块三 准备创业
- 第六章 编制创业计划
  - 创业计划的概念与作用
  - 市场评估与调研
  - 撰写创业计划书
- 第七章 了解创业政策
  - 创业优惠政策
  - 创业获得政府支持的途径

模块四 启动创业
- 第八章 创建新企业
  - 企业的组织形式选择
  - 企业地址的选择
  - 企业注册的一般流程
- 第九章 规避新创企业风险
  - 风险分析与评估
  - 常见风险的防范
- 第十章 打造企业名片
  - 企业理念的定义及其形成
  - 企业文化建设
  - 企业名片概述

模块五 实施创业
- 第十一章 互联网创业
  - 什么是互联网创业
  - 常见的互联网创业类型
  - 如何成功进行互联网创业

［目录］

模块一 认识创业

第一章 创业

创业革命对21世纪所产生的深远影响将相当于甚至超过工业革命对19世纪和20世纪所产生的影响。

——世界创业教育之父：杰弗里·蒂蒙斯（美）

学习目标

1. 了解什么是创业。
2. 了解为什么创业。
3. 掌握创业的要素与过程。

核心内容

本章主要介绍了创业的概念、特征、内涵、意义、价值、类型、基本要素、一般过程等基础知识。通过本章的学习可以对创业有初步的了解，为更进一步地学习打下基础。

知识导图

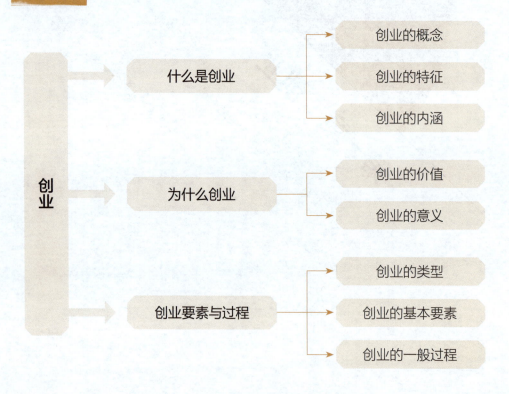

"80 后"袁虎返乡创业[⊖]

在湖南省长沙市望城区新康乡，有个"80后"的农民，叫袁虎。他在村里承包了2000多亩[⊖]土地，经过一番打拼，他不仅建起了粮食加工厂和蔬菜基地，还搞起了种养一体的循环农业。28岁的他成为远近闻名的农村创业者。先后被授予"全国种粮售粮大户""全国劳动模范""中国自主创业明星""全国农村青年致富带头人"等，省市和区级的荣誉更是不计其数。

1. 打工青年回乡创业

2004年，年仅18岁的袁虎，高中毕业就跟村里的年轻人一样去南方打工了。在广州，他找到一家物流公司，给人开车跑运输。凭着自己的能干加实干，三个月后他就当上了车队长，管理公司的46辆车，打工的生活混得还算很不错的。

一天，远在广州打工的袁虎，从电视上看到一条新闻，介绍的是中国每年都要从缅甸、越南等国进口几十万吨粮食。他想，民以食为天，家乡那么多良田被抛荒，这样下去中国的粮食安全如何能得到保障？想到这，他在心里打定了主意：回家搞农业，在农村也能走出一条致富路。只要认真做，说不定也会成就一番大事业！

2. 米厂受挫包地成功

袁虎回乡做的第一件事情就是办米厂，他学技术，进设备，好不容易把湘江大米厂办起来，可是到了2010年，米厂的发展遇到了瓶颈问题。新康乡的乡道坎坷不平，泥泞难行，大型货运车根本进不来，袁虎收购的谷子只能用小拖拉机拉进来加工，而加工好的大米也要用拖拉机拉出去，再倒到大型货车上运向市场。运费和人工费的增加使他的大米在市场上并没多少价格优势。思来想去，袁虎最后把眼光投向了村里的土地。当时新康乡的土地抛荒严重，袁虎想："既然大家都不愿种地，不如自己将这些土地都流转过来集约经营，至少这样可以就地解决米厂的粮源问题。"说干就干，2010年12月，袁虎走村串户，和村、乡干部洽谈，和农户协商，以合理的价格从农民手中流转土地。那

⊖ 长沙市推进创业富民工作领导小组办公室．"创业赢未来"案例集．长沙．2014－12－23：13－17．有删节和重新编写．

⊖ 1亩=666.67平方米。

003

些本来就不想种田的农户得知袁虎要流转土地，自然心甘情愿，袁虎没费多大
周折就转包了村里1000多亩土地。

3. 种地更要靠机械化

1000多亩土地流转过来后，形势倒逼袁虎必须走机械化生产之路，机械化
程度越高，农业的比较效益才会越高。袁虎早有思想准备，他按生产各环节需
要，几乎在生产全程都采用机械操作：播种机播种，大型耕田机翻耕，平衡机
整地，插秧机插秧。谷子成熟时，用大型收割机收割，拖拉机运进烘干，再直
接送到仓库，经由自动化大米生产线，做出成品大米。

4. 循环农业给他"第一桶金"

粮食丰收了，米厂粮源问题也解决了。可是继种植业和加工业步入正轨
后，袁虎又产生了新的想法：他在加工大米过程中，会产生很多米糠和碎米，
这些东西是喂鱼喂猪的好饲料，如果再办个生态养猪场，而猪粪又可以作为肥
料来生产绿色水稻和无公害蔬菜，产值会大幅增加，这种集种、养、加为一体
的循环农业不正是目前农村生态建设所倡导和需要的吗？

袁虎办起了养猪场。刚开始，他一次购进49头妊娠母猪，可是当时正是
农忙季节，他把全部精力都投在收地上，再加上饲养员没经验，到了2012年年
底，养猪场总共亏损了18万元。袁虎不断从失败中汲取教训，总结经验。坚持
到2014年，养猪场终于开始扭亏为盈。猪养成了，袁虎又开始琢磨建设蔬菜基
地的事情，他打算拿出200亩土地种蔬菜。经过几次挫折，他现在经验越来越
丰富，在种菜前，他要进行一番科学筹划。

随着事业越做越大，袁虎成立了长沙龙虎生态农业科技有限公司。2011年
公司产值达1400万元，2012年产值达1800万元。公司现拥有2条精米生产线，
每年加工稻谷9000余吨；养猪场年出栏1 500头猪；流转的土地每年生产成品粮
5000吨。袁虎打算到2020年流转土地达到10000亩，将公司规模进一步扩大。

创业，成为当今中国最为热议的时代话题，成为当今中国最为闪亮的时代词
语，成为当今中国最有活力的时代特征。大众创业、万众创新，这将是中国经济
的新引擎。国家的繁荣在于人民创造力的发挥，经济的活力来自于就业、创业、
消费的多样性，推动创新创业，可以让更多人富起来，让更多人实现人生价值，
也会让更多年轻人，尤其是一般的农民大众，有更多上升空间。通过自主创业，
青年人，尤其是大学生，既能锤炼自我，成就梦想，也能服务社会，实现价值。

可以看到，现在的中国，创业政策体系基本建立，创业扶持机制日臻完善，创业教育方兴未艾，创业遇上了前所未有的好时机。随着经济全球化和中国经济的快速发展，中国正在成为全球的商业沃土和创业乐园。

第一节 什么是创业

创业，是一个充满魅力的词语，它给予人们追求财富、获得名望、实现理想的激情与冲动，也给予人们千辛万苦、披荆斩棘、酸甜苦辣之淬火与磨炼。创业是一种潮流，但创业并非易事，只有对创业活动有了一定的认知，才能更好地实践创业。

一、创业的概念

"创业"一词，我国最早出现于《孟子·梁惠王下》："君子创业垂统，为可继也。"诸葛亮也曾在《出师表》中写道："先帝创业未半而中道崩殂。"以上两处均提出创业为创立功业和基业。《辞海》对创业的解释是"创立基业"。"业"字内涵丰富，《现代汉语词典》的解释为"行业、学业、职业、产业、财产等"。"创"字主要强调开端和草创的艰辛和困难，突出过程的开创和创新意义，侧重于在前人的基础上有新的成就和贡献。可以这样说，创业是指开创基业或创办事业，是自主地开拓和创造业绩与成就。

扩展阅读 1-1

创业的定义

目前国内外学者对于创业给出了不同的界定。具有代表性的观点是：

（1）美国百森商学院教授杰弗里·蒂蒙斯（Jeffry A.Timmons）对创业的

定义是：创业是一种思考、推理和行为方式，它为机会所驱动，需要在方法上全盘考虑并拥有和谐的领导能力⊖。

（2）美国哈佛大学教授霍华德·史蒂文森（Howard H.Stevenson）提出：创业是一个人——不管是独立的还是在一个组织内部——追踪和捕捉机会的过程，这一过程与当时控制的资源无关⊜。

（3）美国鲍尔州立大学教授唐纳德·库那科（Donald F.Kuratko）和佛罗里达国际大学教授理查德 M.霍杰茨（Richard M.Hodgetts）认为：创业是一个涉及远见、改变和创新的动态过程。它需要投入精力和热情来进行创新，并实施新的构想和新的解决办法。将创新思想转化为商业行为一直都是创业者面临的主要挑战。成功的创业需要的不仅仅是运气和金钱，而且是一个创新、冒险和规划的连贯过程⊜。

（4）中国学者郁义鸿、李志能认为：创业是一个发现和捕捉机会并由此创造出新颖的产品或服务，实现其潜在价值的过程⊗。

（5）另外，还有学者荣斯戴特（Robert C.Ronstadt）曾这样定义：创业是一个创造、增长财富的动态过程。财富是由这样一些人创造的，他们承担资产价值、时间承诺或提供产品或服务的风险。他们的产品或服务未必是新的或唯一的，但其价值是由企业家通过获得必要的技能与资源并进行配置来注入的⊛。

（6）管理学大师德鲁克（Peter F.Drucker）认为：创业是一种行为，其主要任务就是变革。

尽管学术界对创业有多种理解，但从上述的定义中依然可以发现一些共同主题，例如意识到创业者、企业家的重要作用。创业行动中的关键要素是创业者。创业定义中另一个共同主题是创新。创业包括改革、变化，以及新方法的引进，

⊖ 杰弗里·蒂蒙斯.创业学［M］.周伟民，吕长春，译.北京：人民邮电出版社，2005.
⊜ 威廉 A 萨尔曼，霍华德 H 史蒂文森，迈克 J 罗伯特，阿玛·布海德.创业管理［M］.郭武文，译.北京：中国人民大学出版社，2005.
⊜ 唐纳德·库那科，理查德 M 霍杰茨.创业学［M］.蒋春燕，译.北京：中国人民大学出版社，2011.
⊗ 郁义鸿，李志能.创业学［M］.上海：复旦大学出版社，2000.
⊛ Robert C. Ronstadt.Enterpreneurship［M］.[s.l.]: Lord Publishing Co., 1984.

创业离不开创新。创业的本质是创新。在这些定义中还可以发现其共同主题有组织创建、价值创造以及一系列决策和行动的过程。

由此可见，创业是一种行为，它主要包括：采取主动行动；将社会资源和经济机制进行组织或重组，从而使得资源在不同情境下变为实际的产出；接受失败和风险。创业是一个过程，通过寻找和把握机遇，创造出新颖的产品或服务，并通过市场创建成企业、产业或组织，从而实现经济价值和社会价值。

同时要认识到创业在营利性和非营利性的环境中都可以发生。尽管人们倾向于假定，创业活动是为营利而进行的，但是，创业也会发生在社会服务机构、民间艺术组织，或其他类型的非营利性组织中。同时，创业可以发生在各种企业和其他组织的各个发展阶段，即创业可以出现在新企业或老企业，大企业或小企业，私人企业、非营利性组织或公共部门；也可以出现在各个地区以及一个国家的所有发展阶段。

二、创业的特征

创业是一项劳累而又快乐的活动，也是一项艰难而又复杂的活动。因此，必须了解创业活动本身的特点。一般来说，创业活动具有开创性、自主性、实践性、风险性、求利性等特点。

（一）开创性

创业是一项前所未有的事业，必须从头做起。创业是在创造和创新的基础上进行的，创业所呈现的是新企业、新产品、新事物；想别人不曾想到的问题，走别人没有走过的路，做前人没做过的事，虽然可以借鉴、模仿前人的经验和方法，但必须在他人的基础上有所创新，这意味着创业的开拓性和创造性。

（二）自主性

创业的最大好处就是创业者是自己命运的主宰者。创业者的所有实践活动，完全靠自己的自觉、自愿和自主行动来实现。在创业活动中，创业者运用自己的资本、知识与技能，自主进行产品开发、生产或提供服务，创业的项目、计划、人员、资金、场地等相关因素也由创业者自己决定。

（三）实践性

创业不是停留在纸上的研讨和描述，实践性是创业活动的显著特征之一。创业的最终目标要通过实际的操作和实践，经过社会的洗礼、市场的检验来实现。动手能力和实践能力强的创业者更容易取得创业的成功。

（四）风险性

对于创业者来讲，创业过程风险遍布。创业者需要承担财务的、技术的、市场的、精神的以及社会环境等各方面的风险。而青年人创业时抗风险能力相对薄弱，如果青年人在创业过程中好大喜功，孤注一掷，一旦失败，就容易受到重创，甚至一蹶不振。因此，青年人要想创业，必须强化风险意识，并在实践过程中不断增强化解风险的能力。

（五）求利性

创业实际上是一个创造和积累财富的过程。虽然创业者们会有各种不同的创业动机，但他们甘冒风险、历经风险去创业，最原始、最直接的动力之一是能够追求到巨额财富，无论创业者采取什么途径或方式创业，希望利润最大化都是其目的之一。

三、创业的内涵

从以上内容可以看出，创业的概念主要包含了以下四方面内容：

（1）创业体现了创造的过程，即创造出有价值的新事物。不仅对创业者本身，而且对社会来讲，所创造出的新事物也是有价值的。

（2）创业需要付出必要的时间和极大的努力。要完成整个创业过程，要创造出新的、有价值的事物，就需要付出大量的时间，而要获得成功，就需要付出极大的努力。

（3）创业面临更多的机会，也要承担可能存在的风险。风险具有不确定性和巨大危害性，它是客观存在的，但风险也是可以预测、规避和防范的。创业本身的新颖性进一步扩大了不确定性，创业者面临机会自行做出决策时，也要承担风险。

（4）创业满足社会需要的同时，创业者获得相应的回报。创业的成功会给创业者带来利润与金钱的回报，名望与尊严的塑立，理想与价值的实现。创业过程充满了激动、艰辛、痛苦、忧郁、苦闷与徘徊，及坚定、坚持不懈的努力。一个真正的创业者，将无尽地享用由渐进的成功而带来的无穷的欢乐与分享不尽的幸福。

综上所述，创业有广义和狭义之分，广义的创业是指创新立业，包括为实现自己的理想而创造实业、事业以及获得某方面发展的过程与行动。狭义的创业就是创办新企业。

我们在此讨论的就是狭义的创业，即创办新企业，是指不通过传统的就业渠道谋取职业发展，而是为自己开辟一条择业新路。例如利用自己的知识、才能和技术，以自筹资金、技术入股、寻求合作等方式创立新的企业。

案例 1-1

日本的稻田画

看了插图，你能想到这是用什么材料画出来的吗？涂料？墨水？不，这是用水稻画出来的。

把图画种在大地上，这是一种创新，这种创新在于别人没有尝试过，甚至没有听说过，而有人却想到了，做到了。

人们一定很惊讶，谁能这样作画？其实，图中的画被人称为"稻田画"，它是用常见的"现代稻米"，以及被日本农民称为"古代稻米"的黑稻米和紫稻米等不同品种的稻米，根据设计好的布局种植而成的。

"稻田画"所在的位置是日本青森县弘前市的田舍馆村，这里以兼有农耕与艺术的独特的"稻田画"而闻名于世。

几个世纪以来，这里的村民一直以种植水稻为生，稻田占整个村庄面积的一半，这个村庄肥沃的土地也使得村庄的粮食收成一向比日本别的村庄要高。据考证，这里的水稻有2000多年的种植历史。20世纪90年代，为了庆贺这一事实，也为了吸引更多的游客，当地旅游局于1993年开启了水稻农耕旅游，让游客体验一下传统的水稻种植——从插秧到割谷的整个过程。为了促进旅游业发展，受麦田怪圈的启发，当地旅游局请艺术家在城镇大厅后面的稻田画下巨幅的彩色人物角色，农民用彩色的水稻和传统的绿色水稻按图案种植"稻田画"。从简单的老虎图案，到好莱坞影星梦露、日本的标志富士山以及仙女、城堡等，每幅画都栩栩如生。

日本的"稻田画"提高了当地的知名度，成功地为当地的经济发展带来了新的增长点。现在，这里的"稻田画"每年能够吸引20多万名游客，很多企业纷纷找上门来，利用稻田画来做"广告"，"稻田画"旅游业成为田舍馆村旅游业的支柱。

以上案例至少具备了以下几个创业特征：一是体现了创造的过程，即创造出有价值的新事物。普通的水稻种植仅以获取粮食为目的，而"稻田画"不仅能达到此目的，还能给人们带来极大的观赏价值，这种价值会满足更多人的审美需求，无疑是一种创新。二是"稻田画"的创作者需要付出必要的时间和极大的努力。他们要完成"稻田画"的整个创造过程，需要按设计图案将不同品种的水稻插在不同的位置上，这就需要付出大量的时间才能获得成功。三是具有一定的风险，这么大的一个图案要真实而准确地落实在稻田里，需要一个团队共同努力才能完成，组织者必须把大家的行动统一起来，协调进行，中间任何一点差错都可能让这幅图画面目全非，制作中的风险也是随时存在的。四是"稻田画"在满足人们审美需求的同时，也会给创新者带来一定的回报，例如，他们通过独具匠心的"稻田画"吸引游客前来参观，同时提供餐饮服务等获取经济利益，参观的人多了，其商机自然就会增加。

讨 论 题

看了这样的作品，你想到了什么？请联系实际说说你的看法。

第二节 为什么创业

在对创业活动有了一定的认知后，还应进一步了解创业的价值和意义，以便更好地理解创业、开展创业。

一、创业的价值

创业具有重要价值，就个体而言，创业是实现个人理想的一条途径；就社会而言，创业是个人较好的就业方式。

（一）创业是实现个人理想的一条途径

有事业追求，实现人生理想，生命会更有意义。把创业作为事业，既可以实现人生理想，又能造福社会、服务社会，是个人人生历程中具有积极意义的行为。

创业也是个人自身价值的最高体现形式之一，能最大限度地实现人生价值。在对英国800家盈利小企业进行的关于"是什么激励他们创业"的调查中，98%的回答者将"个人获得成功的满足感"列为第一重要推动力，其中77%的人认为个人成功的满足感是创业成功非常重要的因素⊖。因此，创业已经成为大部分人主动适应社会而追求自身价值实现的内在要求。

（二）创业是个人较好的就业方式

创业可以使越来越多的人从就业岗位的竞争者，成为就业岗位的创造者，成为创造价值的受益者。

选择创业的人不是被动地等待他人给自己"饭碗"（就业机会），而是主动地为自己或他人创造"饭碗"。运用自己所学的知识、技能和积累的经验，通过自主创业解决个人就业问题既是国家倡导与鼓励的方向，也是个人明智与现实的选择，是个人较好的就业方式。

二、创业的意义

创业具有重要意义，创业是经济发展的需要，是科技创新的需要，更是解决民生问题实现充分就业的需要。

（一）经济发展呼唤创业

创业推动了经济的发展，增加了社会的财富。创业促进了新的社会结构和经济结构的形成，使更多的人参与经济发展的过程，获得相应的回报，丰富了市场，促进了社会的繁荣。创业鼓励更多的人开展自主创业，加快转变经济发展方式，有利于加快培育新能源、新材料、节能环保、高端设备制造等战略性新兴产业，努力推动中国经济走上新的发展轨道。

（二）科技创新呼唤创业

创业是一个创新的动态过程。洛阳乐活自然园连锁农场总经理吴迪，借助网

⊖ 资料来源：科林·巴露，罗伯特·布朗. 小企业三步曲——创立、生存与发展［M］. 宁光杰，李布，译. 北京：机械工业出版社，1999.

络及高科技手段靠手机打理500亩果园。他的创业经历是把创新成果转化为生产力的过程，是一个创造新价值、开辟新道路的过程。创业也是建设创新型国家、培育创新型人才、促进科技成果转化的选择。

（三）和谐社会呼唤创业

创业者解决了自身的就业问题，同时也解决了部分社会人员的就业问题，缓解了社会的矛盾，保障和改善了民生。以创业带动就业，可以带来就业的倍增效应，直接缓解就业压力，实现社会的比较充分就业。这对于维护家庭与社会的稳定、建设和谐社会有着重要的作用。

案例 1-2

从大学开始积累创业经验的谢杰⊖

2012年3月，谢杰从中南大学毕业，幸运地进入一家颇有名气的公司从事软件销售工作。这在众人眼里是一份好工作。然而，谢杰却放弃了这一工作，回到湖南省望城中兴村，用自己的35万元积蓄，承包了100余亩林地，散养土鸡。两个月后，他又在当地参与成立了合作社。现在，谢杰的合作社有社员21户，注册资金83万元，主要从事果园养鸡，实现了林禽的生态良性循环。主基地有流转的土地100余亩，现有40余亩已经种植了果树，散养土鸡3000余只，日产土鸡蛋超1000枚。主基地全部建设完成后散养土鸡的规模会超过1万只，加上带动社员和其他农户养殖的会达到2万只的规模，届时日产土鸡蛋将达1万枚，真正成为中兴村的主打农产品，年销售额将达500万元。

成为一名企业家，是谢杰从小的梦想。在大学前两年里，他每天看两小时财经类的杂志和报纸。"那时候身边几乎没有人知道GDP、CPI、风险投资、贸易顺差等这些词。任正非2001年发表的《华为的冬天》我几乎会背。我知道孙正义是最成功的互联网投资家；也知道阿里巴巴能做起来，蔡崇信是关键人物。"就在那时候，他打下了深厚的理论基础，以至于和人闲聊时，常常被误以为是什么高人。有朋友开玩笑说，谢杰没有去搞传销可惜了。

在大学期间，谢杰就开始积累创业经验，他去高桥进货，批发来方便面、饼干等食品和香皂、洗发水等日化用品在学校卖给同学。"我觉得自己

⊖ 资料来源：http://hn.qq.com/a/20131212/013320.htm#p=1.有删节和重新编写.

有小商贩的基因。"谢杰打趣地说。谢杰说他很喜欢乔布斯在斯坦福大学的演讲中说过的一句话：年轻时学到的零零散散的东西，在以后总有一天会串联起来，发挥意想不到的作用。"我现在深深意识到，以前积累的很多经验不是吹牛的时候才起作用，精彩的人生是不需要吹牛的，创业需要发挥你所有的聪明才智，你以前所经历的和所领悟的都会在你创业的时候发挥作用。所以，有梦想一定要去尝试，失败没有关系。重要的是，我没有挥霍过自己的青春。"

大学毕业后，谢杰有了安稳和令人羡慕的工作，却未能使他的内心真正安定、平静下来，对梦想强烈的憧憬促使谢杰不断搜寻有关创业的一切信息。他加入了许多有关创业的微信群，并经常与群里的网友讨论与创业相关的话题，只要是别人分享的经验他都会仔细学习。

谢杰的成功告诉我们，首先，创业者要有创业的思想准备和知识技能储备。其次，不要认为创业项目必须"高大上"，小商贩也能创造大财富。

讨论题

从上述案例中，试分析谢杰的个人特征，并简要说明这些特征给他创业带来的影响。

第三节 创业要素与过程

创业要面临不断变化的市场，不断变化的技术，不断变化的环节。了解创业的要素与过程，知晓创业的类型，对未来的创业活动有着重要的作用。

一、创业的类型

在不同的时代、不同的领域、不同的个人和团体都会有不同的创业活动和不同的创业类型。依据创业目的、创业起点、创业者数量、创业项目、创业方向或风险、创新内容可以对创业类型进行如表1-1所示的划分。

表 1-1　创业类型的划分

创业分类依据	类型	概念	例子
依据创业目的	机会型创业	以市场机会为目标，以创造新的需要或满足潜在需求为目标，带动新产业发展	—
	生存型创业	为了谋生而自觉或被迫地创业，大多属于尾随和模仿，加剧市场竞争	
依据创业起点	创建新企业	创业者个人或团体从无到有地创建全新的企业组织	—
	企业内部创业	在企业内部进行重新创建的过程。企业流程再造本质上就是一种创业行为	—
依据创业者数量	独立创业	创业者独立创办自己的企业	—
	合伙创业	与他人共同创办企业	—
依据创业项目	传统技能型创业	使用传统技术、工艺的创业项目	例如酿酒、饮料、中药、服装与食品加工、修理等
	高新技术型创业	知识密集度高，带有前沿性、研究开发性质的新技术、新产品创业项目	—
	知识服务型创业	为人们提供知识、信息的创业项目	—
依据创业方向或风险	依附型创业	依附于大企业或产业链而生存，为大企业提供配套服务；使用特许经营权	例如利用麦当劳、肯德基的品牌效应和成熟的经营管理模式进行创业
	尾随型创业	模仿他人创业，所开办的企业和经营项目没什么新意，学着别人做	—

（续）

创业分类依据	类型	概念	例子
依据创业方向或风险	独创型创业	提供的产品和服务能够填补市场空白，大到商品独创性，小到商品某种技术的独创性	例如首家搬家服务公司、首家婚介网站等
	对抗型创业	指进入其他企业已形成垄断地位的某个市场，与之对抗较量	—
依据创新内容	基于产品创新的创业	指基于技术创新或工艺创新的成果，产生了新的消费者群体，从而引导创业行为的发生	—
	基于营销模式创新的创业	指采取了一种有别于其他厂商的市场营销模式，因而可能给消费者带来更高的满足感	—
	基于组织管理体系创新的创业	指采取一种有别于其他厂商的企业组织管理体系，因而能更有效地实现产品的商业化和产业化	例如国内乡镇企业的大量创立和成功，正是来源于组织管理体系的创新

二、创业的基本要素

创业是一种事业方式，创业是一个成长过程。创业是一种挑战，创业是一种机遇，创业更是一种超越。

创业需要有捕捉机会、把握机遇的眼光，要具有创造性地整合各类资源的能力，提供帮助企业快速发展的动力；创业要懂得参与企业的运作，构建企业的构思，知晓创建企业并为其提供新的规划，拓展新的发展空间⊖。

创业的最基本要素为创业者、创业机会、创业团队及创业资源。

（一）创业者

在创业这项巨大而复杂的工程中，创业者的能力和素质直接关系到创业活动的成败，创业者的能力和素质对于创业活动以及创业者本身具有重要的作用。在创业行动开始之前，创业者必须清醒地了解成功创业者的素质以及成功创业者的

⊖ 赵彩瑞．创业教育，中南模式能否复制？［J］．中国大学生就业：2010（7）．

共同特征，必须真实地审视自己，评价自己是否具备创业素质和能力。

（二）创业机会

创业机会是指创业者可以利用的商业机会。进一步的阐述就是，创业机会是指具有较强吸引力、较为持久、有利于创业的商业机会，创业者据此可为客户提供有价值的产品或服务，在过程中使自身获益[⊖]。

（三）创业团队

创业团队是由少数具有技能互补的创业者，为了实现共同的创业目标，在能使彼此担负责任的程序规范下，为达成高品质的创业结果共同努力而组成的群体。

当创业者决定创业，选定了创业项目后，最重要的任务就是组建创业团队。创业需要有志同道合的伙伴互相支持，分工合作。比尔·盖茨[⊜]曾说："我一向排斥企业家这个字眼，企业家一词对我而言是个抽象的概念。我自己是个软件工程师，而我决定要找一群人来一起工作，这群人经过一段时间的成长，创造出越来越多的产品。"一项调查显示，在创业成功的公司中，有70%属于团队创业。建立优势互补的团队是创业成功的关键。

（四）创业资源

创业资源是指能够支持创业者的一切东西，创业资源是成功创业的必备要素。资源整合能力的强弱，不仅成为衡量创业者、企业家能力的主要指标，更直接关乎企业的成长发展。

创业所需的资源是有形资源与无形资源的集合。创业所需资源有两个来源，一是自有资源，二是外部资源。创业成功的关键是具有资源的使用权并能影响或控制资源部署。创业者获取资源通常有两种策略，依靠自有资源策略和整合他人资源策略。

创业者是创业主体，他承担着创业责任；创业机会是创业活动的重要驱动因素；创业团队是创业过程的主导者；创业资源是创业成功的必要保证。

三、创业的一般过程

创业过程包括创业者从产生创业想法到创建新企业或开创新事业并获取回报的过程。主要可分为如图1-1所示的五个方面。

⊖ 尹琦. 大学生创业原理与实务［M］. 北京：高等教育出版社，2011.
⊜ 比尔·盖茨，美国微软公司前总裁。

产生创业动机

↓

识别创业机会

↓

整合创业资源

↓

创建新企业或新事业

↓

收获创业成果

图 1-1 创业过程流程

（一）产生创业动机

创业者是创业活动的主体，创业活动首先取决于个人是否决定成为创业者。许多人是因为看到了创业机会，由潜在收益的诱惑激发了创业动机，进而成为创业者或创业团队成员。一个人能否成为创业者，直接受个人特质、创业机会、创业的机会成本等因素的影响。

（二）识别创业机会

识别创业机会是创业过程的核心。创业者需要善于发现机会，对机会进行评估，判断机会的价值。

识别创业机会包括发现机会和评价机会价值两大方面的活动，这其中包括：机会来自哪里？哪些因素影响或者决定了创业者识别机会？机会是通过什么形式或途径被识别到的？是经过系统搜集和周密的调查研究还是偶然被发现的？是不是所有的机会都有助于创业者开展创业活动并创造价值？

（三）整合创业资源

成功创业的关键就是发现和把握最适合自己资源优势的商机。对于创业者来说，资源不在于多和少，而在于如何去整合。资源整合过程是企业生存发展的重要策略选择，当企业快速成长或参与竞争时，这些策略选择会对其产生重要影响。

（1）扬长避短。创业者应着重注意扬长避短方法的运用。

（2）知己知彼。充分了解自己的缺点与不足，发扬自己的优点与长处，对于整合很重要。

（3）分类整合。整合资源要"有的放矢"，一种是对已知资源的整合，另一种是对周围广大范围内的不同类型的资源进行整合。

（4）内外结合。资源的利用是一个渐进的过程，由外生而内生，又由内生而外发，由借重、利用到开发、创新。

（5）与时俱进。经济发展水平、经济结构、市场体系、政府政策、人口流动率、劳动力素质、科研投入、文化习俗等都影响着创业资源的整合，把握时代脉搏，可使创业少走许多弯路，达到事半功倍之效。

（四）创建新企业或新事业

新企业的创建和新事业的诞生是衡量创业者创业行为的直接标志。创建新企业有不少事情要做，为使企业可持续发展，必须使企业经营、管理和文化实现动态平衡。确保新创建的企业生存是创业者必须面对的挑战，但创业者不能仅仅考虑生存，同时还要考虑成长，不成长就无法生存得更久远，在激烈竞争的环境中尤其如此。

（五）收获创业成果

创业成果具体表现为回报，追求回报是创业活动的主要目的。回报的表现形式多种多样，有很多种方式可以得到创业带来的回报，创业者需要从中选择能够实现创业成果最大化的方式。追求回报是创业活动的主要目的，不求回报是做人的美德，但对开展创业活动的创业者来说，这样的美德是不值得过分提倡的。对回报的追求有助于强化创业者对事业的执着。

案例 1-3

利用专业知识成就梦想的刘艺洋[⊖]

刘艺洋于2004年毕业于湖南师范大学文理学院物理专业。如今的他，已经拥有19项国家专利。一年仅专利产值就有200余万元。通过应用专利技术和研究成果，他创办的五和光电科技有限公司实现了连续三年销售额增长500万元以上，创造了1500余万元的新增销售额。通过采用全自动表面贴装技术（SMT）生产加工工艺，生产效率提高了40%，万元产值能耗降低了27%。刘艺洋也获得了2012年度长沙市创业百星称号，并被评选为望城区2013年度专利先进个人。

刘艺洋的成功还得从大学时一个偶然的机会说起。当时，教移动通信的老师在学校附近开了个公司，做舞台灯光音响项目。刘艺洋到老师的公司实习。

㊀ 资料来源：http://hn.rednet.cn/c/2014/11/28/3534984.htm. 有删节和重新编写.

2007年暑假，公司承建的武汉中南剧院新建剧场项目进入设备安装阶段。刘艺洋在施工现场负责舞台音响系统安装项目施工的组织协调。当时舞台机械的控制系统采用可编程逻辑控制器（PLC）系统，整个控制柜有四五立方米之大，控制线路更是有十几万根，刘艺洋想：一个顶级剧院，采用这样原始的控制系统，安装、调试起来又繁杂，后期维护更是麻烦，如果采用ARM作控制系统的中央处理器（CPU），再配合远红外的无线通信模块，完全能实现对舞台机械系统的无线智能控制。有了这个想法，项目建设完成回学校复课后，刘艺洋便开始着手研究、设计。除了上课的时间，他基本就在废寝忘食地查原理、定方案、绘制印制电路板（PCB板）、编写程序、进行试验机测试，工地、寝室都成了他的试验室，做好了就试验，不行再修改，前后花了四个月的时间，终于解决了舞台环境内电磁兼容的难题，并制作了几台样机。2008年年初，他研制出的"舞台机械远程控制系统"获得了国家专利，而这一专利产品也成为他毕业后创业的第一个产品，他随后又将专利授权给一家企业。从获得专利到现在，他的"舞台机械远程控制系统"给他带来了十几万元的收入。

刘艺洋认为，生活中很多细小的事情都会给他带来灵感。他获悉，尽管国家通过"村村通""户户通"工程，解决了大部分边远地区居民用电的问题，但那些深山独户的居民，因为架设送电线成本很高，所以目前国家只得暂时搁置。问题就是思路，刘艺洋决定想办法解决山区的用电问题，既有社会价值，又能实现经济收益。2010年刘艺洋发明的离网式风光互补独立供电电源，申请了国家专利，并制作出了样机产品。为了使产品广泛推广，刘艺洋不辞辛苦各地奔波，终于说服了电力公司的人，让离网式风光互补独立供电电源在邵阳等一些偏远的山村实现应用。如今，这个专利项目还应用到了内蒙古的偏远地区。

2011年，刘艺洋还发明了高稳定性发光二极管（LED）平板灯，彻底解决了LED灯具散热差、成本高、实际使用寿命不长的难题。LED灯理论上能用10万小时，但实际上却只能用不到1万小时。他突破了常规的灯具设计思维，设计的灯具可以让LED灯的寿命延长至7万小时左右。

讨 论 题

根据本节所学，试分析刘艺洋的创业过程是否符合创业的一般规律，简述案例对你在创业过程中的启示。

本章小结

本章阐述了创业的概念、创业的特征、创业的内涵，使创业者明白什么是创业，对创业活动有一定的认知；分析了创业的价值、创业的意义，使创业者能够认识到为什么创业；详细介绍了创业的类型、创业的基本要素和创业的一般过程。这对创业者了解什么是创业、如何才能更好地创业打下了基础，通过对创业要素和过程的介绍，使创业者认识到创业要面临不断变化的市场，不断变化的技术，不断变化的环节。了解创业的要素与过程，知晓创业的类型，对指导创业者未来开展创业活动有着重要的作用。

思考题

1. 为什么要研究和学习创业？创业和创新之间的关系是什么？

2. 创业有哪些类型？创业的一般过程有哪些？

3. 创业过程包括不少具体的活动，但创业者从识别创业机会到创建新企业的时间一般都很短，这是为什么？

参考文献

［1］杰弗里·蒂蒙斯. 创业学［M］. 周伟民，吕长春，译. 北京：人民邮电出版社，2005.

［2］威廉 A 萨尔曼，霍华德 H 史蒂文森，迈克 J 罗伯特，阿玛·布海德. 创业管理［M］. 郭武文，译. 北京：中国人民大学出版社，2005.

［3］郁义鸿，李志能.创业学［M］. 上海：复旦大学出版社，2000.

［4］Robert C Ronstadt. Enterpreneurship［M］. ［s.l.］：Lord Publishing Co，1984.

［5］白洁. 浅谈高校创业教育［J］. 今日财富，2010（1）.

［6］杨芳. 论全面推进大学生创业教育［J］. 创新与创业教育基础，2010（1）.

［7］李家华. 创业基础［M］. 北京：北京师范大学出版社，2013.

［8］张可君，吕时礼.创业实务［M］. 北京：北京师范大学出版社，2011.

［9］赵彩瑞. 创业教育，中南模式能否复制？［J］. 中国大学生就业，2010（7）.

［10］尹琦. 大学生创业原理与务实［M］. 北京：高等教育出版社，2011.

［11］张玉利. 创业管理［M］2版. 北京：机械工业出版社，2011.

［12］Steve Mariotti，Caroline Glackin. 创业管理［M］. 彭代武，陈昀，译. 北京：电子工业出版社，2012.

模块一 认识创业

第二章 创业者

对所有创业者来说，永远告诉自己一句话：从创业的第一天起，你每天要面对的是困难和失败，而不是成功。我最困难的时候还没有到，但有一天一定会到。

——阿里巴巴集团董事局主席：马云

学习目标

1. 认识创业者以及创业者所需具备的基本素质。
2. 掌握创业者合理的知识结构以及杰出的能力素质。
3. 了解创业者凸显的人格特征，学会评估创业者的潜质。

核心内容

　　本章主要介绍创业者的定义，创业者应具备的知识结构和能力素质，创业者的人格特征等知识。通过本章的学习可以使学生对自己是否能成为创业者做出基本判断，指导创业者改善知识结构，提升能力素质，认清人格特征等。

知识导图

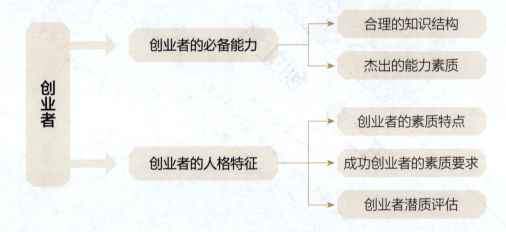

引 例

老粗布织出一片锦绣[一]

　　在河北大学工商学院市场营销专业，有一名叫胡静芳的学生，在校期间，成立尚时公司，她把家乡普通的老粗布变成了畅销产品。如今胡静芳的尚时公司已拥有了自己的品牌——"尚时农家布"，产品涉及家居、装饰、服饰等十

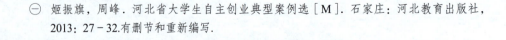

　　[一] 姬振旗，周峰. 河北省大学生自主创业典型案例选 [M]. 石家庄：河北教育出版社，2013：27－32.有删节和重新编写.

几个种类，并通过了国家相关质量检查、认证。营销网络分布在北京、天津等各个地区。

胡静芳，出生在河北省沙河市綦村镇地处华北南部丘陵山区一个偏僻的小山村，由于自然条件差，这里依然很贫困落后。胡静芳一直把学习知识、为家乡做点贡献作为自己的理想。胡静芳的家乡至今还有人制作老粗布。老粗布，又叫老土布或手织布，是一种传承久远的纯棉手工生态纺织珍品，独具文化特色，有机织布无法比拟的优越性。这些粗布简直就是金地毯，但村子里手工粗布的收购价格却只有几十元。她开始研究老粗布的市场，在网上搜索、实地勘察、做市场调查报告、咨询很多专业人士。胡静芳通过分析，认定家乡这个老粗布有着很好的市场前景，于是，她决定创业，用家乡的老粗布织出一片锦绣。

对一个穷学生来说，创业，首先是没有资金，胡静芳说，"我当时最愁的就是创办公司的注册资金，我们是合伙注册公司，资金的底线是3万元，但是我们手里一分钱都没有。"胡静芳没有被困难吓倒，她努力寻找资金，还在同学中以入股等方式筹措资金，终于凑足了所需的资金。

公司成立后，胡静芳采取公司加农户的形式，组织家乡的织布能手织布，公司负责收购。这样不仅节省了场地等日常开支，而且最大限度地集合了民间的智慧。公司还聘请一些高校艺术学院的优秀设计老师担任产品的设计指导，把老粗布文化和现代时尚元素结合起来。

虽然公司注册了，也生产了几千米长的几百卷布，但在两个月中却一套产品也没有卖出去。比她们更着急的是村子里的人，是胡静芳让他们看到了生活的希望，却又要面临失望。

胡静芳很快调整了自己，她返校后咨询了市场营销的老师，老师明确指出了她们还没有建立完整的销售渠道，没有树立自己的品牌，产品没有自己的特色。老师对她的产品设计及营销方案进行了指导，提供了很多具体的营销方法，还帮助她策划提出了主题——"母亲的手给我们以爱的呵护"。

为了凸显产品的文化特色，走差异化路线，胡静芳为每一款产品命名，并为它构筑一个美丽的故事，如"绿光森林""红玫瑰"等。她还运用自己所学的市场营销专业知识，理论联系实际，将传统营销与网络营销结合起来。

胡静芳的成功告诉我们，学业是创业的基础，虽然胡静芳创业了，但是创业跟学习并不冲突，相反更加督促她去学习相关的知识。创业本身就是一个学习的过程，创业跟学业的结合本身就是"学以致用"的最佳诠释。

有的人上大学是为了找一份好的工作，也有的人上大学是为了完成一个梦想。但是对胡静芳来说，能够在自己走出大山之后又回来，为家乡、为父老乡亲开辟一条通往幸福的康庄大道，不仅仅是在实现自己的梦想，更是在完成一个伟大的使命。

胡静芳是众多创业者中的一名代表。创业者胡静芳同学在创业动机与创业准备、寻找商机与项目选定、资金筹措、经营模式与营销策略等方面，亲身践行了公司运转的整个过程，很值得诸多大学生去借鉴学习，对高等院校实施创业教育也具有一定的参考作用。创业者采取"公司+农村合作社+农户"的经营模式，巧妙地运用了社会资源，加之其履行承诺的诚信品质，树立了良好的社会形象，这都是创业者应具备的基本素质。希望她大学毕业后成为一名真正的事业型创业者，拓展深加工项目与规模，开拓市场，走向国际，把创业项目逐渐发展成为具有浓郁民族文化特色的名品。

创业者，英文为entrepreneur，其最早的来源是16世纪法语中的"entrepredre"，它的原始含义是中介人、牵线搭桥者，后来经过演变及引申，发展为组合资源的创业者。在英语中，"entrepreneur"有多种含义，包括创业者、企业家、创业家等。

创业者，顾名思义，指的是创造事业的人，目前其主流的定义是：发现某种信息、资源、机会或掌握某种技术，利用或借用相应的平台或载体，将其发现的信息、资源、机会或掌握的技术，以一定的方式转化、创造成更多的财富、价值，并实现某种追求或目标的过程的人[一]。

扩展阅读 2—1

创业者概念的演变历程

（1）德鲁克在1995年曾这样定义创业者这一概念：创业者，即视改变为一种规范的人，他们在生活中总是寻求改变、因应改变，并且视这样的改变为一种机会并加以利用，也即创业者是会对环境中的商机线索有所回应的人

〇 陈闻冠. 创业人才的素质和识别方法研究［D］. 上海：同济大学，2007.

（Shane & Venkataraman，2000）。

（2）Timmons和Spinolli（2007）对于创业者的定义主要涵盖了以下几个方面的内容：首先，创业者是一个聪明人，一个希望获得所有的收益并且将所有风险转嫁他人的人。其次，创业者是组织资源、管理并承担企业交易风险的人。再者，创业要能够辨识市场不均衡所带来的机会，采取行动从中谋利，并且具有能够预期下次不均衡将在何时何地发生的能力。最后，创业者是由强力承诺与毅力所驱使的人[一]。

（3）德鲁克（1985）认为创业者是主导劳动方式的领导者，是可以带领很多人到达他们从来没去过的地方的人。创业者的领导行为因为其人格特质各不相同而存在差异。

当今时代，我们将创业者定义为自己创办企业的人。在大多数人看来，创业的成功率很低，风险巨大，因此创业者离我们的生活遥不可及。但殊不知其实创业者也是来自于我们周围，乃至我们自身都有机会成为创业者。正如马云所说："创业者的魅力来自平凡；创业者每天都在路上……"

在这个人人都能成为创业者的时代，了解创业者的必备能力，认识创业者的人格特征，是每一位成功创业者必须要做的。

第一节　创业者的必备能力

创业时期创业者需要具备哪些方面的能力，才能真正取得创业成功呢？本节将从合理的知识结构、杰出的能力素质两方面介绍创业者的必备能力。

[一]　王会龙.创业者素质与中小企业创业过程研究［D］.杭州：浙江工业大学，2004.

一、合理的知识结构

想要成为一名创业者，首先必须要具备合理的知识结构。合理的知识结构对于任何一个创业者来说都有着至关重要的作用。在当今社会，知识不断更新，社会竞争日趋激烈，以往那种单凭热情、勇气、经验或只有单一专业知识的青年，在创业过程中往往很难取得成功。在创业过程中，创业者要通过自身所掌握的广博知识以及具有的合理知识结构进行创造性思维，并做出正确决策。

（一）专业知识

专业知识是指与创业项目有关的专业、技术方面的知识。专业知识在某种程度上可以作为创业者的"核心竞争力"。

（二）管理知识

一个创业者非常需要了解科学的经营管理知识。管理知识是指与企业经营管理有关的全部知识，例如市场营销、人力资源管理、行业、财务、法律、自我管理等知识。要善于弥补自己知识结构的不足，学习驾驭企业有关的知识，如财务、税务知识以及人力资源管理、市场营销及管理沟通和基本商务礼仪等知识。

（三）社会知识

社会知识是指书本之外的知识，例如国家提供的创业优惠政策、人际知识以及地方民风民俗知识等。创业者自身拥有的社会关系和人际关系，可以对创业活动形式产生关键性的影响，创业者需要投入一定的精力去学习公共关系、人际交往等社会知识。

二、杰出的能力素质

当今社会，愈演愈烈的竞争已成为时代主题，一个人能否在竞争中占据优势，取决于其个人所拥有的或者能够利用的各种能力。下面将为大家介绍一名创业者应该具备的几个方面的能力素质。

（一）学习创新能力

这里所说的学习能力主要指的是自学的能力，具体包括制定学习目标和计划的能力、阅读能力、分析归纳能力、检索能力等。培养学习能力就是要求大家要学会学习，注意掌握学习的方法和策略，拓宽学习的渠道，一方面可以通过多看

书报了解，另一方面还要学会利用网络资源和社会大课堂。

创新能力就是不断反思追问的能力。创业就是一项创新活动，很多未知的或不可预料的因素掺杂其间。提高创新能力最简单的办法就是观察并研究大多数人是怎么做的，而自己换一种方式推陈出新。

（二）分析决策能力

当今社会纷繁复杂，面对眼前形形色色的商业机遇，创业者究竟应该何去何从？这一切需要分析。只有在深刻科学的分析基础上，才能够做出正确的创业决定。提高分析问题的能力主要有三点：一要做个有心人，进行市场调查，在调查的基础上进行决策；二要养成多思考的习惯，对可能出现的结果进行分析，同时准备好应对的措施；三要向同行学习。

决策能力是各种综合能力的体现，它包括前瞻性、全局性、果断性、正确性等内容。具体表现：一是有选择最佳方案的决策能力；二是有风险决策的精神；三是有当机立断决策的魄力。

（三）经营管理能力

创业活动在很大程度上体现在经营和管理之中。经营管理能力在较高层次上决定了创业实践活动的效率和成败。要想成为一个合格的创业者，必须掌握现代的科学管理知识，提高综合经营能力，并在实践中不断积累经营管理经验。

（四）组织协调能力

组织协调能力就是妥善处理上级、同级和下级之间的人际关系的能力，工作中一个人需要同这三个级别的人打交道。而懂得如何用人对于创业者来说十分重要。

（五）人际交往能力

创新创业需要与很多人交往，需要他人的合作与支持。要想成功创业必须学会与他人交流合作。丘吉尔有句经典名言：没有永远的敌人，只有永远的利益。要培养良好的社交与合作能力，就要做到以下几点：一要积极主动、大胆参与；二要以诚待人、信守诺言；三要平等待人、换位思考。

能力的培养，绝不是一朝一夕之功，应及早开始。应有针对性地阅读一些书籍，参加相关培训。注重实践，主动地培养自己的相关能力。

案例 2-1

"80 后"的亿万富翁[⊖]

第三大中文信息技术（IT）专业网站PCPOP，在2005年营收近2000万元，利润1000万元。取20倍的市盈率，市场价值为2亿元。网站的创始人、PCPOP首席执行官（CEO）——李想，1981年生，河北人，1998年还在上高中的李想就开始做个人网站，1999年，18岁的李想高中毕业，当他决定不上大学而选择创业的时候，家庭也支持了他，这可以算是李想成功故事的第一步。他的网站靠送上门来的网络广告就赚了10万元。10万元，对当时的李想来说，已是一笔巨款，但李想的理想是创建自己的IT公司。

2000年，当大多数高中同学都在念大一的时候，19岁的李想已经有了一个很前卫的头衔——泡泡网首席执行官。每天，他骑单车到河北科技大学附近一间两居室民居上班，和其他三个年轻人连续工作15小时以上，饿了就泡方便面，最后李想连泡都懒得泡了，就直接啃。

2002年，李想离开父母到了北京，招兵买马，开始"正式的商业运作"。自此，PCPOP的广告销售每年以100%以上的速度增加，2005年，又从IT产品向汽车业扩大。

李想天天都在这样请求身边的每一个人：假如一个事件比他人多付出5%的精力，那就能够拿到他人200%的报答，并且，做事要仔细。例如同去参加一个新品展示，李想就请求PCPOP的文章要比别的媒体先发出，哪怕就比人家快5分钟，也许这样需要多做功课、少睡10分钟，但结果就是第二天一切网站论坛都是关于自己产品的文章。厂商的认可、广告投入就随之而来。

李想回忆，在创业过程中，每到一个人员量级的时候，感觉就像是一个坎儿。开始，几个人凭着热情和兴趣，每天工作14、15个小时都不觉得累。2003年注册公司以后，人数增加到了大概20人左右，他们还是本着最初的执着，年轻人争强好胜，听不进去别人的意见，觉得只要开心就行，从没想过管理的问题，结果一下子走了一半多的人。通过这件事，李想认识到了知识的重要性，他认真看书，虚心学习，并通过不断实践探索，终于使公司进入了一个比较健

⊖ 刘颖，赵小琴. 奋斗李想：25岁亿万富翁的成长［M］. 长春：吉林大学出版社，2009. 有删节和重新编写.

康的发展历程。

李想的背后有很多"老大哥"。一群三四十岁的企业家都把他当作小兄弟来看，会在关键时刻出手帮他渡过难关。

讨 论 题

上述案例讲述了李想的创业历程，请结合本节所学，试分析李想在知识结构和能力素质方面有哪些优势。

第二节 创业者的人格特征

每个人都有着不同的人格特征，不同的人格特征对于一个人未来的发展有着至关重要的影响，对于创业者也是一样，本节将主要介绍创业者的人格特征。

一、创业者的素质特点

素质是能力发展的基础，创业素质就是创业行动和创业任务所需要的全部主体要素的总和，它是包括知识、技能或能力、经验和人格在内的复杂结构，是一种综合性的主体因素。萌发创业意念或已准备创业的大学生，需要对创业者所需具备的能力素质有所了解，再详细地分析或进行客观的自我认识。创业者并不是特殊人群，但成功创业者应具备一些独特技能和素质。创业者技能和素质中有些具有先天成分，但大多数能力素质可以通过后天培养而获得。美国一位学者讲过这样一段话："创业对大多数人而言是一件极具诱惑的事，同时也是一件极具挑战的事。不是人人都能成功，也并非想象中那么困难。但任何一个梦想成功的人，倘若他知道创业需要策划、技术及创意的观念，那么成功已离他不远了。"

二、成功创业者的素质要求

人格是个人各种稳定特征的综合体，显示出个人的思想、情绪和行为的独特模式。这种独特模式是个体社会化的产物，同时又影响着个体与环境的交互作用。成功创业对于创业者必备人格特征的要求有哪些呢？我国的《科学投资》杂志通过对上千个案例的研究，发现成功创业者具有多种共同的特性，将其称为"中国创业者十大素质"，专家中有人提出将其称为"中国成功创业者十大特质"可能更为合适。它们是：①欲望；②忍耐；③眼界；④明势；⑤敏感；⑥人脉；⑦谋略；⑧胆量；⑨与他人分享的愿望；⑩自我反省的能力。

美国国家创业指导基金会的创办者史蒂夫·马里奥蒂（Steve Mariotti）在他的著作《青年创业指南》中指出：创业素质可以培养，其中12种素质是创业者需具备的，即适应能力、竞争性、自信、纪律性、动力、诚实、组织能力、毅力、说服力、冒险性、理解力、视野。

适应能力——应付新情况的能力，并能创造性地找到解决问题的方法。

竞争性——愿意与其他人相互竞争。

自信——相信自己能做计划中的事。

纪律性——专注并坚持计划原则的能力。

动力——有努力工作、实现个人目标的渴望。

诚实——讲实话并以诚待人。

组织能力——有能力安排好自己的生活，并使任务和信息条理化。

毅力——拒绝放弃，愿意明确目标，并努力实现，哪怕有障碍。

说服力——劝服别人使他们明白你的观点并对你的观点感兴趣。

冒险性——有勇气使自己面临失败。

理解力——有倾听并同情他人的能力。

视野——能够在努力工作实现目标时，看清最终目标并知道努力方向。

案例 2-2

脚踏实地的圣峰果业女掌门黄莲花⊖

　　长沙市岳麓区莲花镇，因莲花山而得名，有森林11.5万亩，是长沙最大的一叶"绿肺"。近年来，莲花镇致力建设集绿色教育、绿色产业、绿色景观、绿色养老、绿色旅游于一体的现代农业公园。2014年，莲花镇被评为"全国文明镇"，莲花镇五丰村被评为"全国文明村"。圣峰果业是"莲花现代农业"一个最具代表性的企业。

　　38岁的黄莲花是圣峰果业的负责人。因常年住在山顶照顾果园，被大家形象地称为"掌门人"。说起为什么要在山头开荒办果园，黄莲花说得追溯到2003年父亲在湘西开矿山。一日，父亲黄仕其在休息时，工友递给他一个当地的猕猴桃，"这猕猴桃真甜！"黄仕其说道。湘西地势和土壤条件都不适合种植果树，但猕猴桃却声名在外，想起家乡的莲花山地势较高，呈坡土状，垂直落差不高，采光充足等各种自然条件都比较适合，却没有成片的果业种植，建设家乡的情怀和这个突如其来的创业动机巧妙融合了，推动黄仕其毅然决定回乡建设果园。

　　2005年3月初，黄莲花和父亲租下莲花山头，开始了山头创业之路：聘请了专业的技术人员，指导果树种植、合理利用有限的土地资源。在全家人的共同努力之下，原本长满野草野树的山头被一点点开发成平整的土地，新栽的小树苗也逐渐长高，慢慢开始挂满果子，父女也慢慢尝到了收获的喜悦。

　　随着城市化进程加快，莲花镇三纵四横路网格局的形成，加快了农家乐休闲旅游行业的发展，新型城乡现代农业迅速发展起来。2013年，莲花镇政府为积极引导、配合圣峰果业发展，由镇政府牵头，邀请果业专家量身打造设计规划方案，将产业园的发展放入莲花镇整体规划，特别召开调度会，加强与企业的沟通和对接，有效推进了圣峰果业的建设。并且，在市政协的组织安排下，黄莲花在2013年9月奔赴北京的中国农业大学、2014年9月奔赴台湾学习先进技术。

　　果园的发展也解决了一部分当地农民的就业问题，果园日常维护需要二十

　　⊖　长沙市推进创业富民工作领导小组办公室．"创业赢未来"案例集．长沙．2014-12-23：66-69.有删节和重新编写.

多人，果树成熟时节则需要七八十人，来山上干活的大多是附近的家庭主妇和留守老人，住在附近的周大姐说："白天来这干活，晚上还可以回家，不仅为家庭增加了收入还可以照顾家里，我特别乐意来果园干活呢。"

对于未来，黄莲花信心满满地说道："果树越长越好，来采摘的人也越来越多了，我打算把后面的山头也开发出来，打造一个集避暑、采摘、户外运动于一体的生态乐园，实现'吃农家饭、品农家果、游农家景、享农家乐'。而且我打算创立自己的品牌，不仅有高档次种植，而且还有农产品深加工，我不仅要自己挣钱，还要带动周边的人一起挣钱，以此来回馈社会、回报政府的支持，为莲花两型示范镇建设贡献自己微薄的力量。"

讨 论 题

试结合本章所学，分析黄莲花作为一名成功的创业者，她是如何践行自身的创业活动的。

三、创业者潜质评估

创业是一项巨大而复杂的工程，在这个工程中，创业者作为其中最关键、最具有能动性的因素，其能力和素质直接关系着创业活动的成败，所以考察创业者的能力和素质对于创业活动以及创业者本身具有十分重大的意义。在创业开始行动之前，大学生必须清楚地了解成功创业者的素质以及成功创业者的共同特征，必须真实、认真地审视自己，评价自己是否具备创业素质和能力。

要想创业成功，首先得有强烈的愿望和动机，要有承诺和责任感，还要诚实，要有知识、能力、资金、人脉、心态的准备。坚守诚信为本、把握机遇、追求创新、脚踏实地、终身学习、保持勤奋。具体可进行自我创业潜质的评估。

现实中要求创业者完全具备这些素质是不切实际的，也不是要求创业者完全具有这些素质才能去创业，而是希望创业者自觉地学习和实践，提高自身素质和能力。而不适合创业的人的主要特征又是怎样的呢？社会心理学家研究发现10种人是不适合创业的。

10 种人不适合创业[○]

（1）缺少职业意识的人。职业意识是人们对所从事职业的认同感，它可以最大限度地激发人的活力和创造力，是敬业的前提。而有些人却对所从事的工作缺少职业意识，满足于机械地完成自己分内的工作，缺少进取心、主动性，这与激烈竞争的环境不相宜。

（2）优越感过强的人。自恃才高，我行我素，难以与集体融合。

（3）唯上是从、只会说"是"的人。这种人缺乏独立性、主动性和创造性。若创业，也只能因循守旧，难以开展开拓性的工作，对公司发展不利。

（4）偷懒的人。这种人被称作"工资小偷"。他们付出的劳动和工资不相符合，只会发牢骚、闲聊，每天晃来晃去浪费时间，影响他人工作。

（5）片面和傲慢的人。有的人只注意别人的缺点，看不到别人的优点；有的人总喜欢贬低别人，抬高自己，总以为自己是最强者，人格方面存在很大的缺陷。

（6）僵化死板的人。做事缺少灵活性，对任何事都只凭经验教条来处理，不肯灵活应对，习惯于将惯例当成金科玉律。

（7）感情用事的人。处理任何事情都要理智，感情用事者往往以感情代替原则，想如何干就如何干，不能用理智自控。

（8）"多嘴多舌"与"固执己见"的人。多嘴多舌的人，不管什么事，他们都要插上几句话；"固执己见"的人，从不倾听别人的意见。

（9）胆小怕事、毫无主见、树叶掉下来怕砸破脑袋的人。这种人宁可因循守旧也不敢尝试革新，遇事推诿，不肯负责，狭隘自私，庸碌委琐。

（10）患得患失却又容易自满自足的人。稍有收获，欣喜若狂；稍受挫折，一蹶不振。情绪大起大落，极不平衡。

　　盛水的木桶是由许多木板箍成的，盛水量也是由这些木板共同决定的。若其中一块木板很短，则此木桶的盛水量就被短板所限制。这块短板就成了这个木桶盛水量的"限制因素"（或称"短板效应"）。若要使此木桶盛水量增加，只有换掉短板或将短板加长才成。人们把这一规律总结为"木桶原理"或"木桶定

○ 资料来源：http://blog.sina.com.cn/s/blog_4ab83bac01008f6i.html。

律"，又称"短板理论"。想要创业的大学生更要不断进行自我审视，要有忧患意识，如果个人有哪些方面是"最短的一块"，应该考虑尽快把它补起来，要考虑如何"扬长避短"。如果个人所存在的"短板"是在短时间内抑或是根本就无法补长的，那么就要重新规划职业生涯。

案例 2-3

陈天桥：成也传奇，败也传奇○

陈天桥，曾经中国的首富。1999年创办盛大网络，2000年得到中华网300万美元投资。2001年，盛大先后代理运营了《传奇》《新英雄门》《疯狂坦克》等多款网络游戏。2003年得到软银4000万美元投资，在纳斯达克上市。31岁，创业仅四年时间一举成为身价88亿元的超级巨富，打造了中国个人创业史的神话。十年后的盛大，不仅已消失在中国一线互联网公司之列，偶尔出现一下也是要么因高管离职，要么因与前高管司法纠纷等负面新闻见了报。陈天桥，可以说是成也传奇，败也传奇。

1999年，26岁的陈天桥与弟弟陈大年，在上海浦东新区科学院专家楼里的一套三室一厅的屋子里，用50万元创办了盛大网络。2001年，盛大网络正式进入互动娱乐业，那年开春，韩国Actoz公司为它的《传奇Ⅱ》游戏寻找网络运营商。《传奇Ⅱ》是一种新颖的"在线角色扮演类游戏"。敏感的陈天桥与Actoz一拍即合，以30万美元获取了《传奇Ⅱ》在中国的独家代理权。2001年11月，《传奇Ⅱ》上线运营。

2004年，盛大在全球拥有3亿个注册用户，平均每天同时在线人数230万。那年5月13日，盛大网络在纳斯达克上市。在8月10日首次公布财报之后，盛大股价一路攀升至21.22美元。此时盛大市值已达14.8亿美元，成为纳斯达克市值最高的中国概念网络股。按照持有股票的比例折算，盛大创始人陈天桥一跃成为拥有近90亿元人民币的年轻首富。出生于1973年的陈天桥，仅仅靠一家经营网络游戏的网站就创造了一个财富神话。

不过，盛大的成功始于《传奇》也败于《传奇》。没有人想到，《传奇》系

○ 资料来源：http://finance.eastmoney.com/news/1682,20150423500182735.html. 有删节和重新编写.

列在接下来的十年里，一直是盛大游戏收入的主要贡献者。一个企业在十年间啃老本于一款游戏，命运也因此而起伏。从2012年第二季度以来，盛大游戏的营收已经开始呈现出负增长趋势。而此时，同样在美国上市、核心业务为游戏的网易和巨人网络，均实现业绩增长。在经历了连续几个季度的业绩低迷后，盛大游戏单季营收首度跌出国内游戏行业前三。根据目前数据，国内游戏行业前三名分别是腾讯、网易、畅游。曾经靠网络游戏起家的盛大，被其他公司超过。

过去十年，盛大围绕以娱乐内容为主的方向，做了大量互联网和泛娱乐领域的投资，但却并未形成一个以游戏为核心业务、多元投资驱动的有效增长模式。过去十年，陈天桥致力于构建盛大集团的娱乐帝国，在影视、文学、地产等均做过大量投资，虽然抢占了先机，却没有一个发展成可以贡献稳定收入的核心业务。十年140多个投资项目，最终没有形成盛大创新平台体系，而沦为一个个孤立发展的棋子，被竞争对手一一赶超。

有几年，盛大最多的新闻就是高管离职。有媒体统计，2010年至2012年10月的34个月内有22名高管离职。其中不乏并购企业的创始人、跟随陈天桥打天下的"老人"。这种过于频繁的骨干离职，一方面归因于盛大的战略调整，另一方面，有一种声音认为与陈天桥的强硬性格不无关系。

盛大一位资深老员工曾评论说："盛大战略忽左忽右。"

他说，昨天还在信誓旦旦未来十年的布局，不到半年却因为没有看到上市希望，或盈利减少而态度180度转变，从投入变成大幅削减。昨天还是高价挖角引入的人才，明天就可能因为战略的调整，裁员走人。

在创新研究院、盛大在线等核心部门人员频繁大幅变动之下，盛大的业务缺少战略思考和布局。盛大的平台一直无法做起来，各产品只能孤立成小团队发展，而无法形成有效配合，这又削弱了其在竞争激烈市场上的竞争力。不能做到市场前三名，又无法在资本市场很快变现，陈天桥就会砍掉此业务，这样已形成恶性循环。

缺乏长期战略，不围绕长期战略进行持续投资，也影响陈天桥对人才和组织建设的态度。当不再拥有吸引最优秀人才的优势时，盛大再也无法返回曾经的辉煌。

讨 论 题

对创业者陈天桥从其知识、能力、素质等角度进行分析。

本章小结

　　本章阐述了创业者的定义、创业者应具备的知识结构、创业者应具备的能力素质，分析了创业者应具备的素质特点和成功创业者的素质要求。了解成功创业者的素质要求以及如何评估创业者的潜质，对创业者结合自身实际选择创业有重要作用。通过学习本章，创业者应学会如何培养自己的创业素质，制订自我能力培养及素质提升计划，在创业过程中扬长避短。

思 考 题

　　1. 如何理解创业者？创业者是天生的吗？创业是可以学习和教育的吗？

　　2. 作为创业者，你认为自己应具备的必备能力有哪些？结合自身情况分析自己欠缺哪些能力。

　　3. 通过本章的学习，你认为大学生创业需要培养哪些技能？

　　4. 分析自身的素质特征，运用短板理论阐释如何在创业过程中扬长避短。

　　5. 制订自我能力培养及素质提升计划。

参考文献

[1] 唐纳德·库那科，理查德 M 霍杰茨. 创业学［M］. 蒋春燕，译. 北京：中国人民大学出版社，2014.

[2] 辽宁省教育厅. 大学生创新与创业基础［M］. 大连：大连理工大学出版社，2010.

[3] 罗伯特 D 赫里斯，迈克尔 P 彼得斯，迪安 A 谢泼德，等. 创业管理［M］. 北京：机械工业出版社，2009.

[4] 科林·巴露，罗伯特·布朗. 小企业三步曲——创立、生存与发展［M］. 宁光杰，李布，译. 北京：机械工业出版社，1999.

[5] 曾照英，王重鸣. 关于我国创业者创业动机的调查分析［J］. 科技管理研究，2009（9）.

[6] 张玉利. 新经济时代的创业与管理变革［J］. 外国经济与管理，2005（1）.

[7] 张晓梅. 创业管理［M］. 北京：高等教育出版社，2011.

[8] 姜彦福，张帏. 创业管理学［M］. 北京：清华大学出版社，2005.

[9] 蒋乃平，杜爱玲. 就业与创业指导［M］. 北京：北京师范大学出版社，2010.

[10] 雷家骕，王兆华. 高技术创业管理［M］. 北京：清华大学出版社，2008.

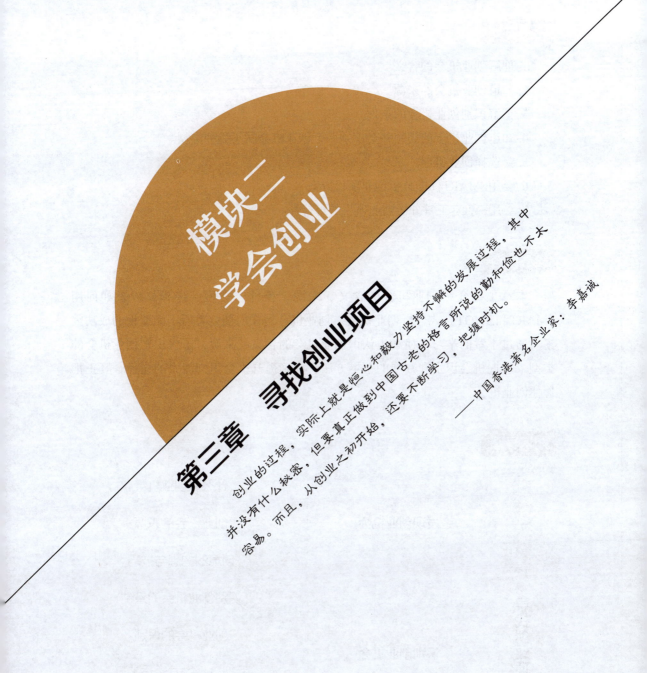

模块二
学会创业

第三章 寻找创业项目

创业的过程，实际上就是恒心和毅力坚持不懈的发展过程，其中并没有什么秘密，但要真正做到中国古老的格言所说的勤和俭也不大容易。而且，从创业之初开始，还要不断学习，把握时机。

——中国香港著名企业家：李嘉诚

学习目标

1. 理解创业机会的含义。
2. 知道创业机会的来源。
3. 了解识别创业机会的条件。
4. 知道创业机会的类型并会识别一个创业机会属于哪种类型。
5. 会选择创业机会。
6. 会用SMART标准分析创业项目方案。
7. 会用SWOT工具分析创业项目的可行性。

核心内容

本章主要介绍创业机会的含义、来源、条件、类型、选择，以及如何用SMART和SWOT方式分析创业机会。创业机会是任何创业者所不能忽视的成功因素。通过本章的学习，使学生认识创业机会的含义及来源，了解识别创业机会的类型，掌握机会识别和判断的基本方法，明确提升机会识别能力的途径，真正把握住创业机会。

知识导图

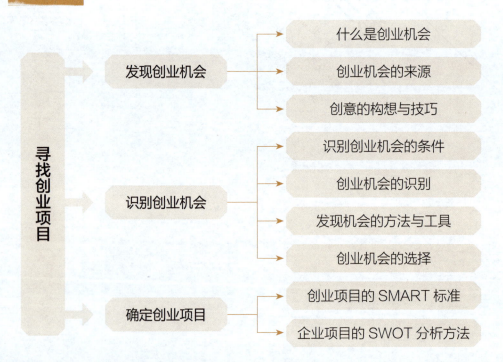

稻草变废为宝[⊖]

　　废弃物是放错了地方的资源。在农村，每到收获季节，很多农民将秸秆作为废弃物焚烧，不但污染了环境，而且焚烧秸秆还会使农田变碱、变硬。然而，江苏省滨海县蔡桥镇大汛港村人用智慧和勤劳的双手，将稻草编织成扫帚进行出售，让人们眼中的废弃物成了"绿色"用具。

　　现在，来到江苏省盐城市滨海县蔡桥镇大汛港村，随意到哪家农户，你都找不到一般农村的那份"冬闲"。在这里，你会看到人们骑在凳子上，手里拿着一束稻草，用细塑料绳不停地捆扎着，在他们的脚旁还堆着一些用稻草扎好的扫帚。大汛港村用稻草制作扫帚已有近10年的历史。

　　大汛岗村最早开始编织扫帚的是现年74岁的项文霞老人。老人试着用稻草扎成扫帚，扎成后扫地时，发现这种扫帚比高粱秆扎成的扫帚扫得干净又好用。于是他又做了几把试着拿到集市上去卖，由于当场试验效果极佳，人们争相购买。稻草扎扫帚，可谓无本获利，同村人都争相效仿，秋天稻草收好，冬闲时扎扫帚。这种副业几乎在一年时间就普及各家各户，这个村也成了典型的扫帚制作专业村。目前，大汛港村制作的这种扫帚已从农村走向城市，因为这种扫帚在扫地板砖，特别是木地板时不仅不磨损地板，而且使之变得特别光亮，同时与塑料扫帚相比，它还是标准的环保产品。

　　项文霞老人把稻草这种人们认为是废弃物的资源利用起来，制作成扫帚，使之成为受市场欢迎的商品，获得了利润。这个案例告示我们，要创业，首先就要善于发现创业机会，善于寻找创业项目。

　　前面学习了什么是创业，为什么要创业，分析了创业要素与创业过程，并对创业者所具备的能力和人格特征进行了分析，对创业和创业者有了一个基本了解，为开始创业打下了认识基础。从此模块开始，我们从寻找创业项目、组建创业团队和整合创业资源三个方面来学习创业。本章重点从发现、识别和筛选创业机会来探讨如何寻找创业项目。

　　⊖ 杨志军. 稻草变成了"金条"［J］. 湖南农业，2009（2），有删节和重新编写.

第一节 发现创业机会

　　创业者要寻找到切实可行的创业项目，就要知道怎样去发现创业机会，要发现创业机会，首先要知道什么是创业机会，把握创业机会的特点，其次要了解创业机会的来源并能对创业机会进行分类。

一、什么是创业机会

　　通俗地讲，创业机会就是指创业者可以利用的商业机会；具体地说，创业机会是指创业者寻找并创造性地组合各类资源，力图形成产品或服务来满足市场需求，且可能带来利润的一种可能性。创业者首先会隐约感觉到市场上出现了一种模糊的需求，同时觉得自己可以拥有相关资源并具备一定的能力来满足这种需求；然后在一定的环境因素作用下，这种模糊的市场需求和自己拥有的资源与能力相契合，可能会越来越明确，并形成具体的产品或服务；最终能达成供需交易：这就是创业机会。

　　我们可以用图来展示创业机会的概念。我们把创业机会最初表现的状态叫"原初形态"，这种"原初形态"表现为一种模糊的市场需求和模糊的资源能力；我们把创业者能够创新性地整合资源来满足市场需求并创造价值的可能性称为"可能事件"；我们把促成市场需求、促成产品或服务的形成、促成供需交易发生的这些有利因素叫"环境因素"。环境因素促成创业机会由原初形态转化为可能事件。原初形态是可能事件发生的内在根据，环境因素是可能事件发生的外在条件。在环境因素的作用下，模糊的市场需求可能会转化为明确的市场需求，同时，模糊的资源能力也可能会转化为明确的产品或服务，也就是说创业者提供的产品或服务可能满足明显的市场需求，于是创业机会产生。如图3-1所示⊖。

　　⊖ 曹之然. 创业机会概念模型探讨［J］. 中国流通经济，2013（9）.

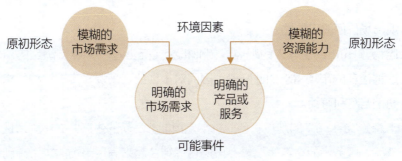

图 3-1 创业机会产生示意图

马云成立翻译社

20世纪90年代初，我国改革开放不断深入，国内外经济文化交流日益频繁，针对当时的局势，我国出现了英语人才紧缺的局面，翻译变成了热门职业，马云就是其中之一，当时很多人找他翻译，他根本忙不过来。马云发现，自己身边的同事、同学能做翻译的很多，特别是一些退休在家的老教师还可以很好地发挥专业特长；同时他还发现，当时翻译市场的需求与供给缺少一个有效的平台，很多可以做翻译的人才没有被很好地利用起来。于是马云成立了杭州第一家翻译社，叫作海博翻译社。

马云成立翻译社之前，当时的市场需求表现为急需英语翻译人才，而市场的供应表现为社会上有不少闲散的英语专业人才，但有的人翻译业务多，有的人根本没有业务。这就使马云想到构建翻译社平台来整合翻译人才，服务翻译行业。

本案例中的创业机会的原初形态表现为翻译市场需求大，且社会上闲散的翻译人才多。马云创造性地想到了建立翻译社平台来整合人力资源并很好地为翻译行业服务，促成了这个可能事件的发展，于是创业机会形成。

国外学者对创业机会的认识

柯兹纳（Kirzner）的观点：创业机会是一种通过资源整合、满足市场需求以实现市场价值的可能性。

哈博（Hulber）等人的观点：创业机会实际上是一种亟待满足的市场需求，这种潜在的市场需求如此旺盛，因而对于创业者来说，实现这种需求的商业活动相当有利可图。

卡森（Casson）的观点：创业机会是指能够在新的生产方式中创造性地引入新产品、服务、原材料等要素，再把它们结合起来满足市场需求，并创造价值的可能性。

蒂蒙斯（Timmons）的观点：一个创业机会的特征是具有吸引力、持久性和适时性，并且可以伴随着可以为购买者或者使用者创造或增加使用价值的产品或服务。⊖

扩展阅读 3-2

创业机会的四个特征⊖

（1）稀缺性。创业机会往往是因为环境的变化、市场的不协调或混乱、信息的滞后以及市场中各种各样的其他因素的影响而产生的。这决定了能获得的创业机会很少。

（2）持久性。创业过程是动态和不连续的，它始于创业者的思想创意，但其最终结果会受到很多内外部条件的制约。但创业机会具有持久性。

（3）时效性。创业机会产生于一个特定的时间，在特定的时间才有效用。机会的获得，可以为创业者提供发展的机遇，机会一旦失去，就与这次创业成功失之交臂。

（4）获利性。创业机会的有效利用，可以为创业者带来丰厚的利润。创业机会的获利性成为创业者的创业驱动之一。

⊖ 林嵩. 创业资源的获取与整合——创业过程的一个解读视角［J］. 经济问题探索，2007（6）：166.

⊖ 资料来源：百度文库，http://wenku.baidu.com/link?url=KEs6UNNhohSLc2q7i1LR KDlwQyWID4lt_mxM9aahavxHy4Zd1zpMp3atzubhcId2C23fbh8cW2qGdVqZPUA-bfiJHG7NwWqYAvRXeOxvz-q.

二、创业机会的来源

创业机会来源广泛，且因时因地动态变化，对创业机会的来源分析和分类也因角度不同而不同。我们将创业机会按内容划分为技术机会、市场机会和政策机会三类。

（一）技术机会

技术机会即技术变化带来的创业机会，主要源自新的科技突破和社会的科技进步。具体表现在三方面：一是新技术替代旧技术，当在某一领域出现了新的科技突破和技术，并且这些新的技术足以替代某些旧技术时，就会产生创业机会；二是实现新的功能、创造新产品的新技术的出现；三是新技术带来的新问题。⊖

（二）市场机会

市场机会是指市场变化带来的创业机会。一般有四类：一是市场上出现了与经济发展阶段有关的新需求，这些新的需求是创业者可以利用的创业机会；二是当前市场供给缺陷产生的新的商业机会，市场上总有一些供给不能实现其价值，这些供给结构性缺陷提供了创业机会；三是先进国家或地区产业转移带来的创业机会；四是从中外比较中寻找差距，这些差距往往隐含着商机。⊜

（三）政策机会

政策机会是指政策变化所赐予创业者的创业机会。随着经济的发展与科技的创新等，政府在宏观调控的同时，必然要不断调整政策，这些政策的变动可能会给创业者带来商机，形成创业机会。例如促进创业的金融支持政策、扶植小微企业的各项优惠政策、环保政策、鼓励创新政策、"三农"政策等。⊜

机会在哪里？机会就在有人抱怨的地方。当有人抱怨时，机会也同时存在。尤其是在中国，每个人都在表达不满。当每个人都在抱怨的时候，机会就出现了。处理不满，解决存在的问题。马云说："当我听到别人埋怨时，我就会觉得很兴奋，因为我看到了机会，会想我可以为这做些什么。"

通过用户需求研究来发现创业机会，用户是创新之母，通过各种方式产生的新产品创意最终都要通过用户来验证和完善。因为只有最终为用户接受的创意才是真正有价值的创意，突破性创意的产生更是深入洞察用户需求的结果。很多创业者不

⊖ 陈震红，董俊武．创业机会的识别过程研究［J］．科技管理研究.2005，25（2）.

⊜ 陈震红，董俊武．创业机会的识别过程研究［J］．科技管理研究.2005，25（2）.

⊜ 陈震红，董俊武．创业机会的识别过程研究［J］．科技管理研究.2005，25（2）.

知道如何进行用户需求研究，在用户需求研究方面投入资源很少。还有一些创业者认为自己做了用户需求研究工作，因为他们听取了很多销售人员、促销人员、市场人员反馈的"用户需求"。这些都是公司难以产生突破性创意的根本原因。

用户需求研究的主要目的不是了解用户明说出来的需求，而是要深入洞察用户未得到满足的、未说出来的，甚至用户自己也未想到的需求。正是这些隐性需求蕴含着产生突破性创意的巨大机会。企业能否产生突破性创意，根本上取决于对用户隐性需求的洞察能力。企业要掌握多种有效的用户研究方法，洞察用户的隐性需求，激发出用户的新产品创意。

龚海燕创立"世纪佳缘"的初衷，既不是出于一个伟大的商业梦想，也不是为了做公益，而仅仅是为了满足自己的现实需求：找个男朋友。所以，相当长一段时间，世纪佳缘都是免费的，虽然很早就接受广告投放，但远远不足以应付庞大的成本开支（人力、服务器及推广成本）。

案例 3-2

老平房的商业价值[⊖]

20世纪90年代初，我国经济正处在飞速发展时期。那时在商界流行一句话：广告一响、黄金万两。在那个需求旺盛而产品供不应求的年代，很多商家都是通过打广告让更多的消费者快速了解自己的产品，特别是电视广告、报纸广告、户外广告等非常流行，并且效果很好。张冬生是某公司的推销员，常常在外面跑业务。有一次乘火车去某地，行驶到一片深山老林，在一个小山丘拐弯处，速度慢了下来，这时前方的山坡上出现了一幢异常醒目的平房，尽管很简陋，但却显得格外"显眼"。这个特殊"风景"，让张冬生突然觉得可以做一点什么。返程路过这里时，张冬生下了火车，费尽心思找到了房子的主人。主人告诉他，因为这里的火车噪声太大，已经好几年没住在这里了，正想把这房子卖出去。张冬生用了2万元买下了这幢平房，回到大城市开始和一些公司联系，希望有公司能在这里做户外广告。后来一家有名的大公司看中了这个地方特殊的广告效应，在三年的租期中，支付给他18万元租金。张冬生的投资回报达到了9倍。

⊖ 资料来源：叮当. 发现财富的眼光［J］. 时代青年，2011（1）. 部分内容有删节和重新编写.

房子本来的作用是居住，但张冬生看到了房子所在地段做户外广告的作用。他先将非常适合制作铁路户外广告地段的房子买了下来，然后寻找那些有实力且需要打广告的企业。此案例显示，创业机会来源于市场的需求，本案的创业机会属于市场机会，在那个广告流行的年代，一个非常适合做广告的地段意味着有很大的商业价值。

扩展阅读 3-3

国外学者对创业机会分类的阐述

蒂蒙斯：创业机会主要是来自改变、混乱或是不连续的状况，分别来自"法规的改变、技术的快速变革、价值链重组、技术创新、现有管理者或投资者管理不善、战略型企业家、市场领导者短视导致忽视下一波客户需要"七个方面。

德鲁克：创新机会有七个来源：前四个来自企业内部，分别是"出乎意料的情况（意外成功、意外失败、意外的外部事件），不一致（实际状况与预期状况之间的不一致或者与原本应该的状况不一致），以程序需要为基础的创新，产业结构和市场结构的改变出其不意地降临到每个人身上"；另外三个机会来自于企业或产业以外的变化，分别是"人口的变化，认知、情绪和意义的改变，科学及非科学的新知识"。⊖

扩展阅读 3-4

国内学者对创业机会分类的阐述

刘合强的观点：创业机会有"问题、变化、创造发明、竞争以及新知识、新技术的产生"五个来源⊖。一是问题。创业的根本目的是满足顾客需求，而

⊖ 夏亮. 关于创业机会来源观点的比较研究［J］. 科技创业月刊，2009（5）.
⊖ 刘合强. 浅谈创业机会的发掘与把握［J］. 科技创业，2008，21（8）：44－45.

顾客需求在没有满足前就是问题，寻找创业机会的一个重要途径是善于去发现和体会自己和他人在需求方面的问题或生活中的难处。二是变化。创业的机会大都产生于不断变化的市场环境中，环境变化了，市场需求、市场结构必然发生变化。三是创造发明。创造发明提供了新产品、新服务，更好地满足顾客需求，同时也带来了创业机会。四是竞争。弥补竞争对手的缺陷和不足也是创业的好机会。五是新知识、新技术的产生。

刘常勇的观点：创业机会有四种来源：一是现有产品和服务的设计改良；二是追随新趋势潮流，例如电子商务与互联网；三是时机合适；四是通过系统研究来发现机会。

陈海涛等人的观点：外部环境因素的变化是产生创业机会的主要源泉，环境中技术、市场、社会价值和政策法规等方面一项或几项发生变化，将产生不同的创业机会。

三、创意的构想与技巧

创意与点子的不同之处在于创意具有创业导向。创意是对传统的叛逆，是打破常规的哲学，是大智大勇的同义词，是导引递进升华的圣圈，是投资未来、创造未来的过程。创意就是具有新颖性和创造性的想法。创意的基本特征是：新颖性，真实性，价值性。一个好的创意只不过是一个起点。创意的重要性经常被高估，而常忽略了对创业更为关键的市场需求。事实上，由于各种令人意想不到的情况，由于环境和技术的变化等各种因素，很多创业最终生产的产品完全不同于其最初所设想的。例如，以一次成像摄影而闻名于世的宝丽来公司成立的时候销售的是汽车前灯。第一个获得最好的创意是一件大好事，但除非你能够迅速占有很大市场份额或建立进入市场不可逾越的屏障，从而抢先于你的竞争者，否则第一个出现只不过意味着帮竞争者培育了市场。

（一）创意的产生

创意是一种工具，创业者想要成功创业离开了这个工具是不行的。创业者必须要看到那些看起来互不关联部件之间的关系，并且能够在看出整体之前把它们装配起来。识别可以成为创业机会的创意的能力，源于能看到别人看不到的东西的能力——让1+1=3。一个创业者必须做一个"有心人"，在某种意义上，这是发

现机会的必要条件。新产品开发过程始于寻找创意。在揭示用户尚未满足的需求或技术创新的基础上开发新产品，能为企业带来巨大的市场机会和高杠杆效应。

受开放式创新的鼓舞，许多企业逐渐开始从企业外部寻找新创意来源，包括用户、科学家、竞争者、员工、渠道成员和高层管理者。用户的需求和欲望是寻找创意的逻辑起点。一对一访谈、焦点小组座谈以及现测法均可用于用户对产品的需求和反映。例如，索尼给50名年轻人配备了数码照相机，用照片记录其日常生活。索尼用这些照片将这些年轻人分成七类细分市场，对每一细分市场进行10~20次的深度访谈，这些深度访谈通常能揭示大多数用户的需求。

传统以企业为中心的产品创新方法正让位于企业与用户合作开发产品的方法。例如，成立于2010年4月6日的小米公司开创"互联网手机"新品类，以互联网思维指导创业实践，奉行"与用户一起玩"的理念，从研发、设计、市场、销售、服务与管理等价值链环节均与用户深度互动，在智能手机的"红海"市场中做出了惊人的业绩：2014年1~6月销售量达到2611万台，同比2013年上半年增长271%，公司估值已超过300亿美元；2015年1~6月销售量达到3470万台，同比增长33%。华为、联想等行业巨头们深刻感受到了小米模式带来的行业形势变化，它们喊出"向小米学习"的口号，以小米为标杆发起冲击。2014年2月11日，万科集团总裁郁亮带着80多名中高管赴小米公司取经。企业正逐步依靠"众包"来产生新创意，众包是指邀请互联网团体帮助设计内容或开发软件，企业通常会给用户物质报酬或精神奖励，此做法被称为"价值共创"，它有助于开发新产品或创建新企业。

除产生更好的新创意，合作开发还能使用户感到自己与企业紧密相连，对企业更有好感，并通过良好的口碑将企业和产品介绍给其他人。领先用户会未经企业同意改进产品，他们是新产品开发创意的优质资源。一些企业，特别是那些想满足年轻用户需求的企业，将这些领先用户纳入了产品设计过程中。○

技术型企业可通过研究那些率先使用企业产品的用户和先于其他用户意识到产品需要改进的用户而受益。企业员工也是改进生产、产品和服务的创意来源。丰田员工每年提出200万个创意，其中85%以上的创意被采用。三星有一个宿舍和会议室一体化的价值创新计划研究所，有许多工程师、产品经理和研究人员在这里讨论怎样降低传统显像管电视机厚度等问题。有一些方案需要讨论一个月，另一些甚至要讨论一年之久。这些员工的领导们已经签署了书面协议，保证员工们

○ 成海清. 产品创新管理——方法与案例［M］. 北京：电子工业出版社，2011.

能一直待在VIP[○]研究所里,直到特定的问题得以解决。研究所负责人说:"产品70%~80%的质量、成本和分销时间在开发初期就被决定了。"三星在早期设计环节就注重削减成本和简化流程,这使它比竞争对手生产成本更低、利润率更高、投放市场更快、创新产品更丰富。

企业通过竞争对手的产品和服务也能发现好创意。它们可发现喜欢或不喜欢竞品的哪些地方;可买来竞品,拆开研究后制造出更好的产品。企业销售代表和中间商是新产品创意的绝好来源。他们直接与用户接触,通常也更先了解业内竞争发展的状况。最高管理层也是新产品创意的主要来源。小米董事长雷军将自己定位为首席产品经理,80%的精力关注产品创新设计。新产品创意还可以来自发明家、专利代理人、大学和商业实验室、管理顾问、广告机构、营销调研公司和行业出版物。

(二)创意的技巧

(1)属性列举法。列出某产品的各种属性,然后修正各个属性。比如一把螺钉旋具,可将其木质把手改为塑料把手,提供更大的扭矩,增加不同的刀头等。

(2)强行关联法。列出若干种创意,考虑创意之间的关系。例如,设计新办公用具时,可考虑将桌子、书橱和文件柜作为单独的创意。于是设计人员便可设想桌子内置书橱或文件柜,或书橱内置文件柜。

(3)形态分析法。假如设计人员开始考虑:"通过动力装置将某种物品从一处运到另一处。"接着,他可从多个维度思考:运输平台的类型(柜式、台式、吊索式和平板式);介质(空气、水、油和轨道);动力源(压缩空气、电动机和磁场)。通过枚举每种可能的组合,设计人员可产生许多新方案。

(4)逆向假设法。列出有关实体的所有正常假设,然后逆向思考。人们通常认为玩具的对象是孩子,仅限于娱乐,没什么使用价值,可以对以上内容进行逆向思考。日本生产商制作的机器宠物就做到了这一点。这些机器宠物能给老年人做伴,并监控其健康状况。

(5)新情境法。将一个熟悉的过程置入一个新的情境中。在香格里拉这样的非洲顶级宾馆里,服务员夹道迎接旅客,由客户关系经理将旅客带到房间,旅客无须去前台即可办理入住手续。

(6)思维地图法。先有一个想法,例如一辆汽车,然后将汽车二字写在纸上,接着联想到现代汽车,用笔将它与汽车连起来,然后联想到韩国,以此类推。这样做或许会使一个全新的创意逐步实体化。

○ Very Important Person的简称,即重要人员。

（7）水平营销法。越来越多的新产品创意源于水平营销，水平营销将两种产品概念或创意概念结合以产生新的市场供应品。下面是一些成功的例子：

加油站商店=加油站+食品；网吧=自助餐厅+互联网；健达出奇蛋=糖果+玩具；iPod=音频+视频+便于携带。

（三）创意的筛选

在筛选创意时，创业须避免两类错误：弃真错误与取伪错误。[○]

当我们错过了一个本来很好的创意时，弃真错误便发生了。挑他人创意的毛病很容易。有些创业者一回想起错过的创意就感到惋惜，想到那些差点舍弃而后来取得巨大成功的创意时，便感到侥幸至极。索尼就因为犯了几次这样的错误而变得非常被动。它没有预期到个人计算机革命和移动通信技术的普及，忽视了平板液晶电视的发展，而苹果公司的iPod则取代了索尼随身听成为数字音乐时代的象征。

当创业者将差的创意导入开发和商品化阶段，取伪错误便发生了。产品创新失败会使企业亏本，其产品销售额连可变成本都无法收回。部分产品失败也会使企业亏本，但产品销售额尚能收回全部可变成本和部分固定成本。相对产品失败能产生利润，但该利润率低于企业的目标报酬率。创意筛选的目的是尽早放弃差的创意。其基本逻辑是进入后续开发阶段，产品的开发成本将变得非常高。大多数企业要求新产品创意能按照标准格式表述出来，以便新产品委员会审核。标准表述格式包括产品创意、目标市场以及竞争状况，还要粗略估计市场规模、产品价格、开发时间和成本、制造成本及其回报率。

随着创意通过开发阶段，企业需要不断通过修正产品总成功率的估计值，可采用如下公式：

总成功率=技术实现的概率×技术实现后商业化的概率×商业化后经济成功的概率

讨 论 题

1.创业机会能否转变为创业项目？为什么？

2.结合你的社会经验，谈谈你身边有哪些创业机会，并说明这为什么是创业机会。

○ 菲利普·科特勒，凯文·莱恩·凯勒．营销管理（亚洲版·第5版）［M］．吕一林，王俊杰，译．北京：中国人民大学出版社，2010.

第二节 识别创业机会

发现了创业机会，并不意味着就能马上进入创业环节。创业者还需对创业机会进行识别和筛选。创业者首先要有创业愿望和创业能力，并具有良好的创业环境，这是识别创业机会的条件；然后要能按市场需求是否清晰和资源能力是否具备两个角度对创业机会进行分类，以便能清晰地判断机会实现的难易；还需要了解识别创业机会的过程，才能有效识别和筛选出可行的创业机会。

一、识别创业机会的条件

并不是所有创业者都能很好地识别并把握住创业机会，创业机会的识别与创业者的创业愿望、创业能力和创业环境等因素密切相关，它们是识别创业机会的基本条件。

（一）创业愿望

创业愿望是创业的原动力，它推动创业者去发现和识别市场机会，没有创业愿望，再好的创业机会也会被视而不见，或失之交臂。

（二）创业能力

识别创业机会在很大程度上取决于创业者的个人或团队的能力。与创业机会识别相关的能力主要有：远见与洞察能力、信息获取能力、技术发展趋势预测能力、模仿与创新能力、建立各种关系的能力等。

（三）创业环境

创业环境是创业过程中多种因素的组合，包括宏观政策、社会经济条件、创业和管理技能、创业资金和非资金支持等方面。一般来说，如果社会对创业失败比较宽容，有浓厚的创业氛围，国家对个人财富创造比较推崇，有各种渠道的金融支持和完善的创业服务体系，有公平、公正的竞争产业环境，那就会鼓励更多的人创业。㊀

㊀ 刘明霞. 创业机会的识别及其所需的条件 [J]. 职业技术，2009（8）.

二、创业机会的识别

创业机会的识别是创业的关键一步，是创业的起点。创业的整个过程其实就是对创业机会进行识别、加工和实施的过程。

（一）创业机会类型

有的人想创业只是一个梦想，既不知道自己能创造什么，又不知道人家需要什么；有的人知道人家需要什么，但自己不能提供出人家需要的东西；有的人能提供什么，但目前人家不需要；有的人自己手里有的，恰好是人家需要的。识别创业机会，关键是要识别创业机会的类型。在第一节我们讨论了创业机会的原初形态的两种表现形式，即模糊的市场需求与模糊的资源能力。但是在环境的作用下，模糊的市场需求可能会被识别，模糊的资源能力也可能会转化为确定的产品或服务，也就是说创业者提供的产品或服务可能满足已经识别的市场需求。我们按照市场需求是否被识别、资源和能力是否确定两个角度，将创业机会的类型分为幻想型、能力欠缺型、市场欠缺型和完美型四种⊖，如图3-2所示。

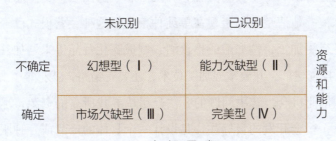

图3-2　创业机会的类型

1. 幻想型（Ⅰ）

市场需求未被识别，且资源和能力不确定。这里的机会开发只能是梦想家、艺术家、设计师和发明家的创造性。他们感兴趣的是将知识的发展推向一个新方向和使技术突破现有限制。

例如，有人想把雷电的能量收集起来用于发电。尽管目前社会有时电力比较紧张，但火力、水力、风力等发电转换技术已经相当成熟，可以基本满足社会

⊖ 蔡壮华，郑炳章，杨旭辉. 创业机会理论综述［J］. 石家庄经济学院学报，2008，6（3）：133－137.

对电力的需求，因此电力市场几乎无这个需求。更重要的是目前收集雷电能量尚无成熟技术，且成本效益转换毫无经济价值，因此这只能是一种幻想型创业机会。

但是，有些梦想随着时代的进步会变成现实。古代人幻想着能在天空自由飞翔，莱特兄弟改良了飞机，实现了这一"梦想"。当市场与你拥有的资源和具备的能力"握手"时，"梦想"就会变成现实。

2. 能力欠缺型（Ⅱ）

即市场需求已被识别，但资源和能力不确定。应寻找解决问题的方法。此时，在机会开发时要设计出一个具体的产品或服务，并投入到市场中去，以满足已经被识别的市场需求。创业者清楚地知道市场需要什么，但苦于没有资源和能力，无法生产或提供这种市场所需的产品或服务，也就是人们通常所说的：明知有商机，但既无技术又无钱。

例如，某农民朋友承包了几十亩地用于产粮，近几年粮食连年丰收，但价格连年下降。他看着堆满了粮食的大谷仓，既不想贱卖出去，更不想留着眼睁睁地看着新粮变陈粮。他清楚地知道现在单纯种粮卖粮这种经营模式已经过时，想着可以对粮食进行深加工，例如酿成粮食酒、制成膨化食品等来增加其附加价值，但是一想到要投资建厂，并要掌握加工技术，还要有销路，就犯难了。

针对这种创业机会，解决问题的办法是尽快寻找所需的资源，尽快培养所需的能力。此时，机会开发的目标往往是设计一个具体的产品或一种服务以适应市场需求。问题解决型创业机会转化成创业项目的成本要比"幻想型"低，所花费的时间也要少，关键是看争取资源与掌握技术的速度。

3. 市场欠缺型（Ⅲ）

市场需求未被识别，但资源和能力已确定。这里的机会开发强调在技术应用方面，而不是产品的设计或服务的提供等方面，更多强调的是寻找应用的领域而不是产品或服务的开发。

创业者手里已经具备了生产某项产品或服务的能力，也就是说完全能生产出某个产品或提供出某项服务，但是感觉他所生产的产品或提供的服务没有市场需求，也就是说没有人需要他的产品或服务。在农村有好多这样的农民朋友，空有一身独门绝技，但往往没有发挥其应有价值。

案例 3-3

吕爹的秤店[一]

在长沙市望城区靖港古镇内,有一家以手工杆秤而闻名的店铺,店主从13岁起跟兄长学制秤,现在已经74岁了,当地人亲切地称他为"吕爹"。手工杆秤制作工序复杂,仅秤杆的制作就包括选木材、刨圆、打磨、包秤头、定刻度、钉秤花、上芯子等多道工序,制作精度要求高,难度大,而且全靠手工制作。20世纪六七十年代是杆秤的"黄金时代",随着电子秤的普及,手工杆秤逐渐被淘汰出局。是不是这种产品进入了产品生命周期的死亡期呢?是不是没有再一次发挥其价值的可能性呢?吕爹不这么认为。他退休后,在靖港古镇上开店制秤。如今,他成了古镇上唯一还在坚守手工制秤工艺的老匠人。他店里卖的秤不再是称量物品所用,更多的是被顾客们当作工艺品收藏。他将过去年代的普通生活用品变成了现代人的奢侈品,旧的产品立马焕发出新的生机。

在农村这片广阔的土地上,蕴藏着大量的非物质文化遗产和先人们留下来的独门绝技,如何盘活这些资源,关键是要寻找到适销对路的市场。盘活资源的过程就是技术转移的过程。

4. 完美型（Ⅳ）

此时市场需求已被识别清楚,而且自身拥有的资源和具备的能力已基本确定。这里的机会开发更多地强调将市场需求与现有资源进行创新性融合,并形成企业。

案例 3-4

宠物澡堂

张伟为谋生计南下打工,他既无一技之长又没文凭,只好在一个高档小区做保安。但他不甘平庸,一心想改变命运。李易,当地人,父辈给了他一笔不小的遗产,他有用不完的钱,想投资可是找不到很好的投资项目。李易没事

[一] 资料来源:新华网,http://news.xinhuanet.com/photo/2013-07/17/c_125022022.htm#p=4. 有删节和重新编写.

就到张伟的门卫室坐坐，两人很快熟悉了。小区旁边有一家老式澡堂，生意清淡，老板决定关门。张伟收到消息后，几番思索，看准了商机，就找到李易一同合作。一个月以后，一家全新的宠物澡堂在小区附近闪亮登场。

张伟通过做保安工作了解到，高档小区中养宠物的人较多，小区居民有宠物的卫生保养需求；他找到有资金的李易合伙，解决了资金问题；又找到老式澡堂这个地理位置较好的场所，达到了需求与供给的友好"握手"，形成了一个良好的创业项目。

理论上说，完美型创业机会类型的成功概率要比前面三种情况都要高，幻想型的成功概率比后面三种都要低。

幻想型、能力欠缺型、市场欠缺型和完美型被视为创业机会的四种类型，从另一个角度看，它们依次排列又可看作创业机会发展的一般过程。要识别创业机会属于哪种类型，是否既没有市场，又没有资源和能力；能否通过确定的资源和能力、开发产品或服务来满足明确的市场需求；如果现有资源和能力不能满足目前市场需求，则能否携带现有资源和能力去寻找新的市场；最好的情况是现有的资源和能力正好与目前的市场需求相匹配，就可以形成企业创造价值。

扩展阅读 3—5

创业机会的其他分类法

（1）有学者将创业机会类型分为创新型机会、模仿型机会、识别型机会和发现型机会。创新型机会是指通过技术的创新为人们带来方便，例如苹果公司、微软公司，其核心竞争力是别人短时间内没有的技术，在需求中寻找机会，按需创新。模仿型机会是指通过模仿别人的技术，优化产品，降低成本形成竞争力。识别型机会是指通过识别已有技术和已知需求来提供产品或服务。发现型机会是指将新技术应用到不同领域，阿里巴巴将网络和商业买卖融合到一起⊖。

（2）埃克哈特（Eckhardt）和查恩（Shane）的观点：按产生原因把创业

机会分为三类：一是变化的维度产生的机会（创业产生了产品和服务的变化，创业机会的产生同样因为价值链的部分的改变）；二是机会资源本身所产生的机会；三是通过变化的缔造者产生的创业机会（不同的创业实体产生不同的变化导致不同的创业机会）⊖。

（3）刘明霞等人的观点：创业机会可以分为现有的市场机会、潜在的市场机会和衍生的市场机会。现有的市场机会存在于不完全竞争下的市场空隙、规模经济下的市场空间、企业集群下的市场空缺；潜在的市场机会来自于新科技应用和人们需求的多样化；衍生的市场机会来自于经济活动的多样化和产业结构的调整等方面⊖。

（二）创业机会的识别过程

当创业者处在良好的创业环境，且有创业愿望和创业能力时，他就会用心去识别一些创业机会。一般来说，机会识别包括三个明显的阶段：第一阶段是感觉到市场需求没有得到满足或某些资源没有得到充分利用；第二阶段是发现在某些特殊的市场需求和特别的资源之间存在"相匹配"；第三阶段是可以将这种"相匹配"以新业务的形式创造出来。

1. 感知过程

感知过程一方面是指创业者去感觉市场需求有没有得到满足，有些人对市场需求有敏锐的"嗅觉"，他们能够凭经验感知到可能出现新的市场空缺。这种经验可能来自于长期的工作和生活积累，也可能来自于对新事物的洞察。另一方面是指创业者去感知资源有没有得到充分利用，有些人能盘活手里的资源，有效利用他人的资源，一旦资源闲置在那里，他就会感到不安，总是思考着如何激活这些资源。但是，并不是说能感知创业机会的人就擅长推动创业项目的实施，只能说是发现了问题的，但不一定能解决问题，往往有的人尽管意识到市场机会来了或者资源没有得到充分利用，但并不一定能够提出利用这些机会的好办法。因此感知过程是寻找市场或寻找资源的过程。

2. 发现过程

发现过程是指创业者在感知的基础上发现某一市场需求可以通过创造性组合

⊖ 彭海军. 创业机会类型、环境感知与创业绩效研究［D］. 大连：东北财经大学，2010.
⊖ 刘明霞. 创业机会的识别及其所需的条件［J］. 职业技术，2009（8）.

某类资源来得到满足。发现过程也就可以从两方面来探讨：一方面是发现未满足的市场需求可以通过对资源创造性加工或整合来满足；另一方面是发现有些资源可以加工或整合来找到新的市场机会。不管是从市场出发还是从资源出发，发现过程是创业者发现市场和资源可以契合。但并不是发现了创业机会就等于能成功把握这个创业机会，只是发现了资源和市场的某种契合，这种契合是否可行，是否具有经济效益，还并不明了。因此发现过程是将资源与市场整合的过程。

3. 创造过程

创造是指以商业概念等形式创造一个独立的需求与资源间的新的配合。从逻辑上来说，创造商业概念紧随感知与发现之后，使市场需求和资源相匹配。但是，创造又不仅仅是感知和发现。商业概念创造包括资源的重组和重新定位，这是为了创造和传递比现有情况更多的价值。商业概念等形式的创造不仅是调整现有资源和市场需求的配合，还可能引发对现有企业的重组或彻底改革。创造性的机会识别活动通常与机会利用活动结合在一起，涉及人力、物力资源的投入。[一]

综上所述，可以将创业机会的识别过程用图3-3来表示。

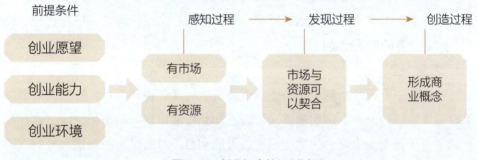

图 3-3　创业机会的识别过程

三、发现机会的方法与工具

工欲善其事，必先利其器。借助一些方法与工具，可以有效地提高创业者发现机会的能力。以下是一些行之有效的方法与工具，创业团队可以在实践中反复应用，直到熟能生巧。

（一）焦点小组法

该方法是邀请一些用户来一起探讨他们在使用某类产品时遇到的烦恼或问

　㊀　郭军盈. 中国农民创业问题研究［D］. 南京：南京农业大学，2006.

题，并通过对可能的解决方案的探讨来激发突破性的新产品创意。在使用该方法时，创业者负责提出问题和评价解决方案。创业者根据用户提出的问题现场设计解决方案，现场征求用户的意见并进行改进。通过多次反复，创业者和用户可能就某个重大问题寻找到可行的解决方案，从而激发出一个突破性的新产品创意。

（二）头脑风暴法

该方法是邀请多名用户参加创业者的创新研讨会议，用户与创业者一起进行头脑风暴和逆向头脑风暴。头脑风暴的规则为：任何创意都是好创意，不能有任何形式的批评。逆向头脑风暴方法正好相反，该方法的目的是大肆进行批评，找出每个错误，找出每一个创造性的方法去攻击和破坏该产品。通过这种方法，找到大量的缺陷和问题，包括很多未知的问题。

创业者可以根据细分市场和行业对邀请的用户进行分组，分别要求用户通过逆向头脑风暴法找出某个产品最大的三个问题。然后，采用头脑风暴法为每个问题寻找解决办法，每个问题讨论30分钟。这样，通常会有很多新颖的创意浮现出来。创业者可以在用户头脑风暴会议的基础上，提炼出多个可能的新产品创意。

（三）深度访谈法

深度访谈法是洞察用户和用户未满足的、未说出来的需求的有效方法。在用户现场除了面对面的交流之外，还可以现场观察用户使用产品的过程。拜访用户最好是2~3人一组，创业团队要包括市场人员和技术人员。技术人员参加深度访谈，能获得关于用户需求的一手资料，能更准确地把握用户真正的需求。现场访谈的研究须公司的人自己做，不能外包给市场调查公司。外包的结果是你只能得到经过过滤和加工的二手信息，而不再是用户原汁原味的需求。通过深度访谈能够激发出很多新颖的新产品创意。

（四）现场观察法

如果要了解大猩猩的生活习性，最好的方法就是与大猩猩一起生活一段时间。通过发放调查问卷和浏览网站是不可能真正、直观地了解大猩猩的生活习性的。同样，了解用户需求的最好方法就是和用户一起生活一段时间。某医疗器械制造厂，在全国各地组织了10多个市场调查小组，深入各类医院病房，实地观察医生、护士、病人和病人家属操作和使用多参数监控仪的情况，得到了300多条有价值的需求信息。这些需求信息与采购招标时的需求信息完全不一样。基于这些需求信息，该企业提炼出了多个与现有竞争产品差异化很大的新产品创意。

（五）领先用户法

3M公司应用领先用户法在许多领域开发出了创新的产品，包括新的医疗产品和通信产品。很多取得商业化成功的重要的新产品创意首先是由用户想出来的，甚至原型都是由用户做出来的。这些由领先用户开发的新产品往往领先于市场潮流，甚至远远超过了普通用户的需求。产品设计方面有三种理念：为用户设计；与用户一起设计；由用户设计。最常用的设计方法是什么呢？大多数企业是"为用户设计"，他们认为，设计是很专业的工作，用户是不知道如何设计新的产品的。企业与用户一起设计，通过用户的知识使设计的产品更满足用户的需求。

四、创业机会的选择

人们生活的环境往往并不缺少创业的机会，而是没有寻找并选择到适合我们的创业机会。清华大学姜彦福教授等这样评价联想、国美、新浪和搜狐："当少数国外公司生产微型电子计算机时，中国电子企业将面临一个机会，生产计算机，联想抓住了新产品的这个机会。当百货商场是家用电器的经销主渠道时，是否可以开连锁店，像超市一样卖电器，竞争的重要武器是低价格？国美电器抓住了新的服务方式这个机会。当人们开始在网络上浏览信息的时候，是否可以在网上提供新闻？新浪、搜狐做到了。"⊖

如何选择到适合的创业机会，一要看市场需要什么，二要看自己有什么资源和能力。从理论上讲上述四种创业机会类型都可以供创业者选择，但第一种"幻想型"创业机会实现的概率较小。成功选择创业机会的两种方式：一是先看市场需要什么然后准备市场所需要的资源，此时选择"完美型"创业机会，努力利用现有的资源和能力来开发一个适应当前市场的具体产品或服务；二是利用现有的资源和能力去寻找市场需求，此时出现的机会类型为"市场欠缺型"创业机会。如果资源能力恰好与市场需求相匹配，就可以着手创业了。

案例 3-5

瓶子与裙子

20世纪20年代，美国有个年轻的制瓶工人。他一直想设计一款外表美观、

⊖ 姜彦福，张帏. 创业管理学 [M]. 北京：清华大学出版社，2005.

方便手握且看上去装的饮料比实际多一些的饮料瓶，这也是许多朋友同他说过的一种理想的瓶子。一次，他的女朋友穿了一件特别的套裙。裙子在膝盖位置设计得比较窄，这样使得她的腰部非常有吸引力。他觉得这裙子的线条真是太美了，便认真地欣赏起来。突然，他想道："这不就是我要找的'饮料瓶子'吗？"回到家里，他便迅速地画出了瓶子的图纸。1923年，可口可乐公司找到他，开价800万美元，从他手中买下了这个设计的专利。而他本人也因为这一款时尚、外形独特而"迷人"的设计成为有名的设计师。⊖

年轻人找准了市场需要，也就抓住了市场的机会。机会已经存在，只需准备满足这种机会的资源了。年轻人的创意加上自己的技能，很快就完成了满足市场需要的产品设计，问题得到圆满解决。

讨论题

1. 运用创业机会识别的三个过程，分析案例3-3（吕爹的秤店）和案例3-4（宠物澡堂）中的创业者是如何识别创业机会的？

2. 运用创业机会类型相关理论知识分析案例3-5（瓶子与裙子）属于哪种创业机会类型？

第三节 确定创业项目

从前面的学习中，了解到创业者从发现到识别和筛选创业机会需要一个科学严谨、实事求是的过程，这是确定创业项目必须经过的一个阶段，绝大多数创业机会在识别和筛选过程中就被创业者淘汰出局，留下来的创业机会才有可能"华

⊖ 资料来源：http://finance.sina.com.cn/money/lczx/20070423/03583527631.shtml. 有删节和重新编写.

丽转型"，变成创业项目，但要进行全面的评价和可行性论证。本节重点介绍如何对创业项目进行SMART评价和SWOT分析。

一、创业项目的 SMART 标准

当创业者遇到了一个好的创业机会时，接着就要考虑形成一个创业项目。但好的创业机会并不一定能简单地变成好的创业项目，要把它变成好的创业项目，还要经过仔细策划、认真设计、反复论证。在这个论证过程中，怎样来评价创业项目方案的可行性与科学性，怎样修订创业项目方案使之更科学可行，在管理科学中有一个叫作SMART标准的工具。

（一）什么是SMART评价的标准⊖

SMART是由Specific（明确性）、Measurable（可衡量）、Attainable（可实现）、Relevant（相关性）、Time-based（时限性）这五个单词的首字母组合而成的一个专有名词。它包含的意思是，当我们在设计方案、拟定目标或指标时，要求内容明确，标准可衡量，目标可实现，且应考虑内容的相关性和方案的时限性。

（1）明确性。要用明确的语言清楚地说明要达成的行为标准。拟定明确的创业目标几乎是所有创业者或创业团队成功的关键，只有在明确的目标驱动下，创业者才能有的放矢，找准努力方向，并形成强大的动力。而导致团队不成功的重要原因往往是目标含糊不清，或没有有效传达目标给投资人或团队成员。

（2）可衡量。目标应能衡量，最好能有一组明确的数据，作为衡量是否达成目标的依据。如果制定的目标没有办法衡量，就难以判断这个目标是否实现，或实现的程度如何。目标衡量的标准是"能量化的量化，不能量化的细化，不能细化的流程化"。不是所有目标都能量化，但可以分解和细化，还可以流程化，这些办法都可以使目标可衡量、可操作。

（3）可实现。设置的目标要能实现，既要内容饱满，又要可达到。如果创业者雄心勃勃将目标定得过高而难以实现，则不仅会影响创业激情，而且会欲速则不达，导致项目后续工作难以推动。反之，如果创业者过于保守而将目标定得过低，则不仅会影响创业进度，延误项目发展，而且难以盘活人力资源。目标设定要全员参与，使组织与个人达成一致。

（4）相关性。目标与目标之间应相互关联，特别是目标分解后的各子目标要

⊖ 资料来源：百度百科，http:baike.baidu.com.

相互关联，子目标服务于总目标，不能孤立于系统之外。实施创业项目，涉及人事、财务、营销、研发等各个方面，如果目标不关联，会导致职能之间条块分割，不能形成合力。可用价值链分析方法来检验目标的相关性，当将各子目标置入一个共同的价值链系统中进行综合分析考虑时，目标的关联与否就会显露出来。

（5）时限性。目标的实现是有时间限制的，不能花费过多的时间成本或延期来完成一个目标。环境的不断变化会导致创业机会的动态变化，今年房地产赚钱，明年说不定保健品市场好。另外，没有时限的目标也无法考量，不同成员对目标的轻重缓急也理解不同。要拟定目标完成的时间要求，定期检查项目完成的进度，并及时掌握情况，方便应对异常变化及调整方案。

（二）用SMART标准评价创业项目

案例3-6

浏阳绿森苗圃基地创业方案⊖

随着我省城市化建设步伐的加快以及人们生活水平的提高，城市建设用苗与家庭绿化用苗需求越来越大。绿森苗圃拟建于浏阳市场柏加镇，主要服务于长沙及周边单位、市镇工程项目及其他苗木采购商。产品定位为三类：第一类是城市绿化色块绿篱用苗，这类苗人工投入大，但见效快，每年7月份扦插枝条，第二年的3月份移栽小苗，到10月份就可以出苗；第二类是直径2~5厘米的小苗，如桂花、紫薇、香樟等，这些是常规苗，市场需求量大；第三类是造型及盆景类，是慢生树，培育周期长，技术性强，经济见效慢，很多人不愿意栽培，但是价位高，利润空间大，且市场需求在成长，有市场潜力。

公司的战略目标：

在第一年内完成基础建设与第一批苗木种植，在第二年内建成浏阳地区最大的苗木供应基地，到第五年成为长沙东部地区最大的苗圃生产基地。

公司的营销策略：

（1）产品策略。绿化工地对苗木品种的需求是多样的，但是多数苗圃的品种有限。公司可以重点种植彩苗，走彩苗路线来打造特色，同时依托浏阳市

⊖ 资料来源：2014年湖南广播电视大学首届农民大学生创业设计竞赛作品. 长沙广播电视大学，卢术. 浏阳市柏加镇绿森苗圃基地创业计划书. 有删节和重新编写.

百里花卉走廊产业带的集群优势去配齐客户所需的其他品种。

（2）价格策略。采用差别化定价。针对个性化彩苗产品，拟定比市场价稍高的价格；针对大众化产品，如果批量比较大，拟定比市场价稍低的价格；对采购量大的大客户与长期合作的老客户，可以采用VIP服务。

（3）渠道策略。拟定公司加农户的销售模式，不设中间商，农户借公司平台可以自己直接销售，可以省去很多中间环节，使利润最大化。

（4）促销策略。在行业网站做网络推广，建立自己的网站，做到每日更新产品价格、规格、图片信息，和其他苗木爱好者交流苗木信息。在苗木杂志做产品宣传，每月产品规格、单价更新。

下面用SMART标准对此项目方案的战略目标和营销策略进行简要评价：

（1）战略目标不明确且实现的信度低。公司战略目标虽然有分阶段进行，但整体比较模糊。第一年内完成的基础建设项目没有明确，建什么，为什么建，投入多少等没有明确规定；第二年要成为浏阳地区最大的苗木供应基地，没有说明本地区现有竞争对手，没有比较，难以让人相信；第五年的目标存在同样的问题。另外，依据案例提供的内容，浏阳的苗木花卉产业已经有了一定的规模，一个新成立的苗圃能在两年内发展成浏阳地区最大的苗木供应基地似乎很难，没有介绍可能实现的保障条件和现有的基础，信度不高。

（2）所拟定的营销策略相关性强。产品策略是走彩苗路线打造产品特色；价格策略是采用差别化定价，针对特色的彩苗产品定高价；另外公司加农户的销售模式，刚好能有效整合地区集群优势，满足客户对多种苗木的需求，又能凸显自身彩苗特色。产品策略、价格策略和渠道策略三者相互关联，互为补充。

二、创业项目的 SWOT 分析方法

当创业者已经有了创业项目时，还需要对它进行检验分析，确定是否可行，是否经得起推敲，是否具有竞争力和盈利能力。目前我们通常用来分析创业项目可行性的工具叫作SWOT。

（一）什么是SWOT分析方法

SWOT是由Strength（优势）、Weakness（劣势）、Opportunity（机会）、Threat（威胁）四个单词的首字母组合而成的专有名词，它是一个项目可行性分析工具。

SWOT分析工具提供了一个分析创业项目外部机会与威胁、内部优势与劣势的框架。在进行SWOT分析时，要全面考虑创业项目所具有的上述四个方面的各类因素。优势和劣势是分析在创业项目实体内部的各项因素，这些因素是可以通过努力改变的，我们把它们叫作内部因素；机会和威胁是分析在创业项目实体外部的各项因素，我们把它们叫作环境因素，这些因素由环境决定，一般难以改变。

优势：是指创业项目实体好的方面。例如，产品质量比竞争对手的要好，而且价格又便宜；地理位置非常方便；员工专业技术水平高。

劣势：是指创业项目实体不足的方面。例如，产品价格无法降低，始终比竞争对手的要高；缺少足够的流动资金；售后服务水平不高等。

机会：是指周围环境存在的对于创业项目实体有利的因素。例如，产品越来越受消费者喜欢，这个地区没有类似的生产商，政策利好等。

威胁：是指周围环境存在的对于创业项目实体不利的因素。例如，原材料价格上涨，潜在进入者加入，产品的生命周期太短，地区经济不发达等。

（二）用SWOT分析创业项目

案例 3-7

夫妻手工竹艺品作坊创业项目

湖南益阳桃江县的整体经济欠发达，老百姓的收入不高，但因为有"桃花江是美人窝"的美誉，又是中国的"楠竹之乡"，常年吸引着不少外来游客。李大江是桃江县某竹艺加工厂的一名技术工人，手艺较好。周小茜是李大江的妻子，原来在县城一家超市做导购员，后来开了一家日杂店。女儿已经读初中了。一家三口虽然不算富裕，但日子过得美满。李大江是一个做事认真严谨、不苟言笑的人，他妻子为人热情，且做事勤快。

不久，李大江所在的工厂由于市场竞争加剧，订单越来越少，且经常停产，利润直线下降，有时还发不出职工的工资。李大江感到今后的日子可能缺少经济保障，特别是女儿还没成年，还需要准备送她读大学，需要准备一大笔钱。

李大江注意到本地有人做手工竹艺品，卖给外地来的游客，销路还不错。于是他想到在家里开一间作坊来制作手工竹艺品。他觉得应当把这个事当作一份事业来干。他到厂里找了几个同事商量，想辞职专门来做此事，但立即遭到一些人的反对，认为办实体要有本钱和经验，还要有关系，否则一旦失败将倾家荡产。还有些朋友劝他再等几个月，看厂里是否有起色。李大江不这么认为，他觉得中部崛起的势头已经非常明显，特别是近几年桃江旅游市场的开发，吸引了不少外来游客，游客们对旅游地区的土特产品与具有旅游地区特色的手工艺术品的需求越来越旺，而手工竹艺品是新近出现的特产，在本地还没有专门做这个产品的厂家。现在的产品种类少，且做工粗糙。如果能开发出颇具地方特色的精巧的新产品，肯定有不小的市场。夫妻俩认为自己具备创办实业的能力，都有事业心，能吃苦耐劳，做事认真严谨，还有一定的管理经验。他们认为这个项目投资不大，自己的积蓄和收入基本能应付这个项目。

但李大江也知道自己的美术功底不足，还需请专业老师指导，且没有真正做过实业，对于营销、财务等管理技能还很欠缺，不过他打算买一些书回来自学，还可以请教几个在县城做生意做得比较成功的朋友帮助。创办这个作坊毕竟是他们生活中的一个转折点，因此想尽量降低创业风险。他们起步时不想借钱，也不想找人合作，只想量力而行，从小做到大，逐步发展。他们还设想了两人的分工，李大江负责产品的设计、生产与质量控制，开始时多设计几种小工艺品，小批量试销；周小茜负责原料的采购、产品的销售、账务的处理。不雇人，也不摆摊，将产品批发给旅游点的商店和摊贩。

他们估计投产三个月后，所产生的利润将满足扩大生产规模的需要，到时，李大江就可以辞掉工作全身心投入，再雇佣几个工人，添置一些设备，多开发一些产品，扩大批量生产规模。他们还对今后的销售做了设想：一是以销定产，避免库存；二是不局限于旅游纪念品，还可以做装饰品和实用品；三是逐步拓宽销售渠道，还可以把产品销售到大城市里去，打造成为桃江县竹艺特色产品；四是将桃江文化融入产品，做品牌产品。

下面对李大江夫妻的手工竹艺品作坊创业项目进行SWOT分析。

（1）优势。夫妻俩身体健康、精力充沛，且能同心协力，和睦相处，想法比较一致，都能吃苦耐劳，有决心做一番事业。李大江的手艺还不错，还有一定的管理经验，为人忠厚，待人诚恳。周小茜做事勤快，热情开朗，有一定的采购与销售经验。孩子已经长大，不用太操心。

（2）劣势。夫妻俩没有管理企业的经验，缺乏企业管理的基本知识。李大江为人处事稳重，但可能在决策时举棋不定。周小茜有时热情过高，可能会产生仓促决策。资金少，也不打算借资，所以企业发展所需资金只能等待利润填补，不可能发展得很快。企业人手少，两个人都必须是多面手，许多事情难以做精。

（3）机会。湖南旅游业正在快速发展，已经由省地级市场渗透到县镇一级市场，这将有力带动旅游工艺纪念品的需求增长。而竹艺品处在起步发展阶段，还有很大的发展潜力。另外产品还可以进入旅游业以外的市场，例如做装饰品。

（4）威胁。不清楚市场容量有多大。不知道首先制作的试用品是否受游客欢迎，也不清楚游客最喜欢哪种类型的工艺品。作坊不在旅游区，因为产品是卖给商店和摊位，而不是直接卖给顾客，因此难以了解市场需求的动态反馈。项目投资少，启动容易，如果利好，估计会有很多人模仿进入，特别是实力强大企业进入，这些大企业可以使用模具进行批量生产，会对作坊造成巨大威胁。

（三）SWOT分析的结果

在针对创业项目进行SWOT分析后，此时应该能够初步评价所选择的创业项目是否可行，并可以针对性地做出以下决定：

（1）坚持想法，并在后续工作中对创业项目进行全面、深入的可行性分析。

（2）对原来的想法有怀疑，但可以调整后实施创业计划。

（3）认为毫无意义，完全放弃。

特别提醒：当运用SWOT分析工具对创业构想进行分析时，要求独立思考和分析，自己独立做出判断，特别是自己做出是否可行的决策。老师只能告诉你如何进行分析。千万不要依赖他们给你做最后的判断或决策。

讨 论 题

1. 请运用SMART标准分析案例3-6"浏阳绿森苗圃基地创业方案"营销策略中的促销策略与其他策略的相关性，并对促销策略提出修改意见。

2. 为什么创业者不要过分依赖专家或老师对创业项目进行的可行性分析及得出的结论，由创业者自己来做最后的决策？

本章小结

本章重点阐述怎样寻找创业机会。介绍了创业机会的概念，指出创业机会是指创业者寻找并创造性组合各类资源，力图形成产品或服务来满足市场需求，且可能带来利润的一种可能性；对创业机会按内容进行了分类，分为技术机会、市场机会和政策机会；指出了创业愿望、创业能力和创业环境等因素密切相关，是识别创业机会的基本条件；并从市场需求是否识别、资源和能力是否确定两个角度，将创业机会的类型分为幻想型、能力欠缺型、市场欠缺型和完美型四种；阐述了创业机会识别的三个阶段，分别是感知过程、发现过程和创造过程；并介绍了SMART评价标准，用以评价创业项目设计的合理性，SMART是指在设计方案、拟定目标或指标时，要求内容明确、标准可衡量、目标可实现，且应考虑内容的相关性和方案的时限性；还介绍了SWOT分析工具，用以分析创业项目的可行性，SWOT提供了一个分析创业项目外部机会与威胁、内部优势与劣势的框架。通过本章的学习，学习者应当理解什么是创业机会，能发现并找到创业机会，还能对出现的创业机会进行分类，进行可行性分析。

思 考 题

1. 为什么说创业愿望、创业能力和创业环境是识别创业机会的三个基本条件？

2. 当某类创业机会的市场需求已经识别，但资源和能力还不具备的情况下，你怎样去促成这类创业机会形成创业项目？

3. SMART评价标准可以评价创业项目的合理性。请解释SMART评价标准的各项指标。

参考文献

[1] 曹之然. 创业机会概念模型探讨 [J]. 中国流通经济，2013（9）.

[2] 林嵩. 创业资源的获取与整合——创业过程的一个解读视角 [J]. 经济问题探索，2007（6）：166.

[3] 陈震红，董俊武. 创业机会的识别过程研究 [J]. 科技管理研究，2005（2）.

[4] 叮当. 发现财富的眼光 [J]. 时代青年（上半月），2011（1）.

[5] 夏亮. 关于创业机会来源观点的比较研究 [J]. 科技创业月刊，2009（5）.

[6] 蔡壮华，郑炳章，杨旭辉. 创业机会理论综述 [J]. 石家庄经济学院学报，2008，6（3）：133 - 137.

[7] 彭海军. 创业机会类型、环境感知与创业绩效研究 [D]. 大连：东北财经大学，2010.

[8] 刘明霞. 创业机会的识别及其所需的条件 [J]. 职业技术，2009（8）.

模块二
学会创业

第四章 组建创业团队

许多大学生都错误地认为：只要有个好的点子，能拿到投资，再加上执着、激情、运气，就能成为下一个马化腾。但是，创业成功的真正关键更在于：团队、经验、执行力。大部分创业的失败不是因为点子不好，而是因为欠缺经验，没有团队，缺乏执行力——归根到底，积淀比点子更重要。

——创新工场董事长兼首席执行官：李开复

1. 理解创业团队的概念和特征。
2. 学会组建和管理创业团队。
3. 能有效进行创业团队的管理和运作。

核心内容

本章主要介绍成功创业团队的特征、组建团队的关键因素。团队创业成功的企业比个人创业成功的企业要多。特别是高科技行业，它所要求的能力远超过个人所拥有的。因此创业要想成功，有一个优秀的创业团队是非常关键的。通过本章的学习可以帮助学生学会组建并运转高效创业团队。

知识导图

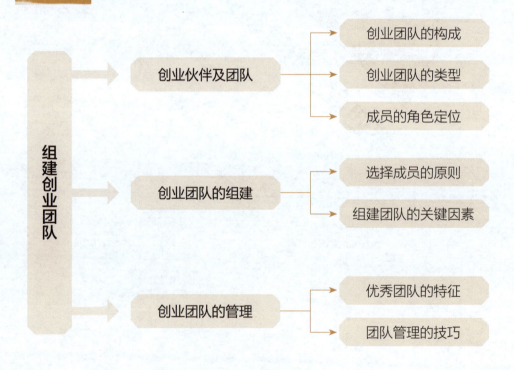

引 例

大学生 + 农民工的创业组合○

有这样一家公司，老板是毕业于湖南涉外经济学院的三名大学生，总经理是"80后"的农民工，因此很多人笑称他们是"大学生+农民工"创业团队，他们用平凡的故事向大家展示着自己的创业经。

1. 农民总经理干过泥瓦匠

杨志洪，1981年出生，湖南益阳人，高中毕业后，和同乡到江苏打工。因为没有手艺，只能在一个建筑工地当泥水工，挑了一年多灰桶的他渐渐明白了知识和技能的重要性，通过"偷师学艺"当起了砌匠，一干就是两年多。后来，他又学了裁缝，去了广东东莞一家外资服装厂当起了服装工。干了不到半年，当地一家酒店招聘服务员，自认为长得帅气的他跑去应聘，结果又当上了餐饮服务员。

喜欢读书看报的杨志洪在一本杂志上看到长沙一个杂志招广告业务员的招聘启事，于是，他回长沙报名应聘，结果当上了广告业务员。2006年，他认识了湖南涉外经济学院的大学生张鑫、阳杰、陈敏。

2. 三名大学生合伙开公司

张鑫、阳杰、陈敏三人在大学期间就开始了自主创业，他们在学校外的商业街合伙开了一家冷饮店，杨志洪每天跑去游说他们在杂志上做广告，一来二往几个人成了好朋友。

张鑫、阳杰、陈敏三人毕业后，每人筹资10万元，合伙注册开办了"长沙台众品牌策划有限公司"，同时，他们想到了请杨志洪来公司出任总经理。

"别看他是个农民，但他在品牌策划和广告销售方面十分有经验。"提起杨志洪，作为老板之一的张鑫很佩服。

3. 团队打磨出"牛仔很忙"

2009年2月，被外人称为"大学生+农民工"的组合团队精彩出手，经过前期论证和市场调研分析，杨志洪率领的团队推出了一个名为"牛仔很忙"的西式饮品店，将之注册后，在燕山街开了一间样板店，生意做得红红火火。

紧接着，这几个"80后"的年轻人在网上发布广告，将店面的图片资料贴

○ 资料来源：长沙晚报，http://www.changsha.cn/roll/200905/t20090505_942138.htm. 有删节和重新编写.

在网上展示……至今，全国各地共有1 500多名有意向加盟开店的人来长沙考察。"牛仔很忙"目前已发展加盟店30余家，遍布湖南常德、株洲、吉首以及广东梅州和河北唐山等地。

创业团队是一种特殊的群体，是由两个或两个以上具有共同的创业理念、价值观和创业愿景，相互信任，为了共同的创业目标，团结合作，共同承担创建新企业责任而组建的工作团队。团队创业比个体创业多得多。事实证明：选择合理的创业模式，组建卓有成效的创业团队是创业成功的重要基础。创业团队工作绩效大于所有成员独立工作绩效之和。

第一节 创业伙伴及团队

"一个篱笆三个桩，一个好汉三个帮"。团队是个人实现最大价值的前提和保障，对创业者而言，创业团队也是实现创业目标的基本条件。简而言之，团队是由一些目标相同、技能互补的伙伴组成，并合理利用每人的知识和技能协同工作，实现目标的共同体。一致的目标是团队区别于普通群体的特征。

一、创业团队的构成

一般而言，创业团队由以下要素构成：

（一）共同的目标

创业目标是团队的旗帜和方向，用以凝聚力量、鼓舞士气、统一行动。尤其是创业初期，目标一致尤为重要，它可以将彼此紧紧锁在一起，使分散的个体凝聚成一股强劲的力量。在遇到困难的时候，团队成员每个人该知道去做什么，从来不等待、不推诿，这就是目标的力量。

（二）合理的结构

团队一般由三个以上成员构成，初期以3~5人为宜。人是团队最核心的因素，人员的选择也是创业团队中最关键和重要的。一个团队必须要有人出主意、有人定计划、有人实施、有人组织协调，还要有人监督工作的进展，大家通过分工来共同完成团队的目标。因此，创业团队在人员选择上要考虑到人员的知识、能力和经验如何，技能是否互补。

（三）恰当的分工

在创业团队当中，职责分为两个方面：一是团队负责人的职责和权力。团队负责人的权力大小与创业团队的发展阶段相关，在团队发展初期领导权一般相对集中，团队越成熟，领导者拥有的权力相应越小。二是团队的职责和权力。要确定整个团队在组织中拥有什么决定权。例如财务决定权、人事决定权等。

二、创业团队的类型

（一）核心人物主导型

这类创业团队由一人为主牵头组建，在团队形成之前，一般是核心人物有了创业想法，并据此选择相应人员组建创业团队。核心人物在一开始就充当了领队的角色，引领着团队的发展。这些加入团队的成员也许是核心人物以前熟悉的人，也有可能是不熟悉的人，但这些团队成员在企业中更多时候是扮演支持者的角色。

这种创业团队比较团结，组织结构紧密，但容易导致权力过分集中，而且其他团队成员容易处于被动地位，可能会影响整体积极性的发挥。

（二）共同目标组合型

这种创业团队的建立，主要来自于因经验、友谊和共同兴趣的关系而结缘的伙伴。创业团队成员一般在创业之前都有密切的关系，例如同学、亲戚、同事、朋友等，大家在交往过程中共同认可某一创业想法，并达成了共识，又比较了解，能相互信任，于是共同进行创业。在创业团队组成时，没有明确的核心人物，大家根据各自的特点进行自发的定位。因此，在企业初创时期，各位成员基本上扮演的是协作者或者伙伴角色。

这种创业团队整体结构较为松散，组织决策效率较低，容易形成多头领导。当团队成员间发生冲突时，一般采取平等协商的态度消除。但一旦冲突升级，容易导致整个团队的涣散。

㊀ 杨忠东. 创业经之"如何组建创业团队"[J]. 四川教育学院学报，2012（5）：43-47.

（三）独立个体融合型

这种类型基本上是前两种的中间形态，有一个核心成员，但从某种意义上说是整个团队的代言人，而不是主导型人物，不如核心人物主导型团队中的主导人物那样有权威。这种团队核心成员具有一定的威信，能够主导整个团队的运行，整体沟通协调较好。

三、成员的角色定位

团队组建时，需根据团队类型及结构物色成员，实行分工协作。在团队中每个成员都扮演着不同的角色：有的人是团队的领导，有的是工人，有的人擅长专门与团队以外的有关方面进行有效的协调和沟通。一个协作团队只有在具备了范围适当、作用平衡的团队角色时，才能充分发挥高效的协作优势。一般来说，团队需要的角色有以下八种类型：

（一）主导者

主导者能耐心听取别人的意见，但在反驳别人的意见时会表现足够的强硬态度；能很好地授权于他人，是一个好的咨询者，一旦做出了决定不会轻易变更。

（二）策划者

策划者是一个"点子型的人才"，知识面广，思维活跃并且发散，喜欢打破传统。

（三）协调者

协调者能够引导一群不同技能和个性的人向着共同的目标努力；成熟、自信，办事客观，不带个人偏见；除权威之外，更有一种个性的感召力；在团队中能很快发现各成员的优势，并在实现目标的过程中妥善安排。⊖

（四）信息者

信息者的强项是与人交往，在交往的过程中获取信息；对外界环境十分敏感，一般最早感受到变化。

（五）创新者

创新者拥有高度的创造力，思路开阔，观念新，富有想象力，有挑战精神，会推动变革；爱出主意，其想法往往比较偏激和缺乏实际感。

（六）实施者

实施者会将主意变为实际行动；非常现实、传统，甚至有点保守；崇尚努力，计划性强；有很好的自控力和纪律性；对团队忠诚度高，能为团队整体利益

⊖ 马金星．ERP项目的团队建设研究［D］．青岛：中国海洋大学，2010．

着想而较少考虑个人利益。

（七）推广者

推广者说干就干，办事效率高，自发性强，目的明确，有高度的工作热情和成就感；遇到困难时，总能找到解决办法，而且一心想取胜，具有竞争意识。

（八）监督者

监督者对工作方案的实施等实行监督；喜欢重复推敲一件事情，决策时能把范围很广的因素都考虑进去；挑剔，但不易情绪化，思维逻辑性很强。

在实际工作中，一个团队不一定要全部具备以上八种类型的角色，要根据实际情况来确定。

案例 4-1

雷军：创业时找到了好的团队就成功了一半[一]

北京中关村，被誉为中国硅谷，2010年4月6日，"小米科技"就诞生于此。那时，"小米科技"的团队不过14人，大家一起围坐在北京中关村保福寺桥银谷大厦807室，喝着小米粥……五年后，小米科技已成为中国第四大互联网公司，而今，小米科技可以说是风生水起，就连它发布新手机上媒体都不觉得是广告，而是新闻了。

小米科技CEO雷军总结自己的创业经验及小米的成功之道，认为创业时找到了好的团队就成功了一半。

1992年，雷军加入了金山软件公司，1998年，雷军开始担任公司日常CEO，在历时八年、历经了五次上市过程后，2007年金山软件终于在香港上市。与百度、腾讯、阿里相比，金山起步早却发展缓慢，到2014年12月30日为止，市值也才178亿港元。雷军在互联网企业家的排名也在搜狐张朝阳与网易丁磊之后。

在金山软件上市后两个月，雷军卸任CEO，开始了天使投资人的工作。截

〇 资料来源：搜狐科技→通信→国际电信，http://it.sohu.com/20120711/n347927975.shtml. 有删节和重新编写.

至2014年5月，雷军共投资过30多家公司，其中不少公司都在各自领域有所建树，如拉卡拉、凡客诚品、UCweb、多玩、乐淘等。

通过天使投资，因为要跟一些公司的高层接触，雷军建成了一张很好的人脉网，为他小米的成立奠定了基础，这其中包括：金山词霸前总经理黎万强，擅长用户界面和人机交互；微软中国工程院前开发总监黄江吉，擅长软件工程；摩托罗拉研发中心前高级总监周光平，擅长硬件设计；北京科技大学工业设计系前主任刘德，擅长工业设计；谷歌中国工程研究院前副院长林斌，擅长管理运营。这是小米团队最初的管理层，可以说雷军搭建了一个融合谷歌、微软、摩托罗拉和金山的专业团队。

有了好的创业团队，小米在手机领域做得风生水起，销售收入从2011年的5.5亿元增至2014年的743亿元。微博、新闻、视频都是小米在刷屏。小米从行业的追赶者，变成了被全行业追赶、学习、模仿的对象，众多竞争者也在或多或少地学习小米模式。联想、华为、魅族、酷派、中兴、vivo等有雄厚实力的手机厂商纷纷进军中低端手机领域。传统企业也在学习小米转型，初创团队更是梦想成为下一个小米。

讨 论 题

结合本案例，谈谈你对创业成功与创业团队关系的看法。

第二节 创业团队的组建

如果你想成就一番伟业，单枪匹马是不够的。想要融资和创业，就得组建自己的完整、强劲的团队。一批志同道合、各有所长的队友，会使创业的道路变得快乐而简单。

一、选择成员的原则

要组建创业计划团队，首先需要考虑并弄清创业计划中所需人员应具备的知识、素质和能力，之后按照实际需要选择和组织能够担当各种职务的成员。团队组织是否得当、科学，是一个创业团队能否成功的关键。一般而言，组建创业团队要遵循以下原则：

（一）人数合理

刚开始创业的时候，会碰到很多意料不到的问题：人少了，团队的群体效应没发挥出来；人多了，思想不统一，碰到困难容易引起争执甚至散伙。一般初建阶段的创业团队应以3~5人为宜，这样可以便于组织领导与任务分工，能够保证团队各项工作完成的速度和质量，对市场能够迅速反应，提高效率、保证质量。

（二）技能互补

一个创业团队应包括以下基本人才：负责团队分工协调和紧急事务处理的管理型人才、负责资金运作和报表制作的财会人才、负责创业计划起草和市场推广的营销人才、负责技术或者核心产品研发和创新的专业人才。此外，在创业初期，每个团队成员都应注意个人其他潜力的培养和挖掘，不仅能够做到人尽其才，而且要人尽其用、一人多用，让每个人都具有独当几面的能力。例如，以技术研发为主的专业成员，应该具有相应的产品推广能力；负责市场推广的营销人才，应该全面掌握产品的研发过程和独特功能，从而更好地宣介和推广产品。

（三）目标统一

目标是凝聚团队的核心因素，在团队组建过程中具有特殊意义。它是一种有效的激励因素。如果团队成员坚定了未来发展目标，预见了随着目标实现而到来的美好未来，他就会把个人目标融入团队目标，并为实现目标而持续奋斗。从这个意义上讲，共同的未来目标是创业团队克服困难、取得胜利的动力。目标也是有效的协调因素。团队中各种角色的个性、能力有所不同，但是"步调一致才能得胜利"。只有目标一致、齐心协力的创业团队才会取得胜利。对于大学生创业团队而言，虽然每个成员都容易接受团队的共同意愿，但彼此加入的目标却不尽相同，需要团队负责人实时调整和统一个人目标与团队目标的关系，使大家能够时刻充满干劲和希望。

（四）责任心强

一个没责任心的人，无论你多强大，都永远不会成功。一个创业团队有时缺少的不是钱，缺少的是投资人对团队的信任，团队成员要做到有责任心，而不是相互推诿、相互拆台。每个人都要担起自己的责任，为团队目标共同努力。

二、组建团队的关键因素

（一）核心成员

一般而言，一个好的创业团队必须要有两个核心人物：一名懂技术的专家、一名懂市场的行家。同时，又要注重将团队核心人物的能力最大化，如果创业团队中有四个人分别担任技术领导、销售领导、产品领导和营销领导，就比两个人兼任四个职务效率高得多。

（二）相关经验

团队中的成员在创业领域有过经验，这份经验将在创业过程中起到至关重要的作用。在创业过程中，团队不但要学习这个产业领域是如何运作的，如何逐步建立人际关系网，还要知道如何在合适的时机做正确的事。团队中有几位有过创业经历的队员，可以大大地减少创业前进的阻力，为团队带来丰富的经验和社会关系。

（三）实战能力

创业团队的整体战斗力直接关系到团队的生死存亡。在招募团队成员时，千万不要轻信团队应征者的头衔，而应多注意应征者的实战能力和"战果"。如果某个队员名不副实，与团队其他成员不和，就要赶紧把他"踢出"团队。同时，要给团队设置合理的期望值，可以避免产生过度的紧张和挫败感。

扩展阅读 4-1

一个优秀创业团队需要的六种人〇

世界上没有两个人是完全相同的，但是我们期待每个人工作时，都拥有许多同样的特质。家庭需要伦理，学校需要纪律，企业需要规章，社会需要秩序。几乎没有什么不可思议的产品是一个人就能完成的。你需要其他人来帮助你，你也需要去帮助别人。在一个好的团队中，都需要哪种类型的人进驻？来自 Forbes 的 Jessica Hagy 告诉我们，你的周围需要这六种人：

〇 资料来源：福布斯中文网，http://www.forbeschina.com/review/201306/0026551.shtml.

（1）"怂恿者"。怂恿者，是那种会推动你、让你思考的人。他会一直让你有动力早起做事，尝试并将事情变为可能。你会希望这个人充满活力并保持热情。这是灵感之声。

（2）支持者。他是一个大"粉丝"，一个强有力的支持者，并且还是一个为你和你的工作进行狂热传播的人。应让他得到奖励，持续让他参与。这是动力之声。

（3）怀疑者。他是"魔鬼"的代言人，常常会指出一些尖锐的问题，还能提前发现问题。你会需要他的这种态度。因为他常常能看到你角度以外的事，并希望你的成功会与安全同行。这是理智之声。

（4）严厉者。他是让你把事情做好的爱找碴儿的"大声公"，也是冲动的管家，他会确保团队目标在截止日期前完成。这是前进之声。

（5）连接者。他会帮助你找到新的途径和新的盟友。这个人突破路障并为你找到魔法实现的方法。你需要他帮你接近你所不能接近的人和地方。这是合作之声。

（6）标杆。他是你可信赖的顾问，你的北极星，也是你想要赶超的那个人。他是你的指导单位，是作为标杆时刻提醒你，你也可以见证神奇事情的存在。你需要让他感到骄傲。这是权威之声。

你是哪种人？你的团队有这六种人吗？

案例 4-2

蓝色光标的合伙人故事⊖

赵文权是北京大学的毕业生，现任蓝色光标董事长。他的第一份工作是在王府井百货大楼卖布鞋。从商场最基层的售货员做到管理者，1992年年初，赵文权到了孙陶然所在的四达集团做公关，尽管当时他还并不知道什么是公关。蓝色光标的五个创业合伙人中，孙陶然是另一个主角。孙陶然是赵文权在北京大学的同级同学，他和赵文权在大学时就很熟，孙陶然大学毕业之后进入四达

⊖ 资料来源：《南方人物周刊》，作者：特约撰稿 黄剑，2013.7.19. 有删节和重新编写.

集团公关部，已经有多次创业经历，除了蓝色光标，还有2000年风靡一时的"商务通"，以及此后的拉卡拉等。他曾撰写过一本叫作《创业36军规》的畅销书。赵文权评价孙陶然是五个合伙人中唯一有冒险精神的人。许志平、陈良华和吴铁是蓝色光标合伙人的另外三名主角。三人均来自IT行业。许志平那时是联想公司总裁办主任；陈良华是长城电脑市场部总经理；吴铁则是连邦软件总裁，此前与王文京、苏启强创立了用友软件。其中，许志平、陈良华也是北京大学的同学，一起就读计算机专业，吴铁是唯一一个财务背景出身的人。赵文权和许志平在四达集团工作期间的客户均是IT企业。正是这段时间，他俩结识了吴铁和陈良华。

1994年3月，赵文权决定创业，他第一个想到孙陶然，于是拉他入伙。赵文权的想法正合孙陶然之意，两人一拍即合。孙觉得二人的力量太小，于是又邀请了许志平、吴铁和陈良华三人一起创业。1996年8月，赵文权、孙陶然、吴铁、许志平和陈良华齐聚北京大学南门外的一幢写字楼内，五个人每人出资5万元，人均持股20%，蓝色光标就此成立。

五个合伙人有学政治的、学财务的、学经济的、学计算机的，背景各异，专业互补，取长补短，互助互信，才凑在一起共同打拼。公司初创之时，善于策划的许志平和陈良华制定了这家公司的三年发展规划：第一年利润100万元，第二年营业额1000万元，第三年资产1000万元。

蓝色光标前七年只做IT行业的公关业务。20世纪90年代末国内互联网火热发展，使其蓝色光标最初的三年规划全部实现。

许志平是计算机专业出身，在2005年进入蓝色光标管理层，任副总经理。他主要负责蓝色光标的信息系统，逐渐搭建了蓝色光标的财务系统、项目管理系统和采购系统，为日后蓝色光标一年管理数千个项目提供了技术保障。

陈良华作为蓝色光标的首席策划师，帮助构建蓝色光标的知识体系和方法论。陈是五人中读书最多的一个。目前，陈主要负责蓝色光标的市场推广。他对于公关颇有见解，提出保持与记者亲和、制造概念、少登广告、多发稿件争取媒体版面，甚至以稿件上报纸作为衡量业绩的标准。这被蓝色光标上下一直"奉行"，让其在业内迅速博得名气，至今仍然影响公关同行。蓝色光标也因此逐渐得到了腾讯、百度、联想等大客户的信任。

2010年2月26日，蓝色光标正式在创业板挂牌交易，五个创业合伙人一同

出现在深交所，这是他们第一次在公众面前同时露面。上市之后，赵文权经常一个人代表蓝色光标出席各种活动。孙陶然认为他是蓝色光标的领军人物。在过去的17年，蓝色光标五个创始人组成的合伙关系颇为牢固。这种没有实际控制人、股权过于分散的现象，被外界认为可能会影响公司治理，但赵文权认为，这正是蓝色光标的优势。

讨论题

蓝色光标的成功在于创业之初，重视创业成员的选择。结合此案例，谈谈你对组建团队的一些认识和想法。

第三节　创业团队的管理

团队组建后，管理就成了新问题。如何引领团队按照既定的目标持续前行又井然有序，确实是一门不小的学问。

一、优秀团队的特征

一般而言，一支优秀的创业团队一般有下面四个特征。

（一）知己知彼

《孙子兵法》中云："知己知彼，百战不殆。"在创业团队中，团队成员都应非常清醒地认识到自身的优劣势，同时对其他成员的长处和短处也一清二楚，这样可以很好地避免团队成员之间因为相互不熟悉而造成的各种矛盾、纠纷，迅速提高团队的向心力和凝聚力。同时，团队成员的熟悉更有利于成员之间工作的合理分配，最大可能地发挥各自的优势。

现在，国家大力倡导大众创业、万众创新，越来越多的人选择自主创业，他们的合作伙伴大多是同学、朋友，但相当大一部分还是很快就失败了。为什么？因为他们选择的创业伙伴虽然都是所谓的"熟人"，但是因为彼此之间缺乏有效的交流沟通，大家还是"熟悉的陌生人"。因此，团队成员仅仅局限于彼此熟悉是不够的，应该有共同追求，能相互协作，并彼此理解。

（二）才华各异

创业团队和球队一样，前锋、中锋、后卫，每个位置要求各有不同。创业团队虽小，也必须"五脏俱全"，不能是清一色的技术专家，也不能全部是营销高手，大家应该各有所长、相互补充、相得益彰。因此，在成员的选择上必须宁缺毋滥，每个人都必须各具优势，能各司其位，真正发挥作用。

一个优秀创业团队成员必须包括以下几种：一是具备宏观开拓精神者，能够决定公司未来的发展方向，包括公司管理章程、长远规划等，并能够根据变化及时调整发展策略；二是具备创新策划能力者，能够全面细致地分析公司面临的机遇与风险，考虑成本、投资、收益的来源及预期收益，进行有效的推广和销售；三是具备较强执行能力者，具体负责联系客户、接触终端消费者、拓展市场等工作。此外，如果是一个技术型的公司，还应该有一个专业或者技术高手，当然，每个创业团队还必须要有成员能够掌握必要的财务、法律、审计等方面的专业知识。

（三）单一核心

每一个创业团队，带头人作用都非常重要。创业团队中必须有可以胜任的领导者，而这种领导者，并不是单单靠资金、技术、专利来决定的，也不是谁出好的点子就谁当头的。这种带头人是团队成员在多年同窗、共事过程中发自内心认可的，具有远见、威望、魄力和决断力的人。像阿里有马云、腾讯有马化腾、巨人有史玉柱，每个团队都有一个灵魂，而且是单一核心。

同样，在初期的创业团队中，一般不能有两个人的主要能力完全一样，例如，两个都是出点子的人，两个都是做市场的，等等。因为只要优势重复，职位重复，那么今后必然少不了有各种矛盾出现，最终甚至导致整个创业团队散伙。

（四）彼此信任

缺乏信任就会引起掣肘、内耗，这样的团队必然很快消亡。所以在最初创业时就要把该说的话说到，该立的字据一定要立到，不要碍于情面，使该定的规矩没定好。只有在一开始，就把责、权、利说得明白透彻，在企业发展壮大后，才不会出现因利益、股权等的分配分歧产生团队之间的矛盾，导致创业团队的分散。

创业是艰难的，尤其在初期，也许只能勉强维持温饱，没有所谓的物质生活

可谈。在团队发展的初期又难免出现决策有侧重、意见有冲突的时候，信任就是解决分歧、达成一致的唯一途径。

高效执行创业团队具有的六个特征⊖

一是具备相关领域的知识。例如要开创一家提供IT服务的公司，就要了解大型公司IT系统经常遇到的问题，如客户突然增加时引起的安全以及可检测量的问题；还要了解这些客户面临的挑战，如预算不宽裕，希望在原有的系统上进行改造。创业团队中的成员，如果具备在IT行业工作的经验，对行业有深刻的认识，都将是开展这些业务的良好条件。

二是应对快速增长的组织准备。当业务突然呈现快速增长时，对创业公司的人力、物力和售后服务都会提出巨大的挑战，所以要按优先次序做好组织的建设和准备，以应对这些挑战。

三是要有打败恶意竞争者的经验。市场竞争中，创业者必须勇敢面对那些希望彻底打败自己的人，不仅要检测到这些信息，还要带领员工闯过这些充满竞争的战场。

四是持续的风险管理。创业团队从一开始就知道他们必须对市场的走向做出预测，但意料之外的变化常常令企业措手不及，所以坚持不懈地与潜在客户和当前客户保持沟通，了解最令客户苦恼的问题，才能捕捉到市场快速的变化，保持企业有足够的能力应对一些潜在的风险。

五是创业团队最好具有不同寻常的经历。市场销售技能、产品开发知识、销售领导才能，这是创业时创业者频繁接触的领域。如果创业团队成员具备相关的经历，则可以有效地推进企业运作。创业者还可以签约雇用一些知名顾问，借他们的经验提供自己的创业能力。

六是创业者要建立和保持强大的员工队伍。在创业最初的阶段，树立企业文化和价值观与其他工作一样重要。明确企业的发展目标，赏罚分明，和员工建立起互信关系，这些都是创业者应该具备的领导技巧。

⊖ 亚当斯. 避开创业9大陷阱 [M]. 刘昊明，译. 北京：机械工业出版社，2005.

二、团队管理的技巧

（一）合理分配决策权限

创业团队内部需要妥善处理各种利益和权力关系，一定要建立起团队治理和管理规则，解决好指挥管理权问题。在治理层面，主要解决剩余索取权和剩余控制权问题。同时，还必须建立进入机制和退出机制，约定以后创业者退出的条件和约束，以及股权的转让、增股等问题。而在管理层面，最基本的有三条：一是平等原则，制度面前人人平等，不能有例外现象；二是服从原则，下级服从上级，行动要听指挥；三是等级原则，不能随意越级指挥，也不能随意越级请示。这三条原则是秩序的源泉，而秩序是效率的源泉。

当然，对于初期的创业团队，决策界限没有那么明显，但一定得遵循"丑话说在前头"的原则，把决策权限厘清，做到有权必有责。

（二）建立员工激励机制

新创立团队需要妥善处理创业团队内部的利益关系，一个新创企业的报酬体系不仅包括诸如股权、工资、奖金等金钱报酬，而且包括个人成长机会和提高相关技能等。因为每个成员的价值观、奋斗目标和抱负不同，彼此看重的也就并不一致，有些人追求的是长远的资本收益，而另一些人不想考虑那么远，只关心短期收入和职业安全。

创业初期的资金筹措本来就是难题，团队的报酬体系就显得尤为重要，分配就需要更加科学和小心。对于团队的管理者而言，要认真研究和设计整个团队生命周期的报酬体系，以使之具有吸引力，并且使报酬水平不受贡献水平的变化和人员增加的限制，即能够保证按贡献付酬和不因人员增加而降低报酬水平，以保证大家不会饿着肚子创业、两手空空打工。

（三）科学进行业绩评估

业绩考核体系在团队创业初创期的必要性不是特别突出，但往往会影响以后的进一步发展。如果一开始不有一说一，到后来可能就乱七八糟。业绩考核必须与个人的能力、团队的发展、扮演的角色和取得的成绩结合起来。传统的绩效评估体系和绩效管理只关注个人绩效如何，而不去考虑个人绩效与团队绩效更好地进行结合。造成这种状况的原因多种多样，包括评估不及时、标准含糊不清、易掺入情感因素等。成功创业团队的绩效管理不再限定只注重个人绩效，而是进行实时交流，更加注重整体表现。这样的交流能让员工个人了解团队合作是何等重要，个人需要进行调整以适应不断变化的环境和业务需要。

完美组合的创业团队并非一开始就能很好地建立，而是随着企业的发展逐步形成的。尤其是对于大学生创业者而言，创业之路漫长，在组建团队的时候，只有充分了解其运行机制，了解如何进行组建和管理，同时深刻意识到自身的优势与不足，及早地采取措施予以克服，才能使自己和创业伙伴在创业过程中取得满意的成绩。

案例 4-3

禾丰牧业是如何成功的

1995年，禾丰牧业成立。公司最初是由几个年轻人白手起家创业，而今已发展成为东北第一大饲料公司、中国前十名饲料企业之一，这样的成功在中国改革开放30多年的历史中也很罕见。在成功的背后，在于它拥有一支卓越的团队。这也再次验证了管理大师德鲁克的名言：人永远都是企业发展的决定因素。

高学历、高素质成就了禾丰牧业，七名股东包括一名博士生、四名硕士生、两名大学本科生。成立之初，业内人士一致看好其发展。其中25岁就博士毕业的邵彩梅已是某跨国企业的全国配方经理，丁云峰已是该企业的全国企业咨询经理，其他几位也都具备丰富的销售和管理经验，是行业中非常优秀的人才。在中国，企业创立之初就有这么多股东非常罕见。

光靠优秀的创业团队还不够，如果没有高效的中坚执行团队，企业就犹如建在沙滩上的大厦。在创业五年后，禾丰牧业已经走上了发展的快车道。是按照原有的轨迹进行，还是大胆突破，把蛋糕做得更大？禾丰牧业的领导层做出了在今天看来仍然是大胆的举措。2000年，禾丰牧业七名创始人每个人出让部分股份给予18位年轻有为的管理者，使他们成为禾丰牧业第二批股东，几年后又间接发展了第三批、第四批股东，而在其分（子）公司，也有多名优秀管理者成为其事业合作伙伴。而董事长金卫东的股份从开始的近40%降到不到19%。正是这一系列的改革和策略使禾丰牧业打造了一支被行业人士称为"梦之队"的中坚队伍。他们在市场上快速开拓，攻城拔寨，禾丰牧业的业绩以几何级数成长，并逐步进军贸易、畜牧相关领域。禾丰牧业也因此成为业内鼎鼎有名

○ 资料来源：http://cnews.chinadaily.com.cn/2014-05/16/content_17512823.htm. 有删节和重新编写.

的"黄埔军校"——公司自己培养了十几名副总裁、三十几名区域和职能线总监、一百多名能力突出的总经理，还有若干潜力突出、激情四射的中层队伍。

更加瞩目的成绩是：公司成立以来，禾丰牧业没有总监级以上人员的流失，总经理和中层管理者的流失率也几乎是行业内最低。此外，禾丰牧业还推出了一系列人才培养计划，包括禾苗计划、向日葵计划、EDP计划等。这一整套独具特色的人才梯队培养体系也为禾丰牧业的成功提供了坚实保障。

讨 论 题

人们也许会非常关注一个企业上市会创造多少亿万富翁，却很少看到这个企业的团队管理，通过禾丰牧业的成功，分析一下团队管理对创业成功的重要性。

本章小结

创业是一个创业者发现和捕捉机会并创造出新产品或服务，以实现其潜在价值的复杂过程。创业团队由一定的创业者组成，为了实现共同的创业目标和一个能使他们彼此担负责任的程序，共同为达成高品质的结果而努力。创业团队包含共同的目标、合理的结构和恰当的分工三个要素。为了达到创业目的，创业者应该创建一个优势互补的团队，最重要的是考虑成员之间能力或技术上的互补性。一个团队中需要各种角色，而且各种角色有不同的配合关系。创业团队应该注意创业者之间知己知彼，团队要有胜任的带头人，并分享正确的理念，建立严格的规章制度。

思 考 题

1. 创业团队的构成要素有哪些？
2. 如果你要创业，你将组建怎样的创业团队？
3. 如何成功地管理创业团队？

参考文献

亚当斯. 避开创业9大陷阱［M］. 刘昊明，译. 北京：机械工业出版社，2005.

模块二 学会创业

第五章 整合创业资源

创业者在企业成长的各个阶段都会努力争取用尽量少的资源来推进企业的发展，他们需要的不是拥有这些资源，而是要控制这些资源。

——哈佛商学院教授：霍华德 H. 史蒂文森（美）

学习目标

1. 了解创业资源的类型及分类的依据。
2. 理解整合资源的方法与途径。
3. 知晓有哪些融资渠道，创业者应具备创业融资的初步能力。

核心内容

　　本章主要介绍创业资源的类型、整合原则及方法、融资渠道等知识。对创业者而言，一方面要借助自身的创造性，用有限的资源创造尽可能大的价值，另一方面更要设法获取和整合各类资源。通过本章的学习使学生了解创业资源整合，学习创业融资的初步能力。

知识导图

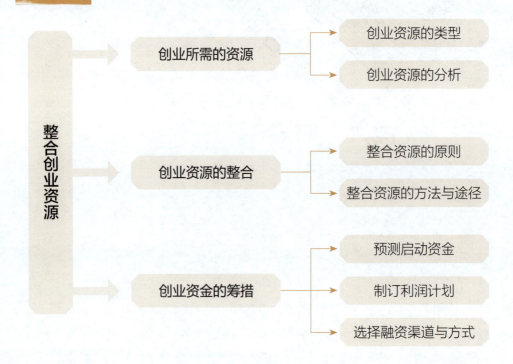

引 例

微型创业，从市场缝隙中找出路

2009年，中山大学本科生丘兆瀚、周健强、黄腾达等同学组成的创业团队——"印客传媒"在珠港澳青年创业大赛总决赛中勇夺冠军，同时获得了5万元奖金和最佳创意奖。

激发丘兆瀚创业的想法很简单，他喜欢创新，他想改变自己的生活条件，并在一堂专业课上找到了自己的创意。在一堂传播学理论课上，老师讲了"免费DM报纸"的起源和成因。"由广告客户支付报纸的出版费用，并免费提供给读者。读者通过阅读报纸，获取广告信息。"这个别人看来无甚重要，只用来应付考试的知识点，在丘兆瀚心里点燃了创业火花。"既然报纸可以免费，校园里数量巨大的打印和复印服务可不可以免费呢？如果采取第三方支付的方式就能实现！"

丘兆瀚与朋友分享了自己的想法，大家一拍即合，决定以此创业。经过一个寒假的筹备，组建团队、添置设备、联络赞助商、写商业计划书等，他们的创意得到不少人的支持，还邀请到一位市场营销专业的老师做顾问。

丘兆瀚在创业过程中，利用各种资源，并且进行创业资源的整合。

（1）利用人脉资源。印客传媒团队在创业之初，有过一段资金缺乏的时期，商家们觉得大学生创业没有经验，担心投资风险太大，都不愿意投资这个项目。所以丘兆瀚不得不利用他的人脉资源，他的大部分资金是朋友们慷慨解囊的。

（2）人才资源整合。丘兆瀚的创业团队来自不同院系，他们的能力、思维方式等方面的互补让他们在对实际问题的解决上更全面、客观。

（3）与时俱进的发展方略。丘兆瀚的创业团队很重视预见性，与时俱进的发展方略是其一直坚持的原则。这让他们在创业过程中紧跟时代潮流，避免了栽大跟头。

㊀ 资料来源：http://3y.uu456.com/bp_2vj1o6gqk14zk8m0i2bv_1.html. 有删节和重新编写.
㊁ Divect Mail的简写，直译为"直邮"。

　　每个成功的大学生创业者都是一个成功的资源整合者。除了魄力外，他必须能够有一双慧眼，于缝隙处发现机会之所在，然后把外部资源、别人掌控的资源有效地整合起来，实现资源的最大价值，从而实现自己的创业理想。这些资源中有人力、物力、财力、环境资源、潜在资源等一切可以利用的资源。

　　时至今日，大学生创业也不再是一个遥不可及的梦想，它就确确实实存在在我们周围，在这个"大鱼吃小鱼、快鱼吃慢鱼"的时代环境下，我们不能再漠然下去，要努力地寻找机会，适时去抓住机会，并且对身边的资金、场地、人脉、人才、信息以及技术等资源进行整合，充分利用身边的资源，那么我们就向成功迈了一大步了。

　　创业活动离不开资源的辅助，正如"巧妇难为无米之炊"，"巧妇"做饭不仅仅需要原材料，还要有技术、懂方法，只有几者兼备才能做出风格迥异、香甜可口的饭菜。随着社会快速发展，竞争日益激烈，人口快速增长，"巧妇"越来越多，资源滥用的问题也越来越严重，资源环保成为当今时代的一个新兴口号，也引起了人们的重视。作为大学生，要深思如何利用有限的资源创造好的环境和价值的问题。对于立志创业的大学生来说，关注长远利益以免误入资源陷阱或造成资源浪费，是目前重要的问题。

　　随着现代科学技术的发展，创业资源已突破或逐渐突破原有范围，信息及传播技术等优化配置的作用越来越重要，整合能力已被提上工作日程。资源整合能力对于一个企业的成长发展来说是十分重要的，是衡量企业家能力的主要指标。然而在现实生活里每个人的能量不一，对于资源整合的能力也有所不同，那些不正当的整合方式，例如恶性交易、拉拢、贿赂等腐败的手段，将会被历史所淘汰。如何有效地整合资源，这已经成为当今时代的严峻课题。希望本章能给读者一些真切的感受和参照。

第一节 创业所需的资源

一、创业资源的类型

目前业界对创业资源的分类还没有统一的标准，现有的创业资源的分类主要以资源的不同用途来分类，但这并没有直接反映资源的效用特点，即价值、稀缺、不可模仿和难以替代。创业资源的常见分类见表5-1。

表 5-1 创业资源分类

分类标准	主要类型	主要元素
按资源的不可模仿性标准	产权型资源	物质资源、资金资源、市场资源、技术资源
	知识型资源	人力资源、无形资源
按组织系统	离散资源	智力资源、声誉资源、社会（含虚拟社会）网络、物质资源、财务资源、市场资源、技术资源
	系统资源	组织资源、无形资源
按对生产过程的作用	生产型资源	物质资源、产权型技术
	工具型资源	财务资源、声誉资源、社会（含虚拟社会）网络、市场资源
按企业成立和成长过程	创业要素资源	场地资源、资金资源、人才资源、管理资源、技术资源
	创业环境资源	政策资源、信息资源、文化资源、品牌资源

创业资源范围之大、种类之多，本节不可能一一赘述，现重点介绍资金资源、人脉资源、人才资源、场地资源、信息资源、技术资源、行业资源、政策资源。

（一）资金资源

对企业而言最重要的资源是什么？对企业而言最重要和最基本的资源是人才资源和资金资源，但是在企业创办的初始阶段，资金资源相对比人才资源要更重要一些。资金是从事一切事业的物质基础，没有资金就不可能成功创业，这是众所周知的事实。例如，你手上有一项高科技成果，正想创办企业，将成果转化为经济效益；你聪明能干，并且从业经验丰富，你想出来单干，创办自己的公司；你是一个普普通通刚毕业的大学生，没有"拼爹"的条件，只想开一个小店养活自己……可是，要实现这些目标，你都会面临一个创业资金的问题。

创业者要如何提高资金的使用效能，以及强调资金使用的科学性呢？首先，创业者应在所有资金投入使用前，详细做好计划与论证，根据每个环节审定相关部门经费定额。其次，为了减少个人决策失误给企业带来的损失，企业初创期的各职能部门要在经费范围内上报资金使用计划，主管团队要充分论证资金需求的前瞻性、合理性与必要性，并提出合理性建议。为了增强各部门的"主人翁"意识，减少盲目使用、重复购置带来的浪费，提高企业的资金使用效率，主管团队应充分考虑资金使用效能和资产本身的利用效益。

（二）人脉资源

我们常说的"人脉资源"，其实就是俗语中的"关系"。对人脉的重视，在我国由来已久。战国时"孟母三迁，择邻而居"，就是最早的典型的选择人脉、重视人脉的故事。常言道："近朱者赤，近墨者黑。"在孟母看来，一个好的邻居和朋友，会左右人的视野，影响人的一生。

案例 5-1

成功人士的法宝——合理利用你身边的人脉资源

有一件让我们觉得不可能办到的事，可是某位职业院校的校长却惊人地办到了，实现了一个惊人的梦。这个真实的故事是：该校长想与全球顶尖的微软合作，所以他给微软的该项目负责人写了一封信，请求支持一下他们学校。对于这件让世人都觉得是天方夜谭——不可能实现的事，最终却实现了。为什么呢？原因是该校长巧妙地动用了他身边的人脉资源。该负责人与这位校长是校友，他们都是"中国科技大学"少年班毕业的。在同等条件的情况下，负责人当然愿意做个顺水人情了。

本章所指的人脉资源俗称社会资本，可以理解为网络资源或关系资源。正如人们所说的"多一个朋友，多一条路""一个好汉三个帮"，这正体现出人脉的重要性。如果朋友多，并且朋友处于不同行业，各有所长，那么他们对创业之路也会有所帮助，所以建立广泛而有质量的人脉资源，在创业道路上多结交各行各业的朋友，吸取他们的成功经验，同时在自己遇到困难时，听取他们的意见和建议。合理利用人脉资源将会助你创业成功一臂之力。

创业者积聚好人脉资源就可以吸引到人才、资金、技术等。会做人是人脉资源的积累基础。会做人是指做一个让他人快乐同时也让自己获益的人。值得注意的是，创业者整合好人脉不是指靠酒肉美色、投机取巧、侥幸迎合得来的人脉，而是整合健康的人脉，以自身健康、正面的人格魅力来积聚，为此需要不断提升创业者的自身素质和品质。

（三）人才资源

企业中唯一能领导资源的是人才，能管理资源的是人才，能创造效益、获取成功资源的也是人才。那么，要怎么做才能为企业吸引和留住人才呢？这个问题已经成为大中小企业董事长最为深思的事情，企业人才对于一个企业的长远发展是十分重要的，企业人才短缺的问题是一个企业最迫切需要解决的问题。

案例 5-2

整合人才资源，提高创新能力

1993年成立的民营企业——上海神开科技工程有限公司，是一个开发石油能源的高新技术企业，其总经理李芳英对于人才资源十分重视，总是把人才摆在企业技术创新体系中的第一位。她认为优质的人才资源是企业保持持久创新能力的保障，有效地整合石油人才资源对于企业的创新能力十分重要。她对于人才资源建设和管理都是亲力亲为，例如，身为总经理的她亲自到人才市场去招聘、面试，到油田招聘专业技术人才。她十分注重人才的培养与吸收，还设立一系列的人才管理制度，例如，建立了举贤纳才的制度，更好地整合了企业的人才资源。目前，神开公司员工中很大部分都拥有中、高级技术职称，其中技术开发人员占职工总数的32%，神开公司的技术研究力量在国内录井仪生产企业里是最好的。神开公司是如何调动科技人员的积极性、创造性的呢？该公司采用了一系列有效的制度，例如，制定了《科技人员奖励办法》，保证了科技人员的实际利益，这样就可以激发科研人员的积极性和创造性，并且营造了良好的创新创业氛围，促进了神开公司的创新能力，保证其始终走在同行业的前面。

李芳英重视人才资源的举措，让我们明白人才资源是保持企业创新能力之源，人才是企业最核心的竞争力，在激烈的市场竞争里人才竞争是企业最大的竞争。抓住人才、留住人才是当前许多企业在发展变革中取得胜利的关键法宝，所以一个企业必须提升人力资源的价值。

（四）场地资源

场地的选择是创业成功的要素之一，尤其对以门市为主的餐饮、零售等服务业十分重要。场地资源在创业资源中占的位置有多重要？正确的场地资源选择对改善各种社会资源的合理配置，以及加快国民经济协调和稳定发展十分重要。场地的选择是长远规划付诸实施的开始，如果能对场地资源合理开发与利用，这将会有助于改善所在地区的经济发展状况和城镇面貌；场地选择一旦失误，要想弥补这个失误将会十分困难；如果选址不当，必将带来严重的后果，例如投资加大，进度迟滞，进而给生产经营与社会效益带来重大的影响，例如重大的经济损失、环境污染、生态平衡的破坏等。

场地的选择是一项长期投资，大学生要如何利用各地不同的创业环境优势呢？可以学习古人的择地观——知地取胜，择地生财。"夫地形者，兵之助也。料敌制胜，计险隘远近，上将之道也。知此而用战者必胜，不知此而用战者必败。"⊖可见地形对作战之重要，为将者不可不察也。经销如作战，商场如战场，天时不如地利，智慧的创业者往往会占据有利的地形，最终取得商战的胜利。

场地的选择这么重要，那么对于创业者来说，要如何才能正确选用场地呢？这就需要根据不同的地理环境和不同区域的市场形势，有选择地进行创业。"天时、地利、人和"是中国人最讲究的创业成功的三要素，开店尤以地利为重要。俗话说："一店结市、坐吃三代。"这"店"指的是生金蛋的店，所以开店的选址不得马虎，尽管将来经营的店面及商业属性不尽相同，但仍然可以从以下方法寻找合理选址开店的答案：

⊖ 崔东红.选项、选址、选人［M］.北京：中国经济出版社，2006.

（1）要根据经营内容选择店址。

（2）选择所经营某类商品的"集中市场"，因为集中市场被顾客自觉认为是购物的理想场所。

（3）留意有潜在商业价值的地段，这往往是不引人注目但具有潜力的地段，如一些新兴的将来会有发展的地段。

（4）注意路面与地势。

（5）选择方位与走向。

（6）选择有广告空间的场地。

（7）借势效应，例如开在著名连锁店或强势品牌店附近，不仅可以省去考察场地的时间和精力，还可以借助其品牌效应网住顾客，或者是互补效应留住顾客。

现在很多大学生开店选址一般都在学校附近，这是合理的选择吗？大学生在选择场地时要考虑些什么呢？首先要考虑环境要求，做到不浪费资源，然后让环境与项目能"和谐共处"。

（五）信息资源

随着通信科技的发展，信息与日常生活、工作越来越密不可分，就如人们的生活、工作离不开手机、离不开计算机一样。信息量陡然增大，信息流转加快，人们也面临一个问题，就是面对那么多的信息量，如何在有效的时间内获得真正需要的信息呢？如何利用有效的信息抓住成功创业的机遇呢？这就是一个信息资源整合的难题。

案例 5-3

整合信息资源，把握创业机遇[一]

西安恩科网络技术有限公司，1998年成立，是从事互联网应用软件及应用支撑软件开发、技术服务和系统集成的高新技术企业。公司创始人陈健准确抓住了互联网刚刚兴起的机遇，成立了恩科公司。成立初期，很多问题摆在面前，例如关于选择公司经营范围的问题，是选择做网站还是做技术、是淘金还是卖水。公司收集大量信息，分析信息，了解了互联网软件及其应用，明确了企业发展方向，坚持产品路线和技术跟踪，以客户为中心。恩科人有效地整合

一 资料来源：http://zhch443xa.ce.c-c.com/.有删节和重新编写.

信息资源，跟踪国内外技术，把握创业机遇，坚定自己的理念和目标，才有了现在的成绩。

1997年，陈健花了两个星期的时间，收集了一些国内的产业信息，尤其是互联网发展方面的信息。而后，他又对国外与国内互联网的信息行业做了进一步的调查和分析，最后他明确了自己的目标，决定要单独出资成立西安恩科企业，并单独担任技术负责人。为什么会选择西安作为创业基地呢？陈健回答道，选择西安有几大原因：一是因为西安是软件人才的聚集地，拥有大量的专业技术人员，这为软件企业提供了强有力的智力支持；二是西安拥有丰富的科教资源，以及优良的创业环境；三是陕西省对专业技术人员出台了很多的政策支持，例如，对技术人员的出国考察和培训提供经济支持，还保障了人才的科研经费的使用、职称的评聘以及生活待遇，这些对科技企业来说无疑都是巨大的支持。

正是通过有效地整合信息资源，分析收集的信息中蕴含的商机，西安恩科企业在成立的初期就获得国家、省市政府以及西安开发区各方面的支持，其中就有资金、政策上的支持。除此之外，陈健通过对过去几年自己所收集到的信息资源的分析，敏感地意识到软件企业在中国市场将会有极大发展，并抓住了西部大开发的机遇，从而成功地创办了恩科网络技术有限公司。

对创业者而言，信息的整合是十分重要的，需要及时了解周边环境的变化，例如竞争对手、政府、行业、合作伙伴、客户的信息，并且详细分析自己所收集的信息，只有做到"知己知彼"，才能抓住成功机遇。

"信息就是财富，时间就是生命。"例如消费者或准消费者所提供的销售订单是创业者获得信息的关键市场信号。随着社会的发展、科技的进步，信息作为一种无形的资源越来越被重视。信息资源与物质资源和智力资源一起构成现代社会经济发展的三大支柱资源，信息资源现在已经是国家建设和企业发展的重要资源。谁能在信息资源开发利用方面占有优势，谁就能在国际竞争中夺取主动权，增强自身的竞争能力，从而促进经济的快速发展，使国家或企业立于不败之地。

（六）技术资源

创业成功的关键是寻找成功的创业技术，一个成功的企业一定会拥有好的专业产品，只有产品做到专业化，这个企业才会在竞争激烈的市场上拥有一席之位。技术前沿人才大部分都聚集于此，而这类技术人才都很乐意把自己的技术转

变为产品，继而转化为利益。

企业要想做大做强，占领市场，重要的是在技术上不断创新，以确保技术在市场上的领先地位，还要实行自主研发并拥有自主知识产权。

案例5-4

技术资源的取得应与科研院所合作○

桂林广陆量具厂发展成为桂林广陆数字测控股份有限公司，该公司拥有的科技人员约占总员工的1/4，注册资本为2210万元人民币。

桂林广陆从无到有，从原来的一个小企业成为现在的一个大企业，其成功的秘诀与技术资源的整合有着密切的关系。桂林广陆对于技术资源的整合有着一套管理系统，例如用高新技术推进传统产业的发展，以信息化技术带动产业化，探索产业与新技术结合的新道路。

桂林广陆采取有效的技术资源的整合措施，例如鼓励引进来、走出去的方针，在建立专业技术人员队伍的同时，还和科研院所、大专院校的各种技术资源进行整合。目前，桂林广陆与中国十几家院校、研究所都有着密切的合作联系，其中有上海交通大学、哈尔滨工业大学、中国计量学院等高等院校。公司根据市场需要，已投资研发世界前沿的科研课题。

创业技术是创业初期关键的资源，一个企业的创业资本、创业产品的市场竞争力和获利情况都与创业技术有关。例如，美国的微软公司和苹果公司也是从一个小小的公司发展到一个如此大规模的企业，它们的成功秘诀是什么呢？就是因为美国的微软公司和苹果公司拥有独特的创业技术。所以，好的技术资源是初创企业成功的关键。

（七）行业资源

对行业和市场开拓，创业者应谨慎对待，不仅要注重行业发展特点，还应对所在地区的政策、文化及自然环境进行综合考虑，特别是对产业运作和资源条件要求较高的行业更应如此。

○ 资料来源：http://www.guanglu.com.cn/. 有删节和重新编写.

另外还应充分考虑市场开拓从哪里开始，如何规划行业整体发展。创业者要如何做呢？创业者不仅仅要充分了解某个行业，还要对该行业的各种关系网了如指掌，如业内有哪些竞争对手，如何寻找供货商、经销商、客户，怎么联络行业管理部门以及科研机构，怎么参与行业协会，该行业有哪些行业杂志、行业展会等。只有充分了解行情，才能成功地经营公司。

正所谓"知己知彼，百战不殆"，要想创业成功，就要进入自己熟悉的行业，熟悉本行业企业运营、熟悉竞争对手等。

（八）政策资源

中国正处于全面改革开放的时代，各个行业正从集约式计划经营进入开放式经营，必然会出现戏剧性的政策变动。这种变动给创业者提供了很多创业机遇。例如，新城区建设、区域经济规划、城际高铁、城市地铁的开发带动了投资公司的发展，普通商品销售价格的放开搞活了不少行业，基建的扩大使建材行业得以繁荣，通信革命使通信器材公司在全国遍地开花，房地产热造就了众多富翁……

中国是人口大国，是一个购买力、消费力巨大的市场，为创业者孕育了无数机会。而每一个政策的变动都将在计划和市场间形成一个巨大的差额利润。面对这么好的创业机会，创业者只要能抓住，就会轻松地越过原始积累期。

大中型企业股份化使会计师事务所、律师事务所等如雨后春笋般出现；经济收入增加、贫富悬殊一方面使高档商品甚至奢侈品走俏，另一方面使价廉物美的替代品热销；妇女、儿童的保障一再加强使其用品也在市场上占据越来越大的份额；政府规定的"黄金周""旅游节"等又使娱乐业、餐饮业、购物业再度疯狂发展……

政策形势的变化将会给创业者带来什么样的影响呢？政策形势的变化导致观念的变化，观念的变化又会引起市场的繁荣，紧跟形势的创业者才能抓住机遇，在千变万化中创造更多财富。一个国家或地区的经济发展和市场变化都有其规律，大学生要如何培养和锻炼其创业意识呢？大学生应在经济下降阶段或萧条阶段开始创意或研发，等到宏观经济繁荣或经济上升期进行市场运作，切忌盲目追随热门产业或放弃自己的优势项目，这样才能降低成本、提高收益，相对降低商业风险。

二、创业资源的分析

要创业，第一步是先分析一下自身的资源，并对资源的优点和缺点做一个综合、客观的分析和评价，在此基础上对自己的创业进行定位。

案例 5-5

资源重在积累和开拓[⊖]

南开大学微电子专业学生张雁飞依靠销售文化衫，从借款3000元起家，现在已经赚了8万多元。尽管如此，面临毕业，对未来的创业方向如何选择，究竟是继续卖文化衫，还是发挥专业所学，张雁飞陷入了沉思。

就在难以抉择之际，学校给张雁飞请来了创业导师——天津市世纪兴种养业有限公司董事长邢方军。第一次见面，创业一年多的张雁飞和已经创业近十年的邢方军交流了两个多小时。张雁飞茅塞顿开："未来的创业方向要结合自己的专业，现在先积累一些创业经验和人脉资源。这是我们大学生创业者最需要的帮助。"

讨论题

分析上述案例，试列出张雁飞的企业有哪些具体的资源需求。

（一）资源和创业资源的关系

一般认为，资源是有形资源与无形资源的集合。从种属关系分析，资源是创业资源的属，创业资源是资源的一个种；而创业资源又是高校创业资源的属，高校创业资源是创业资源的一个种。因此，从逻辑关系上，创业资源是个上位概念，高校创业资源是从属于它的下位概念。创业资源的内涵会随着科技、生产、社会的高速发展而日趋丰富，可供创业活动利用的一切事物，物质的与精神的、校内的与校外的、有形的与无形的均可说是创业资源。近年来，创业资源的实际内容又有所增加，例如存在于互联网中的商机、聚焦项目、稀缺或发展资源等。

（二）创业资源概念阐述

随着科技日新月异，社会所拥有的一切或者其构成元素飞速发展，尤其是网络世界的一切，发展永无止境。当今时代，创业已不再被局限于物质场所、物质内容或自然人，但是在创业资源概念定位中，资源依照传统还是被分为狭义和广义两种。

狭义的资源是指创业者正在运作的所有资源，例如人、财、物、组织机构、

⊖ 资料来源：《中国教育报》，2010年6月3日第3版. 有删节和重新编写.

管理制度、社会关系等。其理论依据是现有的各类各项相对独立的成果，例如人力资源管理、资产管理、财务管理、资源计划、客户关系管理等。

广义的资源是指自然资源和社会经济资源。什么是自然资源和社会经济资源呢？自然资源是指人类社会最原始、最基本的资源，社会经济资源包括资本、信息、技术、知识等。社会进步产生的新资源、新科技、新材料、新文化、新体制等也属于广义范围。⊖

（三）创业资源的重要性

资源对于新企业的创建和成长有着十分重要的意义，但国内外至今对"创业资源"尚未形成统一的认识，它还是一个正在发展的概念。如今人们更多地是对资源进行界定，对创业资源进行分类，倾向于用资源、教育的概念"关照"创业资源。在二元论的思维方式中，人们更倾向于对创业资源本身的探讨，分离了对其利用的过程，理论上创业资源是一个有机统一的概念，内含了发挥作用的过程。现实社会中，创业资源不仅是创业实践活动的前提条件，同时也是创业实践活动本身的有机构成。

创业所需资源主要是自有资源和外部资源。对于绝大部分准创始人来说，最具有挑战的事情是：在创业资金不足或没有的情况下，具有把事情办好的智慧和干劲。创业成功的关键不仅仅是拥有资源的使用权，还要能影响或控制资源部署。

（四）创业资源的获取

创业者要如何获取资源呢？他们可以通过依靠自有资源战略和利用他人资源战略，对创业者而言，这是非常重要的。要走出利用他人资源战略的第一步，首先要寻找最好的顾问，这里的顾问是指各方面的高级知识分子，例如法律、商务及其他方面的专业人才，可以让他们在企业成立之前或初期参与公司活动，创业者可以广泛与人交流，以织就自己的社交网络。创业者所需要的人际网络，不仅仅要有坚实的家庭、朋友、同学组成的人际网络，还要有创业者和企业顾问之间的网络关系。创业者需要巩固自己的社交网络，要不断提升自己监督人际网的能力，并拥有系统的实施计划。⊜

区域环境在很多教材里面并没有被列入创业资源，但它是影响资源获取和整合的重要因素之一。创业者应如何适应不同区域的环境呢？首先就是遵纪守法，

⊖ 崔东红. 创业、创新、创富 [M]. 北京：中国经济出版社，2006.
⊜ 陈震红，董俊武. 成功创业的关键——如何获取创业资源 [J]. 科技创业月刊，2003
（9）：48.

意思就是创业必须严格遵守所在国家和地区有关法律法规对项目建设和生存的支持程度和约束条件，特别是在境外投资时需特别重视当地的法律、法规支持条件，以免与相关政策冲突。

除此之外，对于还在校园的创业者，要充分学习相关知识，培养和提高自己的创业能力，提前准备做一个适应社会的人，以避免将来少走弯路。现在许多高校已经拥有或开发整合了许多资源，足够供年轻的创业者充分锻炼与实践。

第二节 创业资源的整合

大多数创业者在创业之初所拥有和能获得的资源都很有限，如何能用有限的创业资源创造最大化的价值，取得成功，关键在于创业者整合资源的能力。

"整合"的含义是什么呢？一般来讲，是将零散的要素和资源彼此衔接，从而实现资源共享的过程和工作。但是对创业活动而言，这种定义远远不够，于是人们把对创业资源进行整合的相关机制也纳入进来，在这里"整合"的含义就是指对资源进行调节和分配。

在实践中，人们对"整合"的认识经历了一个逐步完善的过程。在现代社会，整合的机制主要受到政治制度、市场经济，以及科技体制的影响。而把握和运用好具有强烈时代特征的政治制度、行政管理制度和法律等社会中心制度，对于创业者有效解决创业过程中遇到的困难就显得十分重要。

优秀的创业者在创业过程中所体现出的卓越创业技能之一，就是创造性地整合和运用资源，尤其是那种能够创造竞争优势，并持续保持竞争优势的战略资源。

一、整合资源的原则

（一）保核心原则

迈克尔·波特在 1980 年出版的《竞争优势》中说，企业要展开自己的核心竞争力。创业者利用核心竞争力也就是利用自己的核心资源，并对已有资源进行优化。核心竞争力要求企业如何做呢？核心竞争力要求企业对关键的创业资源进行有效整合，这关系着衔接和协调的绩效。创业资源整合对企业有着重要的作用，反过来又影响其核心竞争力。

案例 5-6

创业资源整合对企业核心竞争力的影响⊖

江苏琼花高科技股份有限公司（以下简称江苏琼花）是以江苏琼花集团有限公司（1984年成立）为主发起人，联合六家股东共同设立的。其目标为：提高企业核心竞争力。企业通过四种方案来提高核心竞争力：信息资源整合、人才资源整合、生产资源整合、资金资源整合。其中组织机构合理性、管理者与员工之间的信任度、员工的工作效率是影响方案的主要因素。江苏琼花成功地制定了"技术+资本"整合的发展战略，并有效地运用了这一战略。技术创新和资本运作是其关键的能力表现。

江苏琼花拥有技术优势和资本优势。根据专家计算，生产资源整合对增强企业的核心竞争力是最为重要的，其次是资金资源、人才资源、信息资源整合。江苏琼花是如何保证其在竞争激烈的市场中一直处于不败之地，以及确保它的核心竞争力呢？那正是通过"技术+资本"这一核心能力的整合与培育。

（二）求优化原则

整合创业资源是指对创业资源的结构要素和联系进行重组重构，进而使其功能达到优化。一个企业要如何变强变大呢？那就要求这个企业要有效地整合各方面的资源，采取有效、合理的整合手段来做好自己的事业。一方面，有关联的行业之间，以及相关的领域可以采取企业联合或股份制的形式来有效地整合资源，充分发挥人才、技术、人脉资源等方面的优势，做到企业内部相互合作与支持，提高竞争力，共同对抗外部的竞争。另一方面，创业者应了解自己的企业，明白企业生存的优势、劣势，就如了解一个人的性格，能找到发挥优势、弥补劣势的

⊖ 资料来源：http://baike.baidu.com/link?url=g2ddZY7ez3gjyMcr7VXAqEpZyFyGcVEzh17x pN9-4i9YTJniD5_EPWApsTUvWwwoyYoO69jmdg5tADAbu5vc4a. 有删节和重新编写.

切入点，从而优化组合。

例如，对于信息资源的整合，不仅要抓好企业外部的信息资源，把握好对企业发展有利的机遇，还要整合管理好企业内部信息资源，做好长远的发展规划，使得企业可以跟上时代快速发展的步伐，实现企业的现代化、信息化。

（三）重科学原则

资源整合必须以客观条件、整体情况为依据，用科学的方法来实施，以大局为重，才能达到预期的效果。创业团队在整合的过程中发挥着怎样的作用呢？创业团队是创业过程中的主体，没有创业团队就无法洞察和抓住创业的机会，就无法完成资源的有效整合，所以创业团队是企业的关键构成要素。对整合不能凭空想象，必须在研究的基础上遵循规律进行。

案例 5-7

技术资源整合是为了技术的不断创新[○]

浙江新和成股份有限公司是一家从小公司发展到 15 亿元资产的高新技术企业，是收益十分高的大企业。

1988 年，浙江新和成股份有限公司成立，在创业初期时条件十分艰苦，其主要创始人胡柏藩并没有就这样放弃，在这个艰苦的时期，他意识到技术资源整合的重要性，发现废酒精回收的技术含量低，要想把企业做大，就需要创新技术，于是胡柏藩把重点放到了整合技术资源上，以达到技术的不断创新。

通过对市场的调查，他发现我国抗生素的生产中间体完全是从国外购进的，于是他决定对技术资源进行整合，冒着各种风险，经历各种挫折，1991年该公司成功开发了国内第一项生产抗生素中间体的新产品，填补了国内空白，后来还进入了国际市场。

胡柏藩与全国各大院校及科研单位建立了长期合作关系，通过广泛的技术信息交流和对技术资源的整合大大提高了企业的技术水平，通过把科研基地转移到上海、杭州等科技发展较好的城市，以及与各研究院校合作创办科研实验室，大大地提高了企业的科技创新能力。

○ 资料来源：http://www.rztong.com.cn/newshtml/2008725/ns20841.shtml. 有删节和重新编写.

讨论题

分析上述案例，请简要说明重科学原则对于企业的意义何在。

（四）遵实践原则

整合不能"纸上谈兵"。创业者能否成功地开发出机会，进而推动创业活动向前发展，通常取决于他们掌握和获得资源的情况，以及对资源的整合能力。提高这一能力，就要勇于实践。许多创业者早期所能获取与利用的资源都相当匮乏，而优秀的创业者在创业过程中所体现出的卓越创业技能之一，就是创造性地整合和运用资源，尤其是那种能够创造竞争优势，并保持竞争优势的战略资源。

尽管与已进入成熟发展期的大公司相比，创业型企业的资源比较匮乏，但创业者所拥有的创业精神、独特创意以及社会关系等资源，本身就具有战略性。因此，对创业者而言，要通过努力实践，一方面借助自身的创造性，用有限的资源创造尽可能大的价值，另一方面要设法获取和整合各类战略资源。

（五）循节约原则

创业团队应建立健全公开、公平、公正的竞争机制和内部约束机制，避免资源浪费。要避免哪些资源的浪费呢？从三方面的资源来谈。一是避免浪费自然资源和能源，例如：有些公司为了扩大其经济效益，违规占用耕地数千亩建厂；一些钢铁行业公司开展项目消耗大量的水和电，使得居民用水用电紧张，水电价格上涨。二是避免浪费资金资源，对于现代企业的大项目来说，投入的资金至少几千万元，如果没有规划好，巨额资金将会打水漂。三是避免浪费设备和材料资源，有很多公司的项目由于产品销售不景气而停产，从而导致投入的机器设备长期闲置不用，导致设备资源和原材料的浪费。

（六）谋发展原则

发展的定义是什么？"发展"是唯物辩证法的一个基本观点，是指事物不断进步的过程，是指一种螺旋式上升的过程。随着社会的进步，不断产生的新兴产业、新型产品等都要求人们具有新的知识和观念。企业创办、发展的每一个阶段都有自己的基础和下一步目的，资源整合在于根据这些阶段的不同特点，采取不同程度、不同方面的措施。

创业者要培养自己独立制订计划、选择和决定企业前途的能力，能全面、准确、科学地对企业的弱势、劣势进行自我分析，正确应对外在的机会和威胁，使企业能够根据实际情况健康、独立地发展。

二、整合资源的方法与途径

创业者的时间、能力和资金等是有限的，创业者应该在机会开发、资源整合和创业能力三者之间找到平衡，寻找适合自己的方法和途径。

（一）扬长避短

为了不限制企业成长，同时也为了降低成本，创业者应着重注意扬长避短。创业者如何做到扬长避短呢？俗话说，知己知彼，百战不殆，所以要充分了解自己的优缺点，发挥自己的长处，避开自己的短处，这对于整合很重要。

案例 5-8

扬长避短整合民营资产资源⊖

1995年创办的苏州科达通信技术发展有限公司是一个民营股份制高科技企业，主要致力于通信技术与通信产品的一体化服务。

科达成立初至改制前的几年时间里，投入的资金与科达的发展速度不平衡，阻碍了公司的发展。那么要如何保持公司的高速发展呢？2000年，科达不仅对公司产权制度进行了改革，同时还引进了大量的民营资产资源，即整合民营资产资源。

由于每一个资本生产者都希望自己的资源可以利益最大化，所以就必须通过各种合法的交易手段来整合资产资源。要如何引进外来资本呢？首先企业要收集相关的资产资源信息，全方位地了解准备引入的资产资源。在选择投资意向时，要了解实际情况，从而选择自己中意的投资目标。在接触之前，企业要做些什么呢？了解投资者的基本情况是最基本的，如收集一些投资者的资金状况、技术状况，以及提供服务范围等情况，在与投资者面对面交流的时候，企业需要准备些什么呢？就如同你要面试一样，你要准备详细的简历以介绍自己，那么企业自身就应准备好可以全面介绍自己企业状况的资料。在这些准备过程中，要实事求是，不能有虚假的信息，也要充分体现公司的优点，即扬长避短。

（二）分门别类

整合资源要"有的放矢"，毕竟人的时间和精力有限，要如何做到有效地整

⊖ 资料来源：http://www.muchmoney.cn/zhanlveguanli/866.html. 有删节和重新编写.

合资源呢？那就需要创业者精心设计，或者分类设计好整合。

资源的整合可以分两类。一类是创业者正在运用的所有资源的整合，是利用现有的各项相对独立的管理理论对已知资源的整合；另一类是横向的外延型整合和纵向的攀升型整合，此类整合应该注意周围广大范围内的不同类型的资源，有些资源可能是旧有的、对别人无用，却对自己有用、别人没有发现等。在中国市场经济发展过程中大多数人往往通过利用并不为常人所知的资本运作和其他手段来完成自己的整合。而攀升型整合关注的是纵向的、新型的资源，那么创业者应具备什么样的能力呢？创业者应有前瞻性和对新兴事物的敏感性，通过整合产生前所未有的新兴事物，完成质的飞跃。⊖

（三）内外结合

资源的利用是一个渐进的过程，从简单到复杂，从无序到有序，即从最初简单的、无意的借助，到有目的、有计划，最后就是将拥有的资源进行优化和整合，由外生而内生，又由内生而外发，由借重、利用到开发、创新，即资源的利用是内外结合。做到资源利用的内外结合，创业者要对企业内部的资源进行整合、积聚，对外部的资源进一步进行整合。哪些是内部资源的整合呢？技术资源整合就是属于内部资源整合的一部分，内部资源的整合只是资源整合的第一步，它不是目标，技术资源整合只是手段，其目的是促进技术的不断创新，激发自主研发并获得自主知识产权，提升其创新能力，让其技术保持市场的领先地位，占领市场，把企业做大做强。内外结合还体现在对自己资源认识的基础上，即对外界资源掌握与运用，对内部的资源进一步优化，将现有的、掌握的内外部资源打乱，重新整合，让资源的利用价值最大化。

创业资源具有累积效应。那具体的表现是怎样的呢？企业初期可以调控内部资源以满足机会开发的需要，还可以通过将外部资源转变为内部资源来解决资源短缺的问题，降低创业的财务风险。

案例 5-9

美国在线（AOL）与时代华纳合并⊖

2000年美国在线（AOL）与时代华纳合并轰动了全球，尽管2009年双方拆

⊖ 崔东红. 创业、创新、创富［M］. 北京：中国经济出版社，2006.

⊜ 资料来源：http://news.zol.com.cn/2000/0111/1639.shtml. 有删节和重新编写.

分，但不可否认这次的合并案是一件典型的资源整合案例。

美国在线创立于1985年，收购了网景（Netscape）公司后，它的发展十分迅速，是互联网产业的佼佼者，它已经拥有来自世界各地的注册用户，是全球最大的在线服务商。而时代华纳是最大的传统媒体公司，有很多著名品牌。由于网络时代的迅速发展，网上服务也越来越多，其竞争性也越来越强。传统媒体公司的增长速度就日益减缓。传统媒体公司的信息具有权威性，它们利用自己的优势，思索着如何在网络时代提升自己的商业竞争力，并扩大自己的市场份额。在美国在线和时代华纳两者存在竞争又需要合作的发展要求下，两者的合并达到了一个双赢的目的。本次合并扩大了两公司的经营规模，增加了两者的市场竞争力。

时代华纳和美国在线的合并，是资源整合的一个典型案例，表明资源整合的影响力是无比之大的。依据进化的规律，优胜劣汰。在当今竞争激烈的媒体中，谁拥有更为广阔的资源、客户、内容、人力等，谁的竞争力就越强，谁就更可能在竞争中获胜。这一次合并是双赢的战略，双赢是如何体现的呢？即美国在线与时代华纳的资源可以相互利用，时代华纳丰富的媒体及娱乐资源可以让美国在线的用户享用，时代华纳也可以利用美国在线庞大的用户群体来提升自己的商业竞争力并扩大自己的市场份额。这次的合并又可以打压其他竞争对手，如迪士尼公司（Walt Disney）和雅虎。

（四）与时俱进

什么是与时俱进？与时俱进是指准确把握时代的发展趋势，站在时代的前端，用解放思想、实事求是的思想来开拓进取，勇于探索。随着创业规模迅速扩展，以创业者为龙头的管理方式必须转变，要向市场资源配置手段看齐，设立企业二级管理制度，使创业者间接、宏观、策略地整合资源，并建立对运行效果监督的机制。企业相关职能部门定期对各部门效益进行检查监督，建立有效的绩效评价机制，以便对下一阶段工作安排做出决定。

例如，在城郊结合的地方营业的IT行业某公司，随着社会与经济的发展，其同行业公司都纷纷迁址了，该公司为了能跟上时代的发展脚步，也搬到更繁华的场地。因为IT行业受环境氛围的影响很大，公司先看中了一处商住楼，但最后还是迁到一处写字楼，因为写字楼内相继有多家公司与他们公司有着密切的业务关系。

总之，整合不是最终的目标，整合是为了创新，创业者平时对各项资源多加以关注，发掘其价值，充分使用、配置好资源，完成资源的增值，才能为企业成长服务。

第三节　创业资金的筹措

创业成功与否，在很大程度上受到企业初创和发展过程中资金的影响。资金是创业所需的基本要素之一，拥有了创业之路的第一笔资金，创业之路才开始步入正轨。那么创业者要如何解决创业与新创企业发展的资金问题呢？开展融资活动是筹备资金的一个重要手段。在创业融资活动中，外部资金主要来源于创业者的社会网络成员，另外在单一融资方式中，资金源于企业家社会关系网络的概率高于其他融资方式。

一、预测启动资金

有人会问启动资金是用来干什么的，启动资金是用来支付创办企业的基本费用的，例如购买设备和原材料、租用场地，支付办证费用、广告费用、日常消费等。什么是固定资产？固定资产即投资，是指购买的一些价值高的、耐用性较好的东西，不同的企业其使用固定资产的多少不一样。但是都需要遵循最重要的原则：把投资降到最低限度，降低初创企业的投资风险。那什么是流动资金呢？相对于固定资产而言，流动资金是企业维持运转所需要支出的资金。

如何来预测需要的固定资产呢？创业者可以通过很多方法来预测固定资产，本节介绍常用的最普通的方法。

（一）固定资产之场地

适合的场地是创业的要素之一。创业的场地，或许是整个建筑，或许是一个小工作间，或许是一个小门面。如果创业场地选择在家里，那么场地投资将会大

大降低，对于选择什么样的创业场地，需要根据自己的实际情况来决定。

经营企业的场地可以通过几个途径获得，即建厂房、买房、租房和在家开业。各种途径各有优缺点。

（1）建厂房。需要大量的资金和时间，如果企业对场地和建筑有特殊要求，最好造自己的房子。

（2）买房。可以买现成的房子，这样既简便又快捷。不过现成的房子不太适用企业创业布局，往往需要经过改造才能适应企业的需要，并且会花一大笔资金。

（3）租房。所需启动资金比较少，而且灵活，尤其是当需要改变场地时。但租房也有其缺点，你也得花一笔钱进行装修才能使用。

（4）在家开业。这是场地投资最少的一种方式，选择在家开业是降低创业风险的好办法，但你需要做些相关的调整，而且在家开业会给你的家庭带来很多麻烦。

（二）固定资产之设备

什么是设备？设备是企业需要的一系列办公工具，如办公桌、交通工具、网络设备等。了解清楚创办企业将需要什么设备，正确选择所需要的设备类型，将会节省一大笔投资。不管企业需要多少设备，都要认真了解清楚后，把所需要的设备写入企业计划。

可以参考以下折旧率（见表5-2）——个体工商户、个人独资企业等比较适用。

表5-2　固定资产类型——每年折旧率

工具和设备	机动车辆	办公家具	店铺	工厂建筑
20%	10%	20%	5%	2%

二、制订利润计划

企业怎么挣钱，这对企业的成败至关重要。制订利润计划，是创业计划的重中之重。

制订利润计划的目的是确保有盈利。那么创业者应该如何制订利润计划？首先，要根据你的成本和盈利的实际情况，计算出产品的销售价格。其次，需预测销售收入，一般计算前12个月的销售总额，减去销售成本，判断是否盈利。最后，你需要制订现金流量计划，保证有充足的资金来进行正常运转。

如何确定产品的销售价格呢？要把为顾客服务所付出的成本计入产品的价格中。作为业主，必须掌握企业经营的成本。那要如何掌握企业经营的成本呢？可以选择一家同类企业，了解一下该企业有哪些成本。在预测成本时，把可变成本和固定成本区分出来。哪些是固定成本呢？是成本一成不变的，例如场地的租金、为企业购买的保险，以及营业执照费等。哪些是可变成本呢？可变成本是会随着供求关系、经济发展等而变动的，例如原材料成本等。通过这些分析，你可以更准确地制定销售价格。

预测销售收入是准备创业计划中最烦琐但是又特别重要的一部分，需要认真面对。如何预测销售收入呢？一般来说，可采取四个步骤：一是列出你企业推出的一系列项目，例如推出的产品、提供的服务等；二是通过市场调研分析，预测在一个月或一年里将有可能销售的各个产品数额；三是计算出将要计划销售的每项产品价格；四是用预定的销售价格乘以每个月的销售量，就可以计算出每项产品的月销售额或年销售额。

利润等于销售总额减去总成本，所以单单预测自己的销售收入是无法计算出销售利润的，还必须制订销售和成本计划，这样就可以计算出自己的销售利润，判断是否盈利。

现金流量计划在创业计划中是必不可缺的一部分，现金是一个企业运转的动力。一个创造者如果在创业时没有认真制订或者没有现金流量计划，就经常会后悔地说："要是最初自己计划多一些流动资金，企业运转将会更流畅。"因为有些销售是赊账的，现金在销售几个月后才能回笼，所以在创业计划中一定要做好现金流量计划。

当做好现金流量计划后，就能确定所需费用，要考虑从哪里获得这笔钱。

三、选择融资渠道与方式

本节主要阐述新企业筹措资金的各种关键问题，让创业者充分理解企业融资的方式，以及作为一个创业者在融资过程中应掌握的技巧和手段。

在创业初始阶段融资的方式有个人资金、私人借款、合作经营、银行贷款（定期存单抵押贷款、保单质押贷款、实物抵押典当贷款、固定资产抵押贷款、信用卡透支贷款、政府无偿贷款担保）、天使投资、风险投资、政府资助等。企业成长中的融资渠道有企业自筹资金、政府资金和金融机构贷款。本节重点介绍私人借款、银行贷款、天使投资、风险投资、政府政策支持等。

（一）私人借款

创业者社会关系网络的内容，决定了创业者要找谁来支持自己融资。例如，如果创业者的社交面不广，只有亲朋好友，那么他会找谁来融资呢？答案是：他会寻求亲朋好友的支持，请他们给予创业资金。然而，对于社交面很广的创业者来说，他寻求融资的方法有很多，他可以选择机构渠道融资等。

众所周知，向一个熟人借钱要比向一个陌生人借钱容易得多。同样的道理，在创业资金筹措过程中，向自己的社会网络内成员寻求融资支持比向一个陌生投资者筹资成功的机会大得多。在大部分创业者中，他们一般愿意选择有把握的、手续简单、快捷有效的亲朋网络来进行融资支持。因为向亲朋好友寻求融资支持，只需归还本金或相应的利息。但应注意要向借款人写好借条，写明借款金额及利息率，以及归还日期。创业者一般很少获得以入股的方式投入的私人借款。

（二）银行贷款

从历史上说，商业银行并没有被看作初创企业融资的可行来源。因为银行对要投资的对象有很多复杂的要求，银行对具有强大现金流、低负债率、审计财务报表、优秀管理层、健康的资产负债表的企业感兴趣。尽管许多新创企业拥有优秀管理层，但还有很多条件尚未具备。尽管如此，银行对于生命周期较短的小企业来说仍然是一种重要的信贷来源。

现今，创业的门槛越来越低，有些银行开始改变其投资观念，也开始接触初创企业的创业者，放松了贷款标准，开始关注现金流和管理团队的能力，而不再只关注抵押品和资产负债表状况。面对这一转变，初创企业应该在这个领域内紧随发展潮流，把握机遇。

（三）天使投资

天使投资（Angel Invest）是自由投资者或非正式风险投资机构对原创项目构思或小型初创企业进行的一次性的前期投资。它常常协助那些具有专门技术或独特概念而缺少自有资金的创业者进行创业，并承担创业中的高风险和享受创业成功后的高收益。天使投资是风险投资的一种形式。

而"天使投资人（Angel）"通常是指投资于非常年轻的公司以帮助这些公司迅速启动的投资人。"天使"这个词指的是企业的第一批投资人，这些投资人在企业产品和业务成型之前就把资金投入进来。由于他们对该企业家的能力和创意深信不疑，因而愿意在业务远未开展起来之前就向该企业家投入大笔资金，一笔典型的天使投资往往只是区区几十万美元，是风险资本家随后可能投入资金的零头。例如，1977年，迈克·马库拉向苹果公司投资了9.1万美元，并为另外25万美

元贷款进行了个人担保。这样苹果公司就有了初始投资资本。当苹果公司在1980年上市时，他在公司的股票价值超过1.5亿美元，获得了大量财富。

（四）风险投资

风险投资（Venture Capital）是风险投资公司投资于新创并有非凡成长潜力的小企业的投资。可能你会疑惑风险投资和天使投资有什么区别呢？其区别在于天使投资者倾向于在创业初期投资，而风险投资则倾向于在成长期投资。

要获得风险投资是非常复杂的，要具备很多条件，首先是要具备好的创意或项目，要有一个好的团队，任何一项事业不是一个人所能完成的，必须要靠大家的相互协作、配合。近年来高校创业计划竞赛风靡，即由参赛者组成好的团队，提出一个好的创意或项目，围绕好的创意或项目，来获得风险投资家的投资。

（五）政府政策支持

现在，已经有很多部门相继出台了支持创业的政策，政府有关部门和社会各界有识之士纷纷出资，设立基金，鼓励和帮助大学生自主创业、灵活就业。充分了解和利用政府的资源和扶持政策，将会有助于创业者走向成功的创业之路。

政府资源对创业者的成功创业是很重要的。政府出台的各项优惠扶持政策资源包括以下几项：

（1）天使基金。这里的天使基金是政府资源对个人创业者的一种投资形式。以北京青年科技创业投资基金为例，它由北京科技风险投资股份有限公司出资设立，与共青团北京市委、北京市青年联合会和北京市工商局共同管理，是针对个人创业者的一种投资形式。

（2）创新资金。区别于天使基金，创新资金是政府资源对技术创新活动投资的形式。例如上海市科技委员会设立的专项资金，分别以种子资金、融资辅助资金、匹配资金三种方式支持科技型中小企业的技术创新活动。

（3）省、市配套资金。例如长沙市创业富民专项资金、创业政策保障等。长沙市规定：大学生创业达到一定的规模，政府将会给予一定的财政扶持政策，政府将根据实际情况为创业的大学生提供财政支持。

（4）小额担保贷款扶持。长沙市对于自主创办新兴项目的大学生，根据企业规模的大小，可给予最高200万元的贷款，期限最长为两年，由同级财政部门按贷款基准利率的50%给予贴息。

（5）科技型中小企业技术创新基金大学生项目。这是国家科技部设立的专项基金，用于扶持大学生企业中高新技术产业的发展。

扩展阅读 5-1

创业资源相关名词解释

（1）资源整合。资源整合是企业战略调整的手段，也是企业经营管理的日常工作。整合就是要优化资源配置，就是要有进有退、有取有舍，就是要获得整体的最优。资源整合是系统论的思维方式，就是要通过组织和协调，把企业内部彼此相关但却彼此分离的职能，把企业外部既参与共同的使命又拥有独立经济利益的合作伙伴整合成一个为客户服务的系统，取得1+1>2的效果。

（2）实践性原则。实践性原则是指人们在进行创造性思维的过程中，必须参与实践，必须在实践中促进思维能力的进一步发展，在实践中检验思维成果的正确性。没有实践，思维的发展就失去了动力，就不会有创造性的思维。实践就是行动，把想法、创新思维付诸行动，用行动检验真知。

（3）民营资本。民营资本是指除国有企业资本、外国企业资本之外的国内中小企业资本及民间闲置资本。民营资本主要集中在传统产业，从事产品价值链低端的低附加值产品的生产，普遍存在着企业规模小、技术水平低、研发能力弱、能源和资源消耗高等问题。

（4）天使基金。上海市大学生科技创业基金是不以营利为目的、公益性的创业"天使基金"，也是培育自主创新创业企业的"种子基金"。天使基金是扶持大学生创业的天使机构，其指导思想是"鼓励创新，宽容失败"。上海市大学生科技创业基金会秘书长张德旺说，"我们知道创业失败率会比较高，但我们看重的是城市创业精神的培养。只要有小部分人能成功，这个事情就要坚持下去。政府不应该以急功近利的心态来看待这个事情。"天使基金下设两种创业资助计划."雏鹰计划""雄鹰计划"。以下人群均可申请天使基金：①毕业生：毕业五年内（含本科生、专科生、硕士研究生、博士研究生、归国留学生）；②在校生：含本科四年级、专科三年级、硕士研究生、博士研究生。

本章小结

本章详细阐述了资源的分类依据和形式，资源和创业资源的关系，分析了创业资源的重要组成元素，分别介绍了资金资源、人脉资源、人才资源、场地资源、信息资源、技术资源、行业资源、政府资源等的内涵与作用。这些有利于创业者掌握资源整合的方法与途径，并科学、合理、适时地进行创业资源整合。结合实际着重分析了融资渠道，提醒创业者必须具备创业融资的能力。本章对创业者充分运用资源及其整合提高企业的生存与发展能力，有着专业的指导作用和积极意义。

思考题

1. 在你身边有什么资源？请你结合创业实际谈谈什么是资源。

2. 为什么多数企业在生命周期的早期夭折了？企业需要资源整合的原因是什么？整合的方法和途径有哪些？

3. 你认为自己在资源整合方面哪些能力不足？你打算如何增强？请结合调查或实践阐述成功（失败）企业在资源整合方面的成功（失败）之处。

4. 为什么说创业融资是创业过程中最不重要同时也是最重要的部分？请对此矛盾做出解释。

5. 那些认为必须首先有大量的资金才能赚钱的人是幼稚无知的，为什么会这样说？你同意吗？

参考文献

［1］崔东红. 选项、选址、选人［M］. 北京：中国经济出版社，2006.

［2］杰弗里·蒂蒙斯. 创业企业融资［M］. 周伟民，译. 北京：华夏出版社，2002.

模块三 准备创业

第六章　编制创业计划

如果你想踏踏实实地做一份工作的话，写一份商业计划，它能迫使你进行系统的思考。有些创意可能听起来很棒，但是当你把所有的细节和数据写下来的时候，它自己就崩溃了。

——著名风险投资家：尤金·克莱纳（美）

学习目标

1. 了解创业计划的作用和撰写要点。
2. 尝试写一份完整的创业计划书。

核心内容

　　本章主要介绍创业计划的概念、市场调研的方法及创业计划书的内容等知识。编制创业计划，对创业十分重要，有了创业计划，并努力付诸实践，成为整个创业过程中的"行动指南"。通过本章的学习可以使学生掌握创业计划书的撰写，为开展创业活动提供基础保障。

知识导图

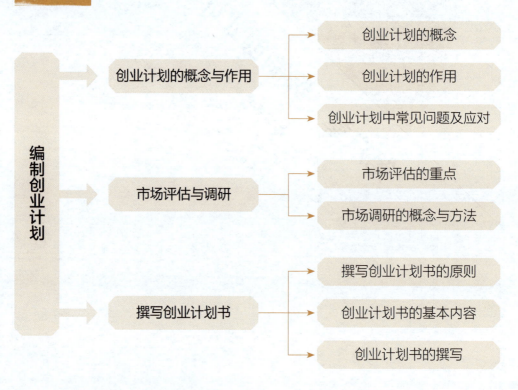

高燃的创业计划书[⊖]

湖南益阳人高燃，2003年毕业于清华大学新闻与传播学院，毕业后做了财经记者。2004年，他开始创业，联合天使投资创办了一家电子商务公司。2005年2月，他与同学邓迪创办Mysee，担任CEO。

1. "电梯里堵杨致远"

大学毕业后的记者职业，为高燃近距离接触企业家提供了机会。一次，遇到采访雅虎创始人杨致远的机会，高燃在电梯里将一份不是很成熟的商业计划书递给了杨致远。"当时杨致远跟雅虎的CEO在一起商量事情，有一个记者采访CEO，杨致远就走得快一点，把电梯门按住等CEO进去，我就说我来吧，杨致远进电梯后我立马把电梯门关上，然后把商业计划书给他，并说我很佩服你，你要看看我的商业计划书。杨致远没办法，就看了看，并说你到时候再给我发一个电子邮件（E-mail），我到时候用E-mail回你，他说看起来很不错，你好好干。"但是后来高燃等了几个月也没有等到回信。

2. "获得远东集团的投资"

第一次挫折没有让高燃灰心，在重新对自己的创业计划进行修改之后，他再次寻找机会。当得知远东集团蒋锡培在吉林长春出席团中央组织的会议，高燃随即站了一夜火车，第二天凌晨到了长春，双手递上他的商务计划书。远东集团董事会经过激烈的讨论，最终同意给高燃投资100万元。高燃也被媒体评为"中国最年轻最活跃的青年创业企业家"之一。

当今社会瞬息万变，经济快速发展，商机更是稍纵即逝，计划似乎已经赶不上变化。创业者为了抢得创业先机，似乎也来不及制订很好的创业计划。然而据调查表明，创业失败案例中超过50%是因为没有制订合理有效的创业计划，这也验证了古语"预则立，不预则废"的观点。撰写创业计划书是一项系统性和操作性都很强的工作，需要经过大量市场调研，根据相对客观的数据，做出合理的预测，最终形成科学严谨有效的书面文件。做出一份出色的创业计划书需要创业者们认真细致且付出艰苦卓绝的劳动。

⊖ 资料来源：http://baike.baidu.com/link?url=0H81HdgEqd6tjGnnj-fhU5TCzwDcd2pOfBTg2C95IgaSUXHxvFm7UBemp6M5ec-xVaKr_8pV4NMHvSwyhgehqK. 有删节和重新编写.

第一节 创业计划的概念与作用

著名风险投资家尤金·克莱纳说："如果你想踏踏实实地做一份工作的话，写一份商业计划，它能迫使你进行系统的思考。有些创意可能听起来很棒，但是当你把所有的细节和数据写下来的时候，它自己就崩溃了。"⊖所以不要忽视了创业计划的作用，创业计划是让你的创业想法转化为"概念公司"。

一、创业计划的概念

本书所讲的创业就是指创办一家企业，它是一项涉及多方面、影响因素复杂而且多变的事业。创业者想要取得创业的成功，必须事先对创业进行周密的计划。什么是创业计划呢？创业计划是创业者在正式开展创业工作之前，从企业介绍、行业分析、发展目标、产品（服务）、市场营销、人员及组织结构、财务成本计划、风险管理等方面，全面规划企业的发展。

二、创业计划的作用

创业计划的作用具体表现在以下几个方面（见图6-1）：

图6-1 创业计划的作用

⊖ 瑞安，等. 成功的创业计划：从目标到实施［M］. 薛菁睿，译. 北京：机械工业出版社，2004.

1. 创业计划帮助创业者明确奋斗目标

如同个人成长需要目标一样，企业目标决定了企业创办成功及发展是否长远。创业计划使创业者能清醒地认识到市场的机遇与挑战，为实现"百年企业"而百折不挠、锲而不舍。

2. 创业计划帮助创业者获取发展资金

创业者在创业之初，往往面临着资金短缺的问题。合伙企业本身是获取资金的一种方式，但在当今资本力量巨大的时代，要想获得更多的资金，银行贷款是选择之一，风险投资可能是最佳方式。一份目标远大、数据可信、市场分析全面、产品具有核心竞争力的创业计划往往会帮助创业者获得意想不到的收获。

3. 创业计划帮助创业者规划具体工作

创业本身是一项困难重重的工作，树立信心、获得资金后，创业者将面临很多的具体工作，只有努力做好这些工作才可能创业成功：①分析与竞争对手相比自身企业的竞争优势：产品质量好、价格具有竞争力、员工素质高、企业地理位置佳等。②市场营销方案如何：市场份额、销售策略、广告促销等。③企业人员管理：企业创办成功关键的因素之一就是人才，管理队伍成员必须有较高的专业技术知识、管理才能和工作经验，年轻的创业者则应当具备激情、热情。

扩展阅读 6-1

大学生创业计划竞赛的历史发展⊖

大学生创业计划竞赛又称商业计划竞赛，是风靡全球高校的重要赛事。它借用风险投资的运作模式，要求参赛者组成优势互补的竞赛小组，提出一项具有市场前景的技术、产品或者服务，并围绕这一技术、产品或服务，以获得风险投资为目的，完成一份完整、具体、深入的创业计划。

创业计划在美国高校中由来已久，自1983年美国得克萨斯州大学奥斯汀分校举办首届商业计划竞赛以来，美国已有包括麻省理工学院、斯坦福大学等世界一流大学在内的20多所大学每年举办这一竞赛。Yahoo、Excite、Netscape等公司就是在斯坦福校园的创业氛围中诞生的。美国麻省理工学院的"5万美元商业计划竞赛"已有19年的历史，影响非常大。据统计，美国表现最优秀的50家

⊖ 资料来源：http://baike.baidu.com/view/552368.html.

高新技术公司有46%出自于麻省理工学院的创业计划大赛。从1990年到现在每年都有五六家新的企业诞生，并且有相当数量的"计划"被附近的高新技术企业以上百万美元的价格买走。这些由"创业计划"直接孵化出的企业中，有的在短短几年内就成长为年营业额数十亿美元的大公司。一批批的创业者在比赛中得到锻炼和成长。风险投资家们蜂拥而入大学校园，寻找未来的技术领袖，在竞赛中获胜的学生日后大多都成为美国高科技企业的领军人物。

在中国，大学生创业计划竞赛最早于1998年在清华大学举行。1999年，由共青团中央、中国科协、全国学联主办，清华大学承办的首届"挑战杯"中国大学生创业计划竞赛成功举行。竞赛汇集了全国120余所高校的近400件作品，大赛的举办使"创业"的热浪从清华园向全国扩散，在全国高校掀起了一轮创新创业的热潮，孕育了视美乐、易得方舟等一批高科技公司，产生了良好的社会影响。2002年，由浙江大学承办的第三届"挑战杯"天堂硅谷中国大学生创业计划竞赛在杭州成功举办，竞赛组委会共收到来自全国29个省、市、自治区的244所高校的参赛作品共542件。竞赛受到社会各界尤其是企业界和风险投资界的关注。据统计，部分参赛作品开赛前就吸引了部分风险投资，金额达10400万元，其中签订合同的项目6件，签约金额4640万元。决赛期间，正式签约项目4件，金额达5760万元。其中，南京大学的"格霖新一代绿色环保空气净化器"商业计划获得了高达2595万元的风险投资。

三、创业计划中常见问题及应对

（一）战略计划

太多人认为战略计划只是那些大公司才需要考虑的东西，可实际上对于小企业来说这也是必要的。战略计划能将你公司的实力与机遇匹配起来。想要高效地做到这点，需要收集、观察、分析自己的业务环境。同时还需对自己的公司有一个清晰的了解——它的优势和劣势——然后制定出明确的任务、目标。

另外，战略计划对于企业管理者来说也越来越重要了。因为技术和竞争让业务环境变得前所未有的不稳定及不可预知。如果想要生存并发展下去，必须搞清楚自己在哪个领域能取得成功，在取得成功前需要获取哪些资源。

（二）财务基础

糟糕的管理通常被认作是公司失败的主要原因，那些不适当的财务管理可能

就是通向失败的临门一脚。不管是重开还是新开一家公司，都得准备足够的资金。但仅仅拥有足够的资金也是不够的，需要知识和计划来管理它。这些技能能帮助创业者避免犯一些诸如错误估计需求量、低估贷款利息等的初级错误。

（三）预测启动成本

要决定需要多少种子基金，必须估算最初几个月公司需要消耗多少钱。每家公司的情况都不同，而且对于处于不同阶段的公司来说，需要的钱也不一样，因此并没有一个通用的估算方法。一些公司可以靠一点点资金就启动起来，但有的公司却需要一笔相当可观的投资才能运作。清楚地知道自己公司需要花多少钱，是十分重要的。

要预测企业的启动成本，创业者要找出企业在初创阶段需要的所有花费项目。有的费用是一次性的，例如注册费；而有的则是长期费用，例如原材料费、工资、仓库租金、保险等。把这些费用都找出来后，得决定它们是否是必需的。一家处于创业阶段的公司应该只把创建公司真正需要的费用列入预算中。

（四）收支平衡分析

收支平衡分析可以帮助发现公司在什么时候才能应对所有开销，从而实现盈利。对于创业公司来说，随时掌握公司的开销情况是很重要的，这能明白得增加多少销售额才能解决公司成长中所有的开销。真正的收支平衡是指最终实际的收入能填补所有的支出。

（五）个人和公司财务

创业可能给创业者的个人财务状况带来极大的压力。可能需要六个月或者更多的时间才能使新的生意盈利并足够养活自己和家庭。创业之前先安排好财路是明智之举。

记录下收入和日常支出。尽可能谨慎，因为当企业成长时有足够的资金来维持日常运作对迈向成功至关重要。任何个人预算上的压力都会给企业的成功带来危险。

检查个人信用状况也是个好主意。创业者经常认为他们的企业信用和个人信用是分开的。企业信用是建立在所有者的个人信用之上的。因为还没有以往的企业信用记录，贷方和供应商会根据个人信用记录来确定创业者的信用证条件。信用报告决定了潜在贷方和供应商对创业者的印象。创业者应该知道自己的信用报告如何，因为可能会从中发现一些想更正的错误。

（六）小型企业为何失败

创业总是具有风险的，成功的毕竟是少数。根据美国联邦小企业管理局

（Small Business Administration，SMA）统计，50%的小型企业在创业的前五年就消失了。Michael Ames在其《小型企业管理》一书中提到小型企业失败的几个原因：缺乏经验，资金不足，地理位置不佳，糟糕的库存管理，固定资产投资过剩，信贷管理不佳，私自挪用企业资金，成长过快等。Gustav Berle在他的《DIY[⊖]企业》中添加了另外两个原因：竞争，销售萎靡。[⊜]

（七）你适合创业吗？

在商场上，没有任何事情是可以担保的。创业者不可能毫无风险地去创办一家小型企业——但是通过良好的策划、准备与较高的眼光，就能增加自己成功的机会。首先需要做的，是评估自己作为一个企业领导的优势和劣势。仔细考虑以下问题：

（1）你是单干吗？这意味着可以自由地开发项目、安排时间以及各种细节。

（2）你与不同性格的人相处得如何？企业领导需要与不同的人建立工作关系，例如顾客、销售商、雇员、银行家，还得与律师、会计、顾问等专业人士打交道。你能因为业务需求与一个要求甚多的顾客、一个不可信任的销售商、一个稀奇古怪的接待员处好关系么？

（3）你的决策力如何？小型企业的领导经常都会面临各种需要决策的场合——并且都要求速度快、无人帮助，且承担着巨大压力。

（4）你在身体和精神上是否有足够耐力来运作一家公司？拥有一家自己的企业的确感觉不错，但这也意味着有很多事要处理。你能面对连续7天每日工作12小时的生活么？

（5）你的策划及归纳能力如何？研究表明，企业的失败往往源于糟糕的策划。良好的财务、库存、日程及生产计划有助于创业者避开很多陷阱。

（6）你的驱动力够强么？创业往往会从精神上对你进行摧残。一些创业者因为无法忍受将所有责任都扛在自己肩上，没多长时间就崩溃不干了。强大的驱动力能帮助创业者度过那些低潮及崩溃期。

（7）公司如何影响你的家庭？创业初期你的家庭生活或许将一团糟。所以让你的家庭成员知道未来将收获什么，并保证他们都支持你，是一件很重要的事情。并且在公司盈利之前的年月里，你还得面临财务危机。因此你的生活标准或

⊖ DIY即Do It Yourself的简称，可译为"自己动手做""亲力亲为"等。

⊜ 资料来源：http://www.hidecloud.com/blog/2007/12/27/are-you-fit-to-startup.html。

许应该调整到一个低一点的档次，或者将一些财产拿去短期抵押。[⊖]

案例 6-1

女大学生风险创业第一人李玲玲另谋他就令人深思[⊖]

李玲玲，女，华中科技大学新闻系1996级学生。1999年，她凭借自己的两项专利技术，取得了投资公司10万元"大学生创业风险金"。武汉天行健科技有限责任公司正式挂牌成立。作为我国第一家靠风险投资公司提供资金，并由在校女大学生创办的公司，这家小小的民营企业曾一度成为社会热点。然而，一年后，公司办公室已是人去屋空，大门紧锁。此时的天行健公司已经有一段时间没有运营了，账上也只剩下100多元，李玲玲则去了她创办的新公司另图发展。

1. 为创业草率协定

其实，李玲玲与投资公司之间的矛盾早在天行健成立之初便已经存在了，按照公司当初的协定，在天行健公司里，投资公司占60%的股份，李玲玲占40%的股份。李玲玲担任董事长兼总经理，独立负责公司的具体经营活动；投资公司只监督风险金的使用并承担全部投资风险，同时为天行健公司无条件提供贷款担保。然而实际上，投资公司自成立后设立的100万元风险投资基金是在李玲玲公司成立前两个月才开始设定的，行事仓促。而李玲玲为了创业而与公司草率协定，也是事后导致其失败的原因之一。

2. 李玲玲被"捧杀"了吗

李玲玲从一个普通女孩一跃成为中国女大学生创业第一人之后，很快便陷入了各种媒体的追逐与包围之中。炒作、捧杀，各类话题不绝于耳。足见创业并非易事。

李玲玲成立公司是有技术专利作为支撑的，然而，李玲玲的专利——高秆喷药器，这项曾获得"亿利达"青少年发明奖的发明在公司成立之初就已经找到了厂家，预计第一批将生产1万只，市场前景也较为看好。然而，一年过去了，市场上却仍然见不到该产品的影子。既有资金问题而未能投产的原因，也

⊖ 资料来源：http://www.hidecloud.com/blog/2007/12/27/are-you-fit-to-startup.html.
⊖ 资料来源：http://www.edu.cn/20010101/14907.shtml. 有删节和重新编写.

有产品研发不够难以适应市场的原因，总之，创业失败已成定局。

3.需要热情，更需要冷静

"应该看到，这件事的背后是整个社会的急功近利与好大喜功。但从一定角度上讲，投资公司和李玲玲也都有浮躁的一面，如果投资公司当初能少一点冲动，李玲玲能多几分冷静，也许事情就不致如此。"大学毕业后就独立创业的湖北嘉华科技开发公司总裁任梅友这样评价李玲玲事件。

"客观地说，大学生创业有它的先天不足。大学生从校园进入社会需要相当长 的适应时间。"华中科技大学的吴其铭教授谈道，"当然，不是说因此就否定整个大学生创业，而是要客观全面地看待这件事。正因为它存在这样的不足，所以创业者和投资者更要对可能出现的问题做好充分的准备。"

第二节 市场评估与调研

创业计划的撰写涉及的内容较多，因而制订创业计划前必须进行周密安排，而前期的市场评估与调研将是撰写创业计划的坚实基础。

一、市场评估的重点

（1）市场的现有规模和潜在的增长空间。选择目标市场时，企业首先要弄清现有市场空间的规模及增长空间是否恰当。当前流行的"红海""蓝海"即形象地展示了市场容量的问题（见图6-2）。

红海战略	蓝海战略
靠大量生产，降价竞争来生存	追求差异化，创造出"无人竞争"的市场
利用现有需求	开创和掌握新的需求
过度依赖技术创新或科技研发	强调价值的重新塑造和包装，化腐朽为神奇
在现有市场空间中竞争	不与竞争者竞争
致力于解决竞争	把竞争变得毫无意义
只能满足客户现在的需要	不断探索客户潜在的需要

图6-2 红海战略和蓝海战略的六个区别⊖

（2）市场上的竞争对手。创业者要与同行竞争以获得企业的生存与发展，但是更应当将竞争对手视为学习对象，作为未来潜在合作共赢的伙伴，这样既能提升企业能力，同时也能促进市场的健康发展。

（3）市场上的目标顾客及潜在顾客。创业者要选择好有消费能力和消费意愿的顾客群，例如，是婴幼儿市场更有发展潜力，还是女性消费者更有消费能力，抑或是老龄化社会带来的老年顾客群体更有空间？当然对这三个群体还要做好细分市场的评估。

二、市场调研的概念与方法

创业者需要以创业计划总体框架为指导，针对创业目的与宗旨，搜寻内部与外部资料，包括创业企业所在行业的发展趋势、产品市场信息、产品测试、实验资料、竞争对手信息、同类企业组织机构状况、行业同类企业财务报表等。资料调查可以分为实地调查与收集二手资料两种方法。实地调查可以得到创业所需的一手真实资料，但时间及费用耗费较大；收集二手资料较易，但可靠性较差。创业者可根据需要灵活采用资料调查方法。⊖

市场调研的方法如图6-3所示。

⊖ 图片来源：百度，http://baike.baidu.com/link?url=AbSJsBfLiLdZYsQBkSLIHaD_rZullD66
gw1waPVs4xf6DpN3BjCCDlnZoXEAOLRnyqIs1Gn5nOP5SlxMiP0Wg_.

⊖ 谢志辉. 大学生创业准备教育研究［D］. 长春：东北师范大学，2009.

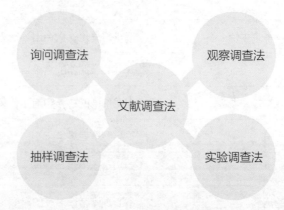

图 6-3　市场调研的主要方法

（一）文献调查法

文献调查法是需要创业者到图书馆或者网络上查阅、收集历史及最新的各种资料，阅读后进行筛选、统计分析从而得到所需要的资料的一种调查方法。文献调查法比较简单、成本低、快速，但是可能具有滞后性。

（二）询问调查法

询问调查法在市场调研中比较常用，调查人准备好调查表或者提纲，向被调查者了解情况获取信息，就是询问调查法。主要包括个别询问法、集体询问法等。询问调查法成本比较高，而且对调查人员的素质要求较高，调查前需要进行培训，调查后需要进行数据汇总与处理，相对而言管理也比较困难。

（三）观察调查法

观察调查法主要是针对调查目的，观察人们对于某一个问题的行为、态度和情感表现。它不需要提问或者交流，只是系统地记录人的行为模式的过程。观察调查法主要包括自然环境下的观察、社会环境下的观察、事后痕迹观察、定期观察、追踪观察等。该方法具有直观性、客观性等优点，但是受到人员和经费方面的限制。

（四）抽样调查法

抽样调查法是从某个总体的组成单位中抽取一部分样本进行考察和分析，通过部分调查来归纳总体情况的一种调查方法。在抽样调查中，样本数的确定是一个关键问题。抽样的方式有随机抽样和非随机抽样。抽样调查可以大大减少调查的工作量，降低调查费用，提高调查效率，但抽样调查法存在误差问题，需要在数据处理中进行信度、效度检验。

（五）实验调查法

实验调查法又称试验调查法，是实验者按照一定的实验假设、通过改变某些实验环境的实践活动来认识实验对象的本质及其发展规律的调查。它包括五个基本要素：实验者（主持实验的人员）、实验对象、实验环境、实验活动、实验监测。实验调查法最科学，也最具有科技含量，可重复使用，但也有成本高、实验环境难以控制等缺点。

扩展阅读 6-2

市场调研方法及数据分析展示
某品牌血糖测定仪市场调查分析

调查目的：

本次调查的目的是把握消费者的需求信息及其分布状况和消费特征。

调查方法：

本次调查采用抽查的方法。在全国七个大区之中，分别随即抽出一个作为样本。样本城市为华北区的北京、东北区的哈尔滨、西北区的西安、西南区的成都、华东区的上海、华中区的武汉、华南区的深圳。

调查地点：

样本市场七个城市的大医院。

调查时间：

问卷调查时间为×月××日至×月××日。

调查问卷统计：

问卷调查共收到300份，其中有效问卷240份，占收回问卷的80%。调查地点中，北京、上海、深圳三个城市的经济比较发达，居民个人收入相对较高，消费者保健意识比较强。哈尔滨和成都的经济发展和居民收入水平相对比较低，消费者保健意识不是很强。西安、武汉处于两者之间。

1. **市场现状**

血糖测定方式。8%的被调查者购买了家用血糖测定仪在家里测定，92%的被调查者到医院测量血糖。

市场购买状况。调查结果显示8%左右的被调查者已经购买了血糖测定仪，12%的被调查者打算购买（见图6-4）。和本计划书市场部分的预计比例20%非常接近。

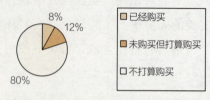

图6-4　产品购买状况

产品的认知度。调查结果表明消费者对血糖测定仪已经比较熟悉，市场相对已经成熟（见图6-5）。

图6-5　产品认知度

2. 消费者购买决定因素

影响消费者购买的因素。顾客在进行购买决策选择时的优先顺序为血糖测定仪的测定结果的准确可靠、价格、稳定耐用、品牌知名度（见图6-6）。

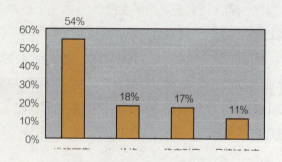

图6-6　影响购买者决策的因素

价格对购买决策的影响。调查显示主要价格区间集中在500~700元和700~1000元之间，而考虑附加值服务以后的价格区间将主要是700~1000元，这和我们的价格预测750元很相符（见图6-7）。

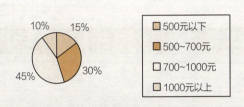

图 6-7 价格对购买决策的影响

品牌选择。如图6-8所示，顾客不是特别在意品牌的认知度，其原因在于血糖仪是新出现的高科技产品，人们对它的认识还不够深入。选择进口的原因在于人们对国外高科技的认可的惯性。消费者更看重的是血糖仪的性能和合理的价格。

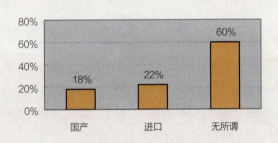

图 6-8 品牌选择

消费者获取信息的渠道。如图6-9所示，消费者主要是通过就医时医生的介绍了解和接受血糖仪，其次是药店宣传。目前还没有全国性的广告。

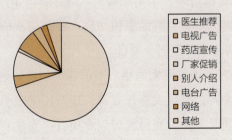

图 6-9 消费者获取信息的渠道

第三节 撰写创业计划书

"知己知彼，百战不殆。"想要了解什么样的创业计划书是优秀的，第一步是要弄清楚，创业计划书的目标人关注的都是什么内容。创业计划书是将有关创业的想法，借由白纸黑字落实的载体。它通过科学的方法、客观的数据，描述拟创办企业的内外部环境条件和要素特点，为业务发展提供指示图，向投资者展示企业可能获得的利润从而吸引投资。

一、撰写创业计划书的原则

如何才能在众多创业项目中脱颖而出呢？"人无我有，人有我优，人优我精，人精我转。"如何在最初短短的几分钟内，给对方留下深刻的印象，将是此份创业计划书值得投资人花费"几分钟"的关键。

撰写创业计划书的原则有以下几点：

（1）目标明确，内容真实，特色鲜明。创业计划书应当有一个明确的目标，呈现出项目的优势。内容上一定要实事求是，不能夸大或者泛泛而谈。创业项目肯定都有自己的优劣势，应该在客观真实的基础上突出项目的优势和特色。

（2）逻辑清楚，段落清晰，字句准确。一份好的创业计划书应当有着非常清楚的逻辑顺序，展示出创业者良好的学识功底。段落层次应当非常清晰，遣词造句应该准确精练，能清楚地介绍创业项目。

（3）明确目标读者，做好保密原则。当前各类创业计划比赛较多，尤其大学生创业应当明确目标读者，是给大赛评委看，还是用来吸引风险投资又或者是为了到金融机构贷款。同时，作为高科技型创业项目应当注意核心技术与参数的保密性，创业者应当明白新产品往往是很容易被模仿和超越的，所以以核心竞争技术保密与再创新很重要。

此外，还有几点是决定一份创业计划书"第一次"成功的外在关键：

（1）精美的文本，精致的装订。

（2）极具代表性的商标和企业形象说明。

（3）企业宣传手册及周边产品或产品样本。

（4）具有标识度的企业文化。

撰写创业计划书的六要素⊖

如何写创业计划书呢？会因看计划书的对象而有所不同，是要写给投资者看呢，还是要拿去银行贷款。从不同的目的来写，计划书的重点也会有所不同。就像盖房子之前要画一个蓝图，才知道第一步要做什么，第二步要做什么，或是同步要做些什么，别人也才知道你想要做什么。而且大环境和创业的条件都会变动，事业经营也不止二三年，有这份计划书在手上，当环境条件变动时，就可以逐项修改，不断地更新。

这里介绍创业计划书的六个C。

第一个C是Concept（概念）。概念指的就是：在计划书里边，要写得让别人可以很快地知道要卖的是什么。

第二个C是Customer（顾客）。有了卖的东西以后，接下来是要卖给谁，谁是顾客。顾客的范围在哪里要很明确，例如说认为所有的女人都是顾客，那50岁以上的女人也能用吗？5岁以下的也是客户吗？适合的年龄层在哪里要界定清楚。

第三个C是Competitors（竞争者）。东西有没有人卖过？如果有人卖过是在哪里？有没有其他的东西可以取代？这些竞争者跟你的竞争关系是直接的还是间接的？

第四个C是Capabilities（能力）。要卖的东西自己会不会、懂不懂？例如说开餐馆，如果师傅不做了找不到人，自己会不会炒菜？如果没有这个能力，至少合伙人要会做，再不然也要有鉴赏的能力，不然最好是不要做。

第五个C是Capital（资本）。资本可以是现金也可以是资产，即可以换成现金的东西。那么资本在哪里、有多少？自有的部分有多少？可以借贷的有多少？要很清楚。

第六个C是Continuation（永续经营）。当事业做得不错时，将来的计划是什么？

⊖ 资料来源：《市场报》，2005年7月6日，第五版.

任何时候只要掌握这六个C，就可以随时检查、随时做更正，不怕遗漏什么。

二、创业计划书的基本内容

一本创业计划书的基本内容包括以下部分：

（1）执行摘要：企业的经营理念；企业的商业机会和发展战略；目标市场预测；竞争优势；企业的成本、现金流、利润；团队人员；筹资说明等。

（2）行业和企业：行业；企业和企业理念；产品或服务；进入战略和成长战略；产品改进或新产品开发；设计或开发成本；专有权问题。

（3）市场调研和分析：顾客分析；竞争对手和竞争优势分析；市场容量和发展趋势；预计市场份额并预测销售额；市场评估方案。

（4）企业的经济性：营业利润；预期的利润率和持续盈利时间；成本分析（固定成本、可变成本）；达到盈亏平衡的时间；现金流为正值的时间。

（5）营销计划：总体营销战略；产品或服务定价策略；销售模式（分销方式）；售后服务原则；促销方式和策略。

（6）生产和营运计划：营运周期；企业选址；设备购置和改善；战略计划；法律规章问题。

（7）团队管理：企业人员组织；管理层的报酬和股权分配；投资者或合伙人；专业顾问和服务支持。

（8）财务计划：实际损益表和资产负债表；预编损益表；预编资产负债表；预编现金流分析；盈亏平衡图及盈亏平衡点计算；成本控制等。

（9）公司融资、招股方案：期望融资；招股发行；资本总额；资金使用；投资者回报。

（10）附录。

扩展阅读6-4

ABC 公司 2009 年创业计划书执行摘要[一]

1. 投资亮点

ABC公司为集团客户和个人用户提供图书及杂志的数字版权内容，满足用

一　资料来源：http://www.pooban.com/html/07/t-53807.html.

户通过网络对海量、优质内容的检索和合法使用。

2. 产品及服务

公司已与全国200多家出版社及1000多家杂志社确定了数字资源合作关系，通过其专利数字版权管理（DRM）技术，对数字内容进行加密管理，实现安全可靠传播；通过其专有算法保证数字图文内容的高保真显示。

公司为学校、图书馆、企业等集团客户提供数字图书馆及在线支撑软件；为个人用户提供客户端/在线两种方式的免费阅读服务和打印、复制、标注、聚合、去除广告等收费增值服务。

3. 商业模式

公司通过与出版社及杂志社合作，获得授权的数字内容，所有销售收入与之分成。集团客户的开发通过公司销售团队和全国50个省级代理商共同完成；公司已与合作伙伴ZY发行集团签约，通过其分布在全国的超过50000个网点推广销售个人用户充值卡。同时，公司还会利用网络推广和网上支付。

对于集团客户购买数字图书数据库，收取镜像安装包库费或IP[⊖]段使用费；对于个人用户，通过充值的方式，收取增值服务费。

4. 市场机会

中国出版科学研究所第五次国民阅读调查显示，互联网阅读率为36.5%，仅次于报纸（74.5%）和杂志（50%）排第三位，图书阅读率仅为34.7%，网络阅读首次超过图书阅读。据调查，2008年电子图书/杂志的市场规模为100亿元人民币左右，预测到2015年，市场规模将增长为2 000亿元人民币。新出版的图书和杂志中95% 将可以通过计算机、手机、手持阅读器进行阅读。

5. 竞争优势

公司主要竞争对手是F公司、C公司、S公司和L公司。其中F是直接竞争对手，其技术水平与公司相当，领先于其他三家，公司解决了C公司和L公司在内容上大量侵犯版权的行为，实现与出版社及杂志社的共赢。而且，公司在数字内容的选取和互联网平台应用上，避免了L公司的局限性。此外，公司通过与合作伙伴的紧密合作，拥有领先对手的庞大资源优势和线下销售网络。

目前公司通过专科学校、独立学院图书馆等渠道超越竞争对手，授权合作出版社及杂志社数量位居全国第二，正版数字内容数量位居全国第二。

⊖ 互联网协议的简称。

6. 历史和预计财务收入（见表6-1）

表6-1 历史和预计财务收入

	2007 年	2008 年	2009 年预计	2010 年预计	2011 年预计
集团客户数/个	40	200	500	1500	4000
个人用户数/个	0	10万	300万	1000万	3000万
收入/元	1500000	7000000	40000000	200000000	500000000
净利润/元	-30000	2000000	12000000	55000000	125000000

7. 融资计划及用途

计划募集1000万元人民币。主要用于研发、市场营销、购买数字资源，及运营流动资金。

8. 管理团队

林××，总经理，15年的IT传媒和互联网经历，擅长内容和市场营销，曾供职于人民邮电出版社，担任过国家信息中心某网站副总经理、赛迪网市场总监。还曾创立两本期刊并任总编。

刘××，CTO（首席技术官），有12年UNIX操作系统、DRM技术、电子商务等领域的软件开发经验。曾任A公司技术总监、B公司总经理。

三、创业计划书的撰写

1. 封面

封面包括公司名称、公司地址、公司电话号码、日期和发行的证券。通常前三者在封面的中部，发行的证券在底部。还建议在封面底部上（或扉页）写下如下文字：

此计划书在保密的基础上提交，其保密性仅仅是为了保障具有资格的特定投资者的利益，其他人无权使用。该计划书不可以任何形式复制、存储。接受计划书意味着接受者同意如下条件：如果接受者不投资本计划，他就应该按照上述地址把这份计划书还给公司。不经允许，不得传真、复制或散发本计划书。[○]

2. 目录

目录中包括各部分及部分内容的列表、附录以及页码。

3. 主体内容（见表6-2）

表6-2　创业计划书主体内容

执行摘要	行业和企业	市场调研和分析	企业的经济性	营销计划
• 企业的经营理念 • 商机和战略 • 目标市场预测 • 竞争优势 • 经济性、盈利性和收获潜力 • 团队 • 招股说明	• 行业 • 企业和企业理念 • 产品或服务 • 进入战略和成长战略	• 顾客分析 • 市场容量和趋势 • 竞争和竞争优势 • 估计市场份额和销售额 • 市场评估	• 营业利润 • 利润潜力和持续期 • 固定成本、可变成本 • 达到盈亏平衡的时间 • 达到正现金流的时间	• 总体营销战略 • 定价 • 销售战术 • 服务和保修原则 • 广告和促销 • 分销
生产和营运计划	**团队管理**	**财务计划**	**公司融资、招股方案**	**附录**
• 营运周期 • 企业选址 • 设备购置和改善 • 战略计划 • 法律规章问题	• 组织 • 关键管理人员 • 管理层报酬和股权 • 其他投资者 • 雇佣协议和奖金计划 • 董事会 • 其他股东、权利和限制条件 • 专业顾问及支持	• 实际损益表和资产负债表 • 预编损益表 • 预编资产负债表 • 预编现金流分析 • 盈亏平衡图及盈亏平衡点计算 • 成本控制	• 期望融资 • 招股发行 • 资本总额 • 资金使用 • 投资者回报	• 产品说明书或照片 • 参考资料表格 • 关键零部件的供应商 • 特定地点因素设施和技术分析

[○] 资料来源：http://wenku.baidu.com/view/83c0c004de80d4d8d15a4f93.html.

（一）执行摘要

执行摘要要简短而精练（一页或两页）。尽可能包括每一章节关键的语句，或关键的事实和数字。摘要应当具有吸引力和说服力，帮助创业者筹集资金和贷款。

（1）企业的经营理念。为从事或者将要从事的企业描述企业理念。例如，Outdoor Scene公司想生产帐篷，但是它的理念是"以高质量、优质服务和准时交货来成为户外休闲产品的行业领袖"。

（2）商机和战略。概述存在什么样的商机，为什么对此商机有兴趣以及计划开发商机的进入战略。

（3）目标市场预测。包括的信息有市场结构、正在寻找的细分市场或者机会市场的大小和成长率、估计的销售数量和销售金额、预计的市场份额，以及定价战略。

（4）竞争优势。指明创新产品、服务和战略带来的明显竞争优势，供货周期的优势或市场进入者障碍，竞争者的缺点和薄弱环节。

（5）经济性、盈利性和收获潜力。概括企业的毛利和经营利润、期望利润率和盈利持续时间，一定要简要讨论你的毛利分析以及营运和现金转换周期，尽可能用关键数字。

（6）团队。概述创业带头人和每个团队成员的相关知识、经验、专长和技能，注明以前获得的成就，特别是在承担盈亏责任、总体管理和人员管理方面取得的经验。

（7）招股说明。你准备给提供资金者多少公司股份，资金的主要用途是什么，目标投资者、贷款人或战略伙伴将如何达到他们期望的回报率。

（二）行业和企业

（1）行业。说明拟建企业所在行业的现状和前景，市场的大小、成长趋势和竞争者，其他能对企业产生正面或负面影响的国家政策或经济趋势和因素。

（2）企业和企业理念。企业和企业理念是什么，企业正在做的业务和打算进入的业务范围，将提供的产品和服务以及谁是或谁将是主要客户。

（3）产品或服务。比较详细地描述所销售的每种产品或者提供的每项服务。对产品或者服务的应用进行讨论，并描述产品主要的最终用途和重要的第二用途。

（4）进入战略和成长战略。描述定价、分销、广告和促销计划。概述打算创办和发展企业的速度，在五年内要发展到什么规模，以及在提供最初的产品或服务后的发展计划。

（三）市场调研和分析

（1）顾客分析。讨论产品或服务的顾客是谁，性别、年龄段等；客户是否愿意接受企业的产品或服务。

（2）市场容量和趋势。说明五年内产品和服务的总的市场规模，讨论影响市场增长的主要因素（如行业趋势、社会经济趋势、政府政策和人口迁移）。

（3）竞争和竞争优势。比较现实地评估竞争者的优势和劣势，合理评估产品或服务的替代品或代用品，并列出提供这些替代品的企业。根据市场份额、质量、价格、表现、交货、时机、服务、保修和其他有关特征来与竞争品和替代品进行比较。

（4）估计市场份额和销售额。根据产品或服务的优势、市场规模和趋势、顾客、竞争对手及其产品以及前几年销售趋势的评估，估计今后三年每年获得的市场份额、销售数量。

（5）市场评估。说明将如何继续评估目标市场，评估顾客需求和服务，指导产品的改进计划和新产品计划，为生产设施扩充制订计划，指导产品或服务定价。

（四）企业的经济性

（1）营业利润。描述计划进入的细分市场上销售的每种产品或服务的毛利（销售价格－可变成本）和经营利润的大小。

（2）利润潜力和持续期。描述企业将产生的税前及税后利润的大小和预期持续期。对利润流持续期长短给予说明理由，例如能够创造出的市场进入壁垒、技术和市场周期。

（3）固定成本、可变成本。用资金额度和总成本的百分比，概述所提供的产品或服务的固定成本、可变成本以及构成这些成本的基础。指出相关的行业基准。

（4）达到盈亏平衡的时间。通盘考虑进入战略、营销计划和拟定的融资量，然后表明将花多长时间来达到营销平衡的销售水平。

（5）达到正现金流的时间。通盘考虑上述战略和假设条件，说明企业何时将达到正的现金流。

（五）营销计划

（1）总体营销战略。通盘考虑价值链和所探索的机会市场上的分销渠道，描述公司特定的营销理念和战略。讨论决定行业内现金流周期性的季节特性和如何行动才能消除季节性影响并促进销售。

（2）定价。讨论定价战略，与主要竞争对手的定价原则进行比较。讨论制造成本和最终销售之间的毛利润。说明产品价格和竞争产品或替代产品价格之间的差距。如果产品定价低于其他竞争产品，解释怎样做到这点并保持盈利（例如提高生产和分销效率、降低劳动成本等）。

（3）销售战术。说明销售和分销产品或服务将采用的方法，以及为销售队伍制定的短期和长期计划。例如，使用分销商和销售代表；使用直销队伍；使用直邮、杂志、报纸或其他媒体，以及电话营销或商品目录。讨论将如何建立这些渠道。列出销售日程表，以及销售预算，包括所有的营销推广成本和服务成本。

（4）服务和保修原则。描述所提供的各项保修的种类和条件，是由企业的服务人员、代理人员、经销商和分销商提供保修服务还是返回工厂。指出所拟定的服务收费。把服务、保修和客户培训原则与竞争对手进行比较。

（5）广告和促销。描述企业用什么方法来使产品或服务吸引准客户的注意力。对于制造商而言，要说明参加贸易展、在杂志上登广告、直邮销售、制作产品宣传单和促销材料以及使用广告代理的计划。对于消费品而言，要说明为引进产品打算采取的广告战和促销战，以及将向经销商提供的销售帮助和必须参加的贸易展。列出一份促销和广告的日程表和大概成本。

（6）分销。描述分销渠道和方式。物流成本占销售价格的百分比。注明必须解决的各种特别问题或目前存在的隐患。

（六）生产和营运计划

（1）营运周期。说明企业基本的营运循环的交付、延迟的时间，解释如何处理季节性的生产任务，避免出现严重混乱。

（2）企业选址。描述选址计划和做过的选址分析，列出选址的优势和劣势。

（3）设备购置和改善。描述工厂、办工场所、仓库、土地、机器及其他目前用于企业业务的资本设备。设施是租用还是购买，是购买新的还是二手设备。解释三年的设备需求，三年后设施改善、增加或者转移的计划，指出行动时机和成本。

（4）战略计划。描述生产过程，包括产品生产和所有有关零部件分包。列出生产计划。写明质量控制、生产控制、库存控制的方法。

（5）法律规章问题。讨论针对商品的不同地区、国家的相关法规，如许可制度等。讨论各种相关的法律责任或契约义务。

（七）团队管理

（1）组织。列出组织结构图。

（2）关键管理人员。列出关键管理人员的确切职责和简历表。

（3）管理层报酬和股权。描述支付的月薪、计划安排的股票所有权和管理团队每个关键成员股权投资的数额。

（4）其他投资者。

（5）雇佣协议和奖金计划。描述和关键管理人员有关的各种现有或打算采用的雇佣协议及其他协议，对股票和投资的各种限制，凭业绩分配股票期权或奖金计划，以及其他激励计划。

（6）董事会。讨论有关董事会的规模和组成的企业理念。指出所有拟定的董事会成员并包括成员背景说明（1~2句），并解释他们能够给企业带来什么。

（7）其他股东、权利和限制条件。指出你企业的所有股东及各种权利、限制或义务。

（8）专业顾问及支持。指出将需要的支持服务。指出企业所选的法律、会计、广告、咨询和银行顾问的名字和所属的企业及其将提供的服务。

（八）财务计划

（1）实际损益表和资产负债表。

（2）预编损益表。

（3）预编资产负债表。

（4）预编现金流分析。

（5）盈亏平衡图及盈亏平衡点计算。

（6）成本控制等。

（九）公司融资、招股方案

（1）期望融资。

（2）招股发行。

（3）资本总额。

（4）资金使用。

（5）投资者回报。

（十）附录

此处包括一些对计划主体来说过于广泛但是又十分必要的信息，例如产品说明书或照片、参考资料表格、关键零部件的供应商、特定地点因素、设施和技术分析、顾问或技术专家提供的报告和各种关键法规审批、许可的复印件。

扩展阅读 6-5

全国大学生"挑战杯"创业计划竞赛评审标准[○]

本评审标准在决赛书面评审时作为评分依据，供评委参考。

创业计划竞赛要求参赛者组成优势互补的竞赛小组，提出一个具有市场前景的产品/服务，围绕这一产品（服务），完成一份完整、具体、深入，可行性、操作性俱佳的创业计划。创业计划基于具体的产品（服务），着眼于特定的市场、竞争、营销、运作、管理、财务等策略方案，描述公司的创业机会，阐述把握这一机会创立公司的过程并说明所需的资源。

一、概述

要求：简明、扼要、具有鲜明的特色。重点包括对公司及产品/服务的介绍、市场概貌、营销策略、生产销售管理计划、财务预测；指出新思想的形成过程和对企业发展目标的展望；介绍创业团队的特殊性和优势等。

二、产品（服务）

要求：如何满足关键用户需要；进入策略和市场开发策略；说明其专利权、著作权、政府批文、鉴定材料等；指出产品（服务）目前的技术水平是否处于领先地位，是否适应市场的需求，能否实现产业化。

三、市场

要求：阐述市场容量与趋势、市场竞争状况、市场变化趋势及潜力，细分目标市场及客户、估计市场份额和销售额。市场调查和分析应当严密、科学。

四、竞争

要求：阐述公司的商业目的、市场定位、全盘战略及各时期的目标等，同时要有对现有和潜在的竞争者的分析、替代品竞争分析、行业对手内原有竞争的分析。总结本公司的竞争优势并研究占有对手市场的方案，并对主要的竞争对手和市场驱动力进行适当的分析。

五、营销

要求：阐述如何保持并提高市场占有率，把握企业的总体进度，对收入、盈亏平衡点、现金流量、市场份额、产品开发、主要合作伙伴和融资等重要事件有所安排，构建一条通畅合理的营销渠道和与之相适应的新颖而富于吸引力

○ 资料来源：中国大学生"挑战杯"创业计划竞赛组委会.

的促销方式。

六、经营

要求：阐述原材料的供应情况、工艺设备的运行安排、人力资源安排等。这部分要求以产品或服务为依据，以生产工艺为主线，力求描述准确、合理、可操作性强。

七、组织

要求：介绍管理团队中各成员的教育和工作背景、经验、能力、专长。组建营销、财务、行政、生产、技术团队。明确各成员的管理分工和互补情况，公司组织结构情况，领导层成员、创业顾问及主要投资人的持股情况。指出企业股份比例的划分。

八、财务

要求：包含营业收入和费用、现金流量、盈利能力和持久性、固定成本和可变成本；前两年财务月报、后三年财务年报。数据应基于对经营状况和未来发展的正确估计，并能有效反映出公司的财务绩效。

九、表述

要求：条理清晰；表述应避免冗余，力求简洁、清晰、重点突出、条理分明；专业语言的运用准确和适度，相关数据科学、诚信、翔实。

本章小结

本章通过对创业计划的概念范畴、作用以及创业计划中应该注意问题的讲解，辅以实践中的案例，系统、全面地介绍了创业计划和创业计划书的写作，让有意于创业的朋友有了初步的认识。通过实际案例的讲解和研究方法的介绍，抓住创业计划中核心的"创业逻辑"，为有志者扫清了撰写创业计划书过程中可能出现的疑惑和由此而产生的影响。

思 考 题

1. 如何在三分钟内将一份创业计划清晰地向投资人阐述清楚？请列出阐述框架。

2. 如何将创业计划书分别讲述给员工、投资人和合作伙伴？

参考文献

［1］瑞安，等. 成功的创业计划：从目标到实施［M］. 薛菁睿，译. 北京：机械工业出版社，2004.

［2］谢志辉. 大学生创业准备教育研究［D］. 长春：东北师范大学，2009.

模块三 准备创业

第七章 了解创业政策

做生意，要随着形势的变化而变化。做小生意，在于勤；做大生意，要看政治、观局势。

——"中餐推销家"法国巴黎友和有限公司的创办人：潘洪江

学习目标

1. 了解国家、地方相关创业优惠政策。
2. 知晓创业获得政府支持的途径。

核心内容

本章主要介绍国家及地方针对创业的优惠政策。国家每一次出台的政策都包含着深层次含义及趋势，牵涉到社会利益的调整、产业发展的方向、政府的规划与目标等。现在国家越来越重视大学生创业的相关优惠政策，了解这些政策无疑对相关的创业之路有很大的帮助。通过本章的学习可以使学生了解获取政府优惠政策支持的途径，帮助学生更好地创业。

知识导图

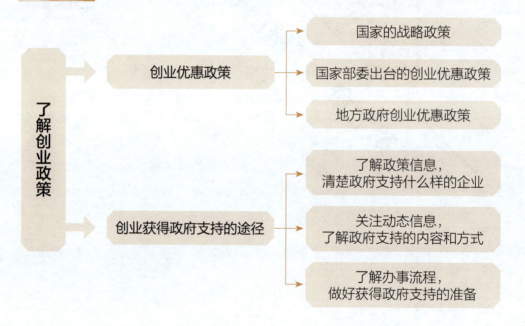

引 例

就业创业新政帮助年轻人创业○

　　1992年出生的赵柏森考进北京物资学院物流管理专业时的目标是毕业后进入贸易公司做个白领。一个偶然的机会，他喜欢上了调酒。他在网上看到2014年4月29日国家出台了促进就业创业的税收政策。根据新的税收政策，像他这样自主创业的大学生可以享受到每户每年8000元为限额的税收减免。8000元这个额度，相当于替赵柏森缴了一年的水电费。"尽管数额不大，但国家鼓励大学生创业的政策能让我坚定创业的选择，相对于金钱方面的优惠，其实我更在意社会的认可。"于是，他在学校旁边的小区租了场地，开设了一家日式料理兼营酒吧的餐厅。

　　他下一步的规划是，利用微信做到订单配餐服务，将市场开拓到校外更广的天地。

　　在东北一所重点大学学习公共事业管理的西安姑娘李蔓一直想成立一家公务员考试面试培训班。但成立一个实体机构，首先要解决的就是教室问题，可是李蔓家里经济状况很拮据，拿不出创业启动金。资金的短缺没有难倒这位性格倔强的西北姑娘，大学期间做兼职培训老师时，李蔓就知道很多大型实体培训机构也会在网上开设在线培训课程。"现在很多大学生在网上开店，卖衣服、卖吃的，难道我就不能卖课程吗？"李蔓找到了两个朋友，三人合伙一面维护网站运营，一面在线授课。现在，李蔓的网上课堂已经上线，每天晚上7点到11点开班。一个小时收费400元，足不出户就可接受面试培训。李蔓得知，国家为了鼓励大学生创业，对开网店的大学生会提供小额担保贷款和财政贴息。这让急需资金聘请老师、维护网站的李蔓很兴奋，她已经迫不及待想要挣钱回馈父母了。

　　25岁的周峰在中山大学学传播艺术设计时，就萌生了创业的想法。在校期间，他参加了学校举办的概念创业比赛，还组织了团队，但毕业后团队就散了。2010年他成立了一家设计公司，但在一次业务外包时，被一家企业骗了，

　　○ 资料来源：http://chinadxscy.csu.edu.cn/news/html/20140513123631.html. 有删节和重新编写.

公司维持不下去，他的第二次创业以失败告终。2012年，周峰在广州又成立了一家给手机制作应用软件的科技公司。两个星期前，这款软件正式上线，周峰忙着跑北京、上海找客户、谈合作。作为一名资深创业者，周峰十分注意政策的收集和运用。2014年，他一下子招聘了七位应届大学毕业生。算上这七个人，周峰公司共有22人，应届高校毕业生占公司总人数近1/3。2014年4月30日，国务院常务会议上提出，科技型小微企业招收高校毕业生达到一定比例的，可申请不超过200万元的小额贷款，并享受财政贴息。周峰的想法是，如果能顺利贷款，200万元将主要用在技术升级和人才引进上。"我们正在和部分有海外留学背景的技术'大牛'谈人员引入，如果能够有一笔贷款，就是雪中送炭。"

在2014年4月30日的国务院常务会议上，还提到对于吸纳失业人员的小微企业给予每人每年减免4000元的税收优惠。"这条政策不仅给我们这样的小企业提供了实惠，对消化社会存量失业人员也十分有帮助。""80后"创业者郭春辉说。郭春辉的创业经历有点像电影《中国合伙人》中的剧情。大学期间，他和两位室友参加了一个论坛，在论坛上，他们发现在场的翻译一天要承担好几场活动，在市场上非常紧俏。因此，2008年三人毕业后，成立了一家翻译机构，现在，他们公司的行政人员达8人，兼职老师20人。"如果符合要求，会考虑在合适的岗位招聘失业一年以上的人员，往届大学生优先考虑。"郭春辉解释说。国家出台政策运用税收杠杆促进小微企业吸纳失业人员，一方面真正做到了扶持小微企业更好、更快地发展，同时小微企业的发展会创造更多的就业机会，在一定程度上缓解就业压力和破解就业问题，而且长期实行下来更是给国家提供了更多的税收来源。

政策的变化可以促进创业环境的变化，产生新的创业机会，紧跟形势的创业者才能抓住机遇，转变创业观念，在千变万化中创造更多财富。

第一节 创业优惠政策

创业政策是创业行为的外部环境构成要素之一。当前，世界经济正处于深度调整之中，复苏动力不足，地缘政治影响加重，不确定因素增多，推动增长、增加就业、调整结构成为国际社会共识。[一]国家已经明确将"大众创业、万众创新"作为推进经济发展的"双引擎"之一，出台了系列创业优惠政

策，正在掀起"大众创业""草根创业"的新浪潮，为处于变革时代的创业者提供了广阔的创业天地。创业者只有充分了解和掌握政府相关创业优惠政策，才能把握创业机会，拓宽创业成长空间。

一、国家的战略政策

创业特别是青年创业、大学生创业得到了党和政府的关心，在国家战略层面得到了重视。

党的十七大明确提出要"完善支持自主创业、自谋职业政策"，"使更多劳动者成为创业者"。党的十八大报告对"创业"更是有了进一步的阐述，其中有四个地方谈到了"创业"，而且明确了"支持青年创业"。

党的十八届三中全会《中共中央关于全面深化改革若干重大问题的决定》中提出从完善扶持创业的优惠政策、完善公共就业创业服务体系和实行激励高校毕业生自主创业政策等方面健全、促进就业创业体制机制。

[一] 资料来源：2015年《政府工作报告》.

案例 7-1

白手起家　大学毕业生两年拥有 300 多万元⊖

汤兴旺，大学毕业刚刚两年，白手起家的他，如今已经是拥有300多万元"身家"的老板。

汤兴旺说："十七大报告中提出'实施扩大就业的发展战略，促进以创业带动就业'，正是抓到这个机遇，我才真正开创了自己的事业。"

"十七大报告我是守着电视机认认真真听完了的，还买了报纸仔细学习。"他补充道。

汤兴旺是从农村跨进大学校门的。面对就业的压力，2003年在刚刚获得全国健美操锦标赛第四名后，他拿出比赛获得的奖金和家人凑的1.8万元，开启了一条与自身所学专业相结合的自主创业之路。在政府及有关部门的扶持下，汤兴旺接连开办了三家健身会所。

"党的十七大让我增强了自主创业的信心，"汤兴旺言道，"有了党和政府的支持，我准备在三年内将健身俱乐部扩展到6~10家。"

汤兴旺的成功得益于对党和国家战略政策的"敏感"，他从十七大报告中获得了明确的"支持创业"的信号。显然，他抓住了这一机遇。

当前，创业与创新已经成为中国经济发展的焦点和热点，国务院诸多政策的出炉，拓展了创业空间。2014年，"大众创业、万众创新"成为国务院常务会议的关键词。仅2014年就有九次国务院常务会议研究了有关创业的决定和政策。

2014年4月30日的国务院常务会议研究确定了促进高校毕业生就业创业的"一揽子新政"：小微企业招用高校毕业生可享受社保补贴，毕业生办"网店"可享小额担保贷款等。2014年9月17日的国务院常务会议推出六条政策支持小微企业发展，吹响了"大众创业、万众创新"的集结号。

时间进入2015年，中国进入了"创新创业的新纪元"。2015年上半年，国务院连续下发五份文件支持创新创业。

⊖ 资料来源：http://www.studentboss.com/html/news/2007-11-07/13147.htm. 有删节和重新编写.

国务院关于进一步做好新形势下就业创业工作的意见
国发〔2015〕23号

各省、自治区、直辖市人民政府，国务院各部委、各直属机构：

……

二、积极推进创业带动就业

（五）营造宽松便捷的准入环境。深化商事制度改革，进一步落实注册资本登记制度改革，坚决推行工商营业执照、组织机构代码证、税务登记证"三证合一"，年内出台推进"三证合一"登记制度改革意见和统一社会信用代码方案，实现"一照一码"。继续优化登记方式，放松经营范围登记管制，支持各地结合实际放宽新注册企业场所登记条件限制，推动"一址多照"、集群注册等住所登记改革，分行业、分业态释放住所资源。运用大数据加强对市场主体的服务和监管。依托企业信用信息公示系统，实现政策集中公示、扶持申请导航、享受扶持信息公示。建立小微企业目录，对小微企业发展状况开展抽样统计。推动修订与商事制度改革不衔接、不配套的法律、法规和政策性文件。全面完成清理非行政许可审批事项，再取消下放一批制约经济发展、束缚企业活力等含金量高的行政许可事项，全面清理中央设定、地方实施的行政审批事项，大幅减少投资项目前置审批。对保留的审批事项，规范审批行为，明确标准，缩短流程，限时办结，推广"一个窗口"受理、网上并联审批等方式。

（六）培育创业创新公共平台。抓住新技术革命和产业变革的重要机遇，适应创业创新主体大众化趋势，大力发展技术转移转化、科技金融、认证认可、检验检测等科技服务业，总结推广创客空间、创业咖啡、创新工场等新型孵化模式，加快发展市场化、专业化、集成化、网络化的众创空间，实现创新与创业、线上与线下、孵化与投资相结合，为创业者提供低成本、便利化、全要素、开放式的综合服务平台和发展空间。落实科技企业孵化器、大学科技园的税收优惠政策，对符合条件的众创空间等新型孵化机构适用科技企业孵化器税收优惠政策。有条件的地方可对众创空间的房租、宽带网络、公共软件等给予适当补贴，或通过盘活商业用房、闲置厂房等资源提供成本较低的场所。可在符合土地利用总体规划和城乡规划前提下，或利用原有经批准的各类园区，建设创业基地，为创业者提供服务，打造一批创业示范基地。鼓励企业由传统的管控型组织转型为新型创业平台，让员工成为平台上的创业者，形成市场主导、风投参与、企业孵化的创业生态系统。

（七）拓宽创业投融资渠道。运用财税政策，支持风险投资、创业投资、天使投资等发展。运用市场机制，引导社会资金和金融资本支持创业活动，壮大创业投资规模。按照政府引导、市场化运作、专业化管理的原则，加快设立国家中小企业发展基金和国家新兴产业创业投资引导基金，带动社会资本共同加大对中小企业创业创新的投入，促进初创期科技型中小企业成长，支持新兴产业领域早中期、初创期企业发展。鼓励地方设立创业投资引导等基金。发挥多层次资本市场作用，加快创业板等资本市场改革，强化全国中小企业股份转让系统融资、交易等功能，规范发展服务小微企业的区域性股权市场。开展股权众筹融资试点，推动多渠道股权融资，积极探索和规范发展互联网金融，发展新型金融机构和融资服务机构，促进大众创业。

（八）支持创业担保贷款发展。将小额担保贷款调整为创业担保贷款，针对有创业要求、具备一定创业条件但缺乏创业资金的就业重点群体和困难人员，提高其金融服务可获得性，明确支持对象、标准和条件，贷款最高额度由针对不同群体的5万元、8万元、10万元不等统一调整为10万元。鼓励金融机构参照贷款基础利率，结合风险分担情况，合理确定贷款利率水平，对个人发放的创业担保贷款，在贷款基础利率基础上上浮3个百分点以内的，由财政给予贴息。简化程序，细化措施，健全贷款发放考核办法和财政贴息资金规范管理约束机制，提高代偿效率，完善担保基金呆坏账核销办法。

（九）加大减税降费力度。实施更加积极的促进就业创业税收优惠政策，将企业吸纳就业税收优惠的人员范围由失业一年以上人员调整为失业半年以上人员。高校毕业生、登记失业人员等重点群体创办个体工商户、个人独资企业的，可依法享受税收减免政策。抓紧推广中关村国家自主创新示范区税收试点政策，将职工教育经费税前扣除试点政策、企业转增股本分期缴纳个人所得税试点政策、股权奖励分期缴纳个人所得税试点政策推广至全国范围。全面清理涉企行政事业性收费、政府性基金、具有强制垄断性的经营服务性收费、行业协会商会涉企收费，落实涉企收费清单管理制度和创业负担举报反馈机制。

（十）调动科研人员创业积极性。探索高校、科研院所等事业单位专业技术人员在职创业、离岗创业有关政策。对于离岗创业的，经原单位同意，可在3年内保留人事关系，与原单位其他在岗人员同等享有参加职称评聘、岗位等级晋升和社会保险等方面的权利。原单位应当根据专业技术人员创业的实际情况，与其签订或变更聘用合同，明确权利义务。加快推进中央级事业单位科技成果使用、处置和收益管理改革试点政策推广。鼓励利用财政性资金设立的科研机构、普通高校、职业院校，通过合作实施、转让、许可和投资等方式，向高校毕业生创设的小微企业优先转移科技成果。完善科技人员创业股权激励政策，放宽股权奖励、股权出售的企业设立年限和盈利水平限制。

（十一）鼓励农村劳动力创业。支持农民工返乡创业，发展农民合作社、家庭农场等新型农业经营主体，落实定向减税和普遍性降费政策。依托现有各类园区等存量资源，整合创建一批农民工返乡创业园，强化财政扶持和金融服务。将农民创业与发展县域经济结合起来，大力发展农产品加工、休闲农业、乡村旅游、农村服务业等劳动密集型产业项目，促进农村一二三产业融合。依托基层就业和社会保障服务设施等公共平台，提供创业指导和服务。鼓励各类企业和社会机构利用现有资源，搭建一批农业创业创新示范基地和见习基地，培训一批农民创业创新辅导员。支持农民网上创业，大力发展"互联网+"和电子商务，积极组织创新创业农民与企业、小康村、市场和园区对接，推进农村青年创业富民行动。

（十二）营造大众创业良好氛围。支持举办创业训练营、创业创新大赛、创新成果和创业项目展示推介等活动，搭建创业者交流平台，培育创业文化，营造鼓励创业、宽容失败的良好社会氛围，让大众创业、万众创新蔚然成风。对劳动者创办社会组织、从事网络创业符合条件的，给予相应创业扶持政策。推进创业型城市创建，对政策落实好、创业环境优、工作成效显著的，按规定予以表彰。

......

四、加强就业创业服务和职业培训

（十七）强化公共就业创业服务。健全覆盖城乡的公共就业创业服务体系，提高服务均等化、标准化和专业化水平。完善公共就业服务体系的创业服务功能，充分发挥公共就业服务、中小企业服务、高校毕业生就业指导等机构的作用，为创业者提供项目开发、开业指导、融资服务、跟踪扶持等服务，创新服务内容和方式。健全公共就业创业服务经费保障机制，切实将县级以上公共就业创业服务机构和县级以下（不含县级）基层公共就业创业服务平台经费纳入同级财政预算。将职业介绍补贴和扶持公共就业服务补助合并调整为就业创业服务补贴，支持各地按照精准发力、绩效管理的原则，加强公共就业创业服务能力建设，向社会力量购买基本就业创业服务成果。创新就业创业服务供给模式，形成多元参与、公平竞争格局，提高服务质量和效率。

（十八）加快公共就业服务信息化。按照统一建设、省级集中、业务协同、资源共享的原则，逐步建成以省级为基础、全国一体化的就业信息化格局。建立省级集中的就业信息资源库，加强信息系统应用，实现就业管理和就业服务工作全程信息化。推进公共就业信息服务平台建设，实现各类就业信息统一发布，健全全国就业信息监测平台。推进就业信息共享开放，支持社会服务机构利用政府数据开展专业化就业服务，推动政府、社会协同提升公共就业服务水平。

（十九）加强人力资源市场建设。加快建立统一规范灵活的人力资源市场，消除城乡、行业、身份、性别、残疾等影响平等就业的制度障碍和就业歧视，形成有利于公平就业的制度环境。健全统一的市场监管体系，推进人力资源市场诚信体系建设和标准化建设。加强对企业招聘行为、职业中介活动的规范，及时纠正招聘过程中的歧视、限制及欺诈等行为。建立国有企事业单位公开招聘制度，推动实现招聘信息公开、过程公开和结果公开。加快发展人力资源服务业，规范发展人事代理、人才推荐、人员培训、劳务派遣等人力资源服务，提升服务供给能力和水平。完善党政机关、企事业单位、社会各方面人才顺畅流动的制度体系。

（二十）加强职业培训和创业培训。顺应产业结构迈向中高端水平、缓解就业结构性矛盾的需求，优化高校学科专业结构，加快发展现代职业教育，大规模开展职业培训，加大创业培训力度。利用各类创业培训资源，开发针对不同创业群体、创业活动不同阶段特点的创业培训项目，把创新创业课程纳入国民教育体系。重点实施农民工职业技能提升和失业人员转业转岗培训，增强其就业创业和职业转换能力。尊重劳动者培训意愿，引导劳动者自主选择培训项目、培训方式和培训机构。发挥企业主体作用，支持企业以新招用青年劳动者和新转岗人员为重点开展新型学徒制培训。强化基础能力建设，创新培训模式，建立高水平、专兼职的创业培训师资队伍，提升培训质量，落实职业培训补贴政策，合理确定补贴标准。推进职业资格管理改革，完善有利于劳动者成长成才的培养、评价和激励机制，畅通技能人才职业上升通道，推动形成劳动、技能等要素按贡献参与分配的机制，使技能劳动者获得与其能力业绩相适

应的工资待遇。

（二十一）建立健全失业保险、社会救助与就业的联动机制。进一步完善失业保险制度，充分发挥失业保险保生活、防失业、促就业的作用，鼓励领取失业保险金人员尽快实现就业或自主创业。对实现就业或自主创业的最低生活保障对象，在核算家庭收入时，可以扣减必要的就业成本。

（二十二）完善失业登记办法。在法定劳动年龄内、有劳动能力和就业要求、处于无业状态的城镇常住人员，可以到常住地的公共就业服务机构进行失业登记。各地公共就业服务机构要为登记失业的各类人员提供均等化的政策咨询、职业指导、职业介绍等公共就业服务和普惠性就业政策，并逐步使外来劳动者与当地户籍人口享有同等的就业扶持政策。将"就业失业登记证"调整为"就业创业证"，免费发放，作为劳动者享受公共就业服务及就业扶持政策的凭证。有条件的地方可积极推动社会保障卡在就业领域的应用。

扩展阅读 7-2

国务院连发五文件支持创新创业⊖

为支持农民工、大学生和退役士兵等人员返乡创业，通过大众创业、万众创新使广袤乡镇百业兴旺，2015年6月21日，国务院办公厅下发《国务院办公厅关于支持农民工等人员返乡创业的意见》（详见附录D）。《意见》具体提出了五项措施和三年行动计划纲要鼓励农民工等人员返乡创业。

这已是国务院今年以来下发的第五份支持创新创业的文件。

3月，《国务院办公厅关于发展众创空间推进大众创新创业的指导意见》（详见附录A）出台。《意见》提出，到2020年，形成一批有效满足大众创新创业需求、具有较强专业化服务能力的众创空间等新型创业服务平台；培育一批天使投资人和创业投资机构，投融资渠道更加畅通；孵化培育一大批创新型小微企业。

5月1日，《国务院关于进一步做好新形势下就业创业工作的意见》（详见

⊖ 资料来源：2015年6月22日，长江日报头版（有修改）。

扩展阅读7-1）出台，《意见》提出了深入实施就业优先战略、积极推进创业带动就业、统筹推进高校毕业生等重点群体就业、加强就业创业服务和职业培训等意见措施。

5月13日，国办印发《国务院办公厅关于深化高等学校创新创业教育改革的实施意见》（详见附录B），《意见》提到，要改革教学和学籍管理制度，各高校要实施弹性学制，放宽学生修业年限，允许调整学业进程、保留学籍休学创新创业。

6月16日，《国务院关于大力推进大众创业万众创新若干政策措施的意见》（详见附录C）发布。《意见》首先强调要充分认识推进"大众创业、万众创新"的重要意义。同时提出了优化财税政策、强化创业扶持、搞活金融市场、实现便捷融资、扩大创业投资、支持创业起步成长、拓展城乡创业渠道、实现创业带动就业等意见措施。

二、国家部委出台的创业优惠政策

国家部委出台的创业优惠政策更为创业行为提供了针对性的助推力。

教育部、人力资源和社会保障部、科技部等部委相继出台了有关政策鼓励和帮助大学生自主创业、灵活就业。

教育部将创新创业教育和大学生就业创业工作紧密结合，推出了指导性意见和系列措施。2010年5月4日，教育部印发《教育部关于大力推进高等学校创新创业教育和大学生自主创业工作的意见》（详见附录F），对统筹高校开展创新创业教育、完善创业基地建设和促进大学生自主创业等工作做出了总体的安排和部署。2014年11月28日，教育部印发《教育部关于做好2015年全国普通高等学校毕业生就业创业工作的通知》（详见附录G），首次明确提出了允许在校学生休学创业，建立弹性学制等政策。

相关部委在整体上推出大学生创业引领计划并在针对税收、社会保障等具体事宜上出台政策。

2014年5月22日，人力资源和社会保障部、国家发展与改革委员会、教育部、科学技术部、工业和信息化部、财政部、中国人民银行、国家工商行政管理总局、共青团中央国家九个部委联合发布了《关于实施大学生创业引领计划的通知》，对大学生创业的帮扶进行了宏观上的安排。

扩展阅读 7-3

人力资源和社会保障部等九部门关于实施大学生创业引领计划的通知
人社部发〔2014〕38 号

各省、自治区、直辖市人力资源社会保障厅（局）、发展改革委、教育厅（教委）、科技厅（科委）、中小企业主管部门、财政厅（局）、工商行政管理局、团委，中国人民银行上海总部、各分行、营业管理部、省会（首府）城市中心支行，部属各高等学校，新疆生产建设兵团有关部门：

……

二、政策措施

（一）普及创业教育

各级教育部门要加强对高校创业教育工作的指导和管理，推动高校普及创业教育，实现创业教育科学化、制度化、规范化。各高校要将创业教育融入人才培养体系，贯穿人才培养全过程，面向全体学生广泛、系统开展；积极开发开设创新创业类课程，并纳入学分管理；不断丰富创业教育形式，开展灵活多样的创业实践活动；切实加强师资队伍建设，为普及创业教育提供有力支持。

（二）加强创业培训

各级人社部门要加强与教育部门和高校的衔接，以有创业愿望的大学生为重点，编制专项培训计划，优先安排培训资源，切实抓好组织实施，使每一个有创业愿望和培训需求的大学生都有机会获得创业培训。要鼓励支持有条件的高校、教育培训机构、创业服务企业、行业协会、群团组织等开发适合大学生的创业培训项目，经过评审认定后，纳入创业培训计划，提高创业培训的针对性和有效性。要切实加强创业培训师资队伍建设，创新培训方式，积极推行创业模块培训、创业案例教学和创业实务训练，抓好质量监督，不断提升大学生创业能力。要会同相关部门进一步完善和落实创业培训补贴政策，健全并加强培训补贴资金管理，对符合条件的参训大学生按规定给予培训补贴。

（三）提供工商登记和银行开户便利

各级工商部门要按照工商登记制度改革总体部署完善管理制度，落实注册资本认缴登记制，依照有关法律法规规定拓宽企业出资方式，放宽住所（经营场所）登记条件，推行电子营业执照和全程电子化登记管理。要进一步完善工商登记"绿色通道"，简化登记手续，优化业务流程，为创业大学生办理营业执照提供便利。要落实减免行政事业性收费政策，对符合条件的创业大学生，按规定减免登记类和证照类等有关行政事业性收费。人民银行各分支机构要积极会同有关部门指导银行业金融机构进一步改进金融服务，为创业大学生办理企业开户手续提供便利和优惠。

（四）提供多渠道资金支持

各地要认真落实小额担保贷款政策，在符合规定的前提下，加大对创业大学生的支持力度，简化反担保手续，强化担保基金的独立担保功能，适当延长担保基金的担保责任期限，落实银行贷款和财政贴息，重点支持吸纳大学生较多的初创企业。要充分发挥中小企业发展专项资金的作用，更多支持大学生创业实体。要鼓励企业、行业协会、群团组织、天使投资人等以多种方式向创业大学生提供资金支持，设立重点支持创业大学生的天使投资和创业投资基金。对支持创业早期企业的投资，符合规定条件的，按规定给予所得税优惠或其他政策鼓励。有条件的地区要对现有各类高校毕业生就业创业基金进行整合，完善管理体制和运营机制，向大学生创业实体提供支持。

（五）提供创业经营场所支持

各地要充分利用大学科技园、科技企业孵化器、高新技术开发区、经济技术开发区、工业园、农业产业园、城市配套商业设施、闲置厂房等现有资源，建设大学生创业园、留学人员创业园和创业孵化基地，为创业大学生提供创业经营场所。对建设大学生创业园、留学人员创业园和创业孵化基地的地方和高校，有关部门要积极给予对口支持和业务指导。要将创业实训、创业孵化、创业辅导相结合，创新孵化方式，完善孵化功能，提高创业孵化成功率。要制定并完善创业经营场所租金补贴办法，对符合条件的创业大学生按规定给予经营场所租金补贴。

（六）加强创业公共服务

各级人社部门要会同协调有关方面针对创业大学生普遍遇到的问题开展创业公共服务，建立健全创业公共服务政府采购机制并加强绩效管理，构建覆盖院校、园区、社会的创业公共服务体系。要对各方面相关优惠政策进行归集梳理，以年轻人喜闻乐见的形式加强宣传解读并提供咨询，帮助符合条件的创业大学生获得相应的税费减免、资金补贴等政策扶持。要建立健全青年创业辅导制度，从拥有丰富行业经验和行业资源的企业家、职业经理人、天使投资人当中选拔一批青年创业导师，为创业大学生提供创业辅导。要采取多种方式搭

建青年创业者交流平台，经常举办交流活动，为创业大学生及时了解政策和行业信息、学习积累行业经验、寻找合作伙伴和创业投资人创造条件。要积极引导大学生参加创业竞赛活动，有条件的地区可定期举办青年创业大赛，使之成为凝聚青年创业者、展示创业方案和创业项目的舞台，同时为创业投资机构、天使投资人等选择投资对象提供机会。要拓宽人事和劳动保障事务代理服务范围，将创业大学生作为重要服务对象，提供档案保管、人事代理、职称评定、社保代理等服务。要加强服务创新，积极探索将促进就业创业政策措施向网络创业就业领域延伸拓展的有效方式，为在电子商务网络平台上注册"网店"的创业大学生提供政策支持和服务。要充分发挥留学人员回国服务工作体系的作用，对留学回国创业人员开展针对性服务，帮助他们了解国内信息、熟悉创业环境、交流创业经验、获得政策扶持。

……

2014年4月29日，《财政部、国家税务总局、人力资源和社会保障部关于继续实施支持和促进重点群体创业就业有关税收政策的通知》（见附录H）发布，明确了税费减免的重点范围。2014年9月25日，《财政部、国家税务总局关于进一步支持小微企业增值税和营业税政策的通知》发布，对小规模纳税人免征增值税和营业税。

2013年9月18日，《财政部、人力资源和社会保障部、中国人民银行联合关于加强小额担保贷款财政贴息资金管理的通知》发布，明确了高校毕业生创业最高贷款额度可达10万元。

三、地方政府创业优惠政策

在国家积极推进大众创业、草根创业的大背景下，支持创业逐渐成为各地突破经济发展瓶颈和解决就业难问题的重要方式，各级地方政府纷纷出台了鼓励创业的优惠政策。

2014年7月2日，《湖南省人民政府办公厅关于进一步促进以高校毕业生为重点的青年创业就业的实施意见》发布：鼓励城乡基层多形式就业；启动政府购买服务的方式吸纳高校毕业生到基层公共管理和服务领域岗位就业试点工作；进一步完善高校毕业生基层就业项目优惠政策，出台普通高校毕业生到基层单位就业的学费补偿和助学贷款代偿办法。

上海市制定了《关于推进全民创业的若干措施》，规定成立非正规就业劳动组织，可享受减免税费、社会保险缴费优惠、贷款担保等优惠政策：①融资优惠政策：申请开业贷款可获专项担保，7万元以下创业贷款个人免担保，开业贷款可享受政府贴息，高校毕业生创业有基金资助；②税收优惠政策：吸纳失业、协保、农余人员可免税，进入都市型园区企业有补贴；③创业培训优惠政策：创业培训可由政府买单。

长沙市制定的《关于鼓励和扶持大学生自主创业的政策意见》中明确规定：①大学生自主创业三年内，同级财政采取先征后返的方式减免其营业税和个人所得税的地方所得部分，全部免收长沙市行政事业费；②自主创业大学生档案免费托管；③自主创业三年内专利、商标、软件著作权等无形资产申请费用全额补贴。

地方政府的创业优惠政策更具有针对性，对创业行为的支撑与扶持更具有实质性，某种程度上成为刺激区域经济发展的新引擎。

第二节 创业获得政府支持的途径

了解政府创业优惠政策，就初步把握了创业脉搏。想要获得政府的实质性帮扶，就必须清楚政府支持什么样的企业，了解政府政策的动态和掌握相应的办事流程。

一、了解政策信息，清楚政府支持什么样的企业

想要获得政府的支持，就必须了解国家和地方政府的发展规划、年度计划的动向，从各种媒体上获得相关信息，在选择进入行业和创业项目时，有意识地匹配相关条件。

目前，战略性新兴产业、先进制造业、现代服务业，以及近几年国家和地方鼓励发展的节能降耗、新型农业等产业和项目都会得到国家和地方政府的重点支持；同时，能为当地解决大量就业问题和上缴税收贡献大的企业会被优先"照顾"。

案例 7-2

政策助力大学生创业⊖

2014年11月金华，婺城区人力社保局组织的首届青年创业大赛"出彩青春，创业婺城"火热进行，与此同时，区人力社保局的工作人员给创业青年送去了扶持政策。杨嘉欣是浙江师范大学的大二学生，她和几位室友带着她的创意作品"布艺书套"参加本次青年创业大赛，希望日后能创办一家微型DIY实体店，区人力社保局工作人员找到她，告诉她大学生毕业两年内开网店并达到一定级别的可获得5000元的一次性补助。优惠的政策更是鼓足了她创业的信心。

烟台高新区建大学生创业园电商基地 首年免房租⊖

烟台市大学生电商创业培训巡回宣讲启动仪式暨高校合作协议签订仪式在山东商务职业学院举行。据悉，已有20家电子商务企业入驻大学生创业园电子商务孵化基地，基地的政策是首年房租全免，次年免50%，第三年免30%。

国家工商总局：大学毕业生创业免收注册登记费⊜

面对"史上最难就业季"，国家工商行政管理总局发布的"做好2013年高校毕业生就业工作的意见"给出了应对措施，即高校毕业生创业经营场地证明可以由市场开办者、各类园区管委会、村（居）委会出具，同时规定选择从事个体经营的毕业生在三年内免收相关行政事业性费用。

⊖ 资料来源：http://chinadxscy.csu.edu.cn/news/html/20141117163945.html. 有删节和重新编写.
⊖ 资料来源：http://chinadxscy.csu.edu.cn/news/html/20141109233039.html. 有删节和重新编写.
⊜ 资料来源：http://chinadxscy.csu.edu.cn/news/html/20131029084048.html. 有删节和重新编写.

二、关注动态信息，了解政府支持的内容和方式

对于创业者而言，要有敏锐的观察力，关注相应的动态，了解政府支持创业和初创企业的内容和方式。

一般而言，政府会从资金、场地和税费等初创企业最关心的问题对创业者予以支持。具体包括：对潜在的创业者提供免费培训；在企业注册时降低准入门槛、简化办事手续、减免办理手续时产生的费用等；设立创业资助专项资金、提供贴息小额贷款、减免相应的税费、提供相应创业房屋补贴；改革和优化相关社会保障、医疗保障制度，在一定程度上免除创业者的后顾之忧。

三、了解办事流程，做好获得政府支持的准备

在掌握了相应信息的基础上，根据自身创业所需，创业者要清楚相应的优惠政策主管部门，了解相关的申请和办事流程，准备好相关材料。

案例 7-3

南京大学生创业 可得补贴 4000 元 ⊖

由南京市人力资源和社会保障局、市财政局、市工商局和市地税局共同主办的"创业导师进校园"系列宣讲咨询活动在南京林业大学拉开序幕。创业导师、大学生创业者与近万名大学生进行了面对面交流。创业导师表示，有创业想法，越早准备越好。记者还从活动上了解到，南京对创业大学生的支持力度也有增强，符合条件的南京大学生创业可以获得4000元的创业补贴。

讨 论 题

分析上述案例，请简要说明创业政策在创业过程中的重要意义。

通过学习和观察，了解政府创业优惠政策，掌握一定的申请规范和办事流

⊖ 资料来源：http://chinadxscy.csu.edu.cn/news/html/20110411210720.html. 有删节和重新编写.

程，获得政府的支持，拓展创业空间，在一定程度上可以减轻创业压力，使创业过程更加顺畅。

扩展阅读 7-4

表 7-1 长沙市部分创业优惠政策申请条件和办事流程

项目	适用人群	优惠政策	办事流程	主管（承办）部门
创业培训	有创业愿望和创业能力的登记失业人员，特别是军队退役人员、高校毕业生、失地农民、返乡创业农民等城乡劳动者，参加SYB（创办你的企业）培训；中职、高职院校应届毕业生，毕业后参加GYB（产生你的创业想法）培训	免费参加培训，政府给予培训补贴	向长沙市创业培训定点机构提交身份证明，填写培训报名申请表	主管：长沙市各区、县（市）人力资源和社会保障部门 承办：长沙市、区、县（市）创业培训定点机构
大学生办理企业注册	来长沙创业的大学生	在长沙市市政服务中心二楼南厅专设"大学生创业就业服务绿色通道"，提供"一站式服务"	1. 教育局窗口：办理大学生身份确认手续 2. 工商局窗口：办理企业核准登记 3. 质量技术监督局窗口：办理组织机构代码 4. 国税局窗口：办理税务登记证 5. 地税局窗口：办理税务登记证	长沙市政务中心、市工商局、市教育局、市财政局等11个相关部门

（续）

项目	适用人群	优惠政策	办事流程	主管（承办）部门
申请小额担保贷款	符合贷款条件的人员： 1. 经人力资源和社会保障部门审核认定，持有"就业失业登记证"的城镇创业人员，包括原国有、集体企业下岗失业人员，复员、退伍军人，高校毕业生 2. 自主创业的失地农民和返乡创业农民	个人申请贷款最高额度5万元 个人合伙经营或组织起来就业的，原则上按5人均5万元以内，最高贷款额不超过50万元 政府提供担保，由财政部门按中国人民银行公布的基准利率50%给予贴息	1. 经工商部门登记注册；有固定的经营场所；符合国家有关政策、法规；具备还贷能力；通过创业培训并取得"创业培训合格证"；无不良记录、信用良好 2. 到基层劳动保证机构和区县（市）人力资源和社会保障局进行资格审查和逐层推荐 3. 区、县（市）担保中心进行项目评审并承诺担保，商业银行发放贷款	主管：长沙市各区、县（市）人力资源和社会保障局、长沙市财政局 承办：区、县（市）再就业小额贷款担保中心负责整体担保和推荐；商业银行（含城乡信用社、农村合作银行）负责发放贷款
创业富民专项资金	申请创业扶持资金的企业，原则上创立时间不满两年（指企业注册时至申报时间止不满两年），在本市行政区域内依法设立、具有独立法人资格、依法经营纳税、符合国家产业政策和区域发展政策的各类成长型中小企业 重点支持初创型、中小型、微利型、科技型、就业型企业	对创业企业的支持主要采取补助贴息和无偿资助的方式。创业扶持的额度，每个项目一般控制在20万元以内，且不超过企业自有资金的投入额度。其中贷款贴息的额度，根据项目贷款额度及人民银行公布的同期贷款利率确定，每个项目的贴息期限一般不超过两年，年贴息总额度一般不超过10万元	1. 准备的材料：企业法人执照副本及章程；企业生产经营情况或业务开展情况；经会计师事务所审计的上一年度会计报表和审计报告（初创型企业除外）；项目可行性研究报告；已落实或已投入项目建设的自有资金使用情况有效凭证；大学生自主创业的，另需提供普通高校毕业证（在读大学生提供在校学习相关证明）和户籍证明 2. 向企业所在区、县（市）创业办申请	主管：长沙市创业办、长沙市财政局 承办：区、县（市）创业办

（续）

项目	适用人群	优惠政策	办事流程	主管（承办）部门
房屋补贴	全日制高等专科院校学历及以上的大学生、硕士研究生、博士研究生，在读期间或毕业（毕业证发放之日起计算）两年以内在长沙初始创办各类企业，并担任所创办企业的法人代表，入驻大学生创业基地但不能提供创业基地或宿舍的，以及租赁大学生创业基地以外经营场所创业的	廉租住房补贴标准为每人每月160元 大学生自主创业者的补贴发放期限最长为三年，大学生就业者的补贴发放期限为一年 补贴资金由市、区财政各分担50%	自主创业者向企业注册经营场所所在区创业办提出申请，并提供本人身份证、户口簿、毕业证（在读的提供学生证及学校证明）、经营场所的房屋租赁凭证、工商营业执照等资料原件及复印件	主管：长沙市房屋产权管理局、长沙市财政局、长沙市劳动和社会保障局、长沙市推进创业富民工作领导小组办公室 承办：区创业办、劳动保障部门、住房保障局

了解和掌握相应的办事流程，并做好准备，使创业者可以更有效地创业。

本章小结

政策的变化可以促进创业环境的变化，产生新的创业机会，紧跟形势的创业者才能抓住机遇，转变创业观念，在千变万化中创造更大的财富。本章介绍了国家、地方已经出台和正在酝酿出台的一系列创业优惠政策，中国扶持自主创业的政策体系已经初步形成。选择好创业项目，了解政策，清楚办事流程，掌握获得政府支持的途径，将会为创业打下一个较好的基础。

思考题

1. 谈一谈了解和掌握政府优惠政策对创业的意义。
2. 除了本章讲到的获得政府支持的途径，还有哪些途径可以获得支持？

讨 论 题

分小组讨论一下，政府还应在哪些方面出台什么样的优惠政策？理由是什么？

模块四
启动创业

第八章　创建新企业

做企业是没有发明奇迹的，但凡发明奇迹的，头定会被超过。企业不能跳跃，一定是（遁着）一个法则，一步一个足迹地走。

——万科企业股份有限公司创始人：王石

学习目标

1. 了解选择的企业组织形式及特点。
2. 掌握新企业创立时地址选择的影响因素和步骤。
3. 把握企业注册的一般流程。
4. 认识企业的知识产权保护和常见的法律问题。

核心内容

本章主要介绍个体工商户、个人独资企业、合伙企业、有限责任公司和其他形式的公司制企业的组织形式和特点，以及在法律、选址、工商税务登记、知识产权专利等方面的知识。通过本章的学习可以使学生了解新创企业的形式、特点，以及在创办过程中的注意事项。

知识导图

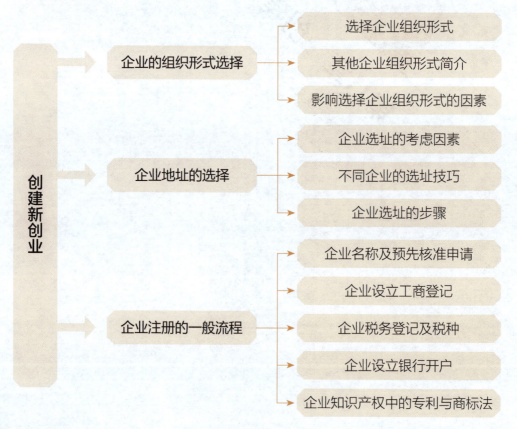

创建新创业

- 企业的组织形式选择
  - 选择企业组织形式
  - 其他企业组织形式简介
  - 影响选择企业组织形式的因素
- 企业地址的选择
  - 企业选址的考虑因素
  - 不同企业的选址技巧
  - 企业选址的步骤
- 企业注册的一般流程
  - 企业名称及预先核准申请
  - 企业设立工商登记
  - 企业税务登记及税种
  - 企业设立银行开户
  - 企业知识产权中的专利与商标法

大学生创业要以法律保护自己的合法权益[○]
——与人合伙开办一食品超市被合伙人强制除名该怎样保护合法权益？

2013年，在校大三学生张春生与孙某兄弟俩共同出资30万元人民币（其中张春生出资10万元人民币，孙某弟兄俩各出资10万元人民币），三人合伙开办了一家食品超市。因张春生为在校学生，食品超市具体业务由孙某兄弟俩负责打理。经营一年多后，该超市便盈利15万元人民币，根据合伙协议，张春生应分得5万元人民币的红利，同时孙某兄弟俩各分得5万元人民币。兄弟俩见该超市利润丰厚，便以"张春生在校读书不能全程从业"为借口，将张春生的投资退给他，并强制将张春生从该超市除名。张春生曾多次找孙某兄弟俩谈判无果。他经过法律咨询后向人民法院提起诉讼。

人民法院受理此案后，经审理判决孙某兄弟俩除名无效。张春生实属该超市合法的合伙人，孙某兄弟俩以"张春生在校读书不能全程从业"为借口，将张春生的投资从超市提出并退给他，还强制将他从该超市除名的行为，严重违反《合伙企业法》的规定，必须停止。根据《合伙企业法》的规定，人民法院确认孙某兄弟俩取消张春生从该超市除名的违法行为，以保护张春生的合法权益。

所谓合伙企业，是指两个以上公民按照协议，各自提供资金、实物、技术等，合伙经营、共同劳动的经营实体。在法律上，合伙企业有下列特征：一是合伙需由两个以上公民组成联合经营体；二是合伙必须订立合伙协议而成立；三是合伙人共同出资、共同经营、共同劳动；四是合伙人共享收益，共担风险。对此，《民法通则》第三十条到三十五条，对个人合伙的出资、财产管理、字号、经营中的权利和义务以及债务的承担等都做了明确的规定。

为了更加规范合伙企业，规范合伙人的权利和义务，《合伙企业法》对合伙企业的设立，合伙企业的财产，合伙企业的事务执行，合伙企业与第三人关系，合伙人入伙、退伙，合伙企业解散、清算以及法律责任等更加详细地做了规定。该法第四十九条规定："合伙人有下列情形之一的，经其他合伙人一致同意，可以决议将其除名：（一）未履行出资义务；（二）因故意或者重大过失

○ 资料来源：http://www.cco8.com/index.php?m=content&c=index&a=show&catid=1055&id=1353. 有删节和重新整理.

给合伙企业造成损失;（三）执行合伙事务时有不正当行为;（四）发生合伙协议约定的事由。"

该条第二款规定："对合伙人的除名决议应当书面通知被除名人。被除名人接到除名通知之日，除名生效，被除名人退伙。"依据该条规定，张春生被孙某兄弟俩除名，显然违反了上述规定的情形，其理由：一是张春生并没有出现上述规定被除名的行为;二是张春生被孙某兄弟俩除名，没有用书面形式通知张春生。该条第三款规定："被除名人对除名决议有异议的，可以在接到除名通知之日起三十日内，向人民法院起诉。"

从本案例看，孙某兄弟俩见合伙超市利润可观，就以张春生不会经营为借口，将张春生的投资退出，并强制将张春生除名，引起张春生不服。依据该款规定，人民法院确认该除名无效，以保护张春生的合法权益。

经过一番踌躇满志的构想后，创业者开始准备创建企业了，在此过程中，要认真学法知法懂法用法。这一章将介绍一些知识来帮助创业者顺利地注册一家属于自己的企业。本章将介绍如何选择企业合适的法律组织形式、选择企业的地址、企业的命名、企业注册的一般流程、企业的工商注册登记、税务登记、银行开户的步骤和要求、企业知识产权的保护等。

第一节　企业的组织形式选择

准备创建企业时，需要先了解和调研我国民营企业及小微企业各种组织形式。这里讲的企业的组织形式就是指企业在国家法律规定下、在市场环境中存在的合法身份，即企业的法律形态。还要了解选择企业组织形式的影响因素。根据相关因素分析，然后为自己的企业选择最恰当的法律形态。

扩展阅读 8-1

不同的企业法律形态

（1）中国民营企业的主要法律形态有：①股份有限公司；②有限责任公司；③外资企业；④中外合资企业；⑤中外合作企业；⑥合伙企业；⑦个人独资企业；⑧个体工商户。⊖

（2）小企业主要法律形态有：①个体工商户；②个人独资企业；③合伙企业；④有限责任公司。

不同的企业法律形态有不同的要求，具体表现在：一是开办和注册的成本；二是开办和注册手续的难易程度；三是企业承担的风险责任；四是创办企业的资金筹集；五是寻找合伙人的可能性；六是企业的决策程序；七是利润分配等。⊖

不同的企业法律形态承担着不同的创业法律责任，也受成立条件的限制。

一、选择企业组织形式

企业是一个组织，得有一种法律形态，即将创办哪种组织形式的企业。一家新创小企业可以选择的法律组织形式有多种，在我国常见的小企业主要有以下几种：

（1）个体工商户。

（2）个人独资企业。

（3）合伙企业。

（4）有限责任公司（包括一人有限责任公司）。

在新企业创立时，创业者应该事先确定好自己企业的法律组织形式。在这里将先了解我国小企业的法律形态，比较其中每一种法律形态的特点与优势、劣势（见表8-1），并学会选择合适的小企业法律形态作为自己企业的组织形式。

⊖ 甘培忠. 公司与企业法学 [M]. 北京：北京大学出版社，2009.

⊜ 赵旭东. 商法学 [M]. 北京：高等教育出版社，2007.

表 8-1　各种企业的组织形式特点与优势、劣势的比较

	1. 个体工商户	2. 个人独资企业	3. 合伙企业	4. 有限责任公司
业主数量	业主是一个人	业主是一个人	业主两个人及以上	由两人以上50人以下的股东出资设立，一个自然人或一个法人可以投资设立一人有限责任公司
注册资本	无资本数量限制	无资本数量限制	无资本数量限制	注册资本为在公司登记机关登记的全体股东认缴的出资额（最低限额3万元），一人有限责任公司最低限额10万元
成立条件	成立条件简单，业主只要有相应的经营资金和经营场所就可以了　个体工商户可以起字号	投资人是一个自然人　有合法的企业名称　有投资人申报的出资　有固定的生产经营场所和必要的生产经营条件　有必要的从业人员	有两个及以上合伙人，并且都依法承担无限责任　有书面合伙协议　有合伙人的实际出资　有合伙企业的名称　有经营场所和从事合伙经营的其他必要条件	股东符合法定人数　股东出资达到法定资本最低限额　股东共同制定公司章程　有公司的名称，建立符合有限责任公司要求的组织机构　有固定的生产经营场所和必要的生产经营条件
经营特征	资产属于私人所有，自己既是所有者，又是劳动者和管理者	财产为投资人个人所有，业主既是投资者，又是经营管理者	依照合伙协议，共同出资，合伙经营，共享收益，共担风险	公司设立股东会、董事会和监事会，并由董事会聘请职业经理管理公司经营业务　股东人数较少或者规模较小的有限责任公司，可以设一名执行董事，不设董事会
利润分配	利润归个人或家庭所有	利润归个人所有	合伙人按照合伙协议分配利润	按照股东实缴的出资比例分配利润，全体股东约定不按照出资比例分配的除外
债务责任	由个人经营的，以其个人资产对企业债务承担无限责任	投资人以其个人资产对企业债务承担无限连带责任	合伙人共同对企业债务承担无限连带责任	股东以其认缴的出资额为限对公司债务承担有限责任　一人有限责任公司的股东以其投资为限对公司债务承担有限责任

二、其他企业组织形式简介

（一）股份合作制企业

股份合作制企业由一定人数的股东发起组织，无资本数量的限制。全部资本划分为若干等额股份。股东包括全体企业成员，企业员工既是参股成员，又是企业的劳动者，股东按出资的比例分配利润，股东就其所认购股份比例对企业负有限责任。设立股份合作制企业的条件包括：有企业名称，建立符合股份合作制企业要求的组织机构；有固定的生产经营条件；股份筹办事项均符合法律规定。

（二）中外合作经营企业

中外合作经营企业是由中方和外方的投资人共同组成。具体来说投资人至少要有一个是中方的投资人和一个是外方的投资人。对于这类企业在法律法规上没有特别规定的注册资本。但如果是有限责任公司的组织形式的，公司的注册资本须按照有限责任公司所规定的要求执行；如果是股份有限公司组织形式的，就必须按照股份有限公司的规定要求执行。

需要特别提示的是申请人设立中外合作经营企业，中外合作者双方应当签订合作协议、合作合同、合作章程等，并报请国务院授权的部门或地方政府审查批准。中外合作经营企业按合作的合同分配利润并以其全部资产承担债务。中外合作经营企业在组织结构形式上设董事会或者联合管理机构。依照中外合作经营企业合作协议、合作合同、合作章程的规定，决定中外合作经营企业的重大问题。中外合作经营企业的董事长或者联合管理机构主负责人由所在企业的中国公民或外国公民担任，副董事长或者联合管理机构副负责人由另外一方的人员担任。

（三）中外合资经营企业

中外合资经营企业的设立在很多方面类似丁前面的中外合作经营企业。

（1）投资人至少要有一个是中方的投资人和一个是外方的投资人。

（2）中外合资经营企业的组织形式属于有限责任公司。因此，企业的注册资本同样按有限责任公司所规定的要求执行，但外方的投资一般不得低于25%。

（3）中外合资者双方应当签订合作协议、合作合同、合作章程等，并报请国务院授权的部门或地方政府审查批准。

（4）中外合资经营企业的利润分配，按其出资比例进行。

（5）中外合资经营企业的董事长、董事会人员由投资各方协商确定。一方担任董事长，副董事长就由另一方人员担任，企业的正副总经理由合资的各方分别出任。

三、影响选择企业组织形式的因素

企业组织形式没有绝对的好坏之分，对企业创立者来说各有利弊。在选择时，必须根据国家的法律法规要求和自己的实际情况，科学衡量各种组织形式的利弊，考虑对企业将来的影响。

选择一种法律组织形式时应当考虑的主要因素有以下几点：

（1）拟创办企业的规模大小。

（2）开办和注册企业的资金。

（3）业主或投资者人数。

（4）行业类型和发展前景。

（5）创业者的观念倾向。

此外，选择企业法律组织形式并非易事，要分析各方面因素的影响。中国有专门为扶持小企业提供咨询的政府机构，包括国家和地区的工商管理局等和非政府组织如工商联合会等，还有为大学生就业或再就业人员创业提供帮助的劳动就业部门。在选择企业组织形式时要注意下面的几个问题：

（1）如果准备开办的企业规模较小，不打算借债，所有风险由自己一个人承担，可以采用比较简单的企业形式，例如个体工商户或合伙企业。

（2）如果企业规模较大，需要的资金较多，负债很高，为避免较大的债务风险，可以采用有限责任公司这种企业形式。

（3）如果能争取到国外的投资者，享受外商投资的有关优惠政策，可以选择中外合资或中外合作的法律形式。

（4）如果资金和技术不足，但有其他的合伙人，则可以选择合伙企业、有限责任公司的企业形式。

（5）如果有较强的独立意识，不喜欢和他人合作，则可以考虑个体工商户或个人独资企业的企业形式。

第二节 企业地址的选择

　　企业选址也称设施选址。设施选址是指如何运用科学的方法决定设施的地理位置，使之与企业的整体经营运作系统有机结合，以便有效、经济地达到企业的经营目的。已经选择好了自己企业法律组织形式和名称的，在选择新企业的注册和经营地点上需要解决两方面的问题：一是选择地区，包括不同国家、地区或城市；二是选定具体的地址，包括商业中心、路段等。前者主要考虑国家、地区或城市的政治、经济、设备条件等，后者则是考虑交通、资源、消费群体、周边环境等。

　　好的企业选址是成功的一半。沃尔玛在进入中国之前，就对中国市场进行了长达数年深入细致的市场调查。其实在1992年时，沃尔玛就已经被获准进入中国，但沃尔玛却是在1996年才在深圳落户，在进入中国之前它一直在对当地商圈的交通、人口、竞争状况和市场发展格局进行考察，以便于选择一个好的店址。

　　据香港工商总会和香港总商会的统计，在众多开业不到两年就关门的企业中，50%以上的企业失败是选址不当造成的。企业竞争力的内容具有复杂性和多层性，它的持续竞争力必然受到该地区商业环境质量的强烈影响。例如新创企业需要高效运用先进的物流技术，附近必须有高质量的交通运输设备等设施。新创企业的有效和正常运营，还要建立在当地司法系统能迅速公平解决争端的基础上。另外政局的稳定性、政府政策与鼓励措施、经济与文化等商务环境也都影响着企业的发展。

　　选址的重要因素还体现在区域竞争优势的独特性和聚集等效应上。在一个发达的经济区域中，比地理位置优劣对商务环境更具影响力的因素是：该地是否形成了具有竞争力的集群，这种集群"构成了企业竞争中最为重要的微观经济基础"。

一、企业选址的考虑因素

　　企业新创时选址决策要考虑的因素有很多，总结起来主要需要考虑以下五个方面的因素：经济因素、政治因素、技术因素、社会因素、自然因素。

（一）经济因素

新企业应尽量选在关联企业和关联机构相对集中的地区。波特研究了全球产业竞争力的"钻石模型"后提出，某一领域内相互关联的企业和机构在选址上进行集中后可以形成所谓的集群，这是一个地区经济竞争力的标志。如果企业有幸建立在一个好的企业聚集区，它就能和区内的各企业间产生一种竞争与合作的关系。区内各企业间相互竞争以求在竞争中胜出来保住市场，同时相关行业中的企业及机构间还存在广泛的合作关系。一群相互竞争的企业和之间高效运转的机构共同实现了该地区的繁荣，所以新创企业可以考虑建在一个好的产业集群中。具体来说，原料笨重而价格低廉如砖瓦厂，原料易变质如水果加工企业，原料运输不便如屠宰厂等企业，应接近原料供应和能源动力供应充足的地区；产品运输不便如家具生产厂，产品容易变质的企业如食品和养殖场及大多数的服务业企业应接近产品消费市场，使其具有客户端优势；劳动密集型的企业，要选择劳动力充足、人工费用低、生产率高的地区；知识密集型企业则应靠近城市选址，这样可以得到素质较高的员工。

（二）政治因素

选址时创业者应评价现在已存在的和将来可能出现的影响产品或服务、分销渠道、价格以及促销策略等的法律和法规问题，将企业建在政府支持或鼓励该产业的地区。当创业者要在国外设厂时，更应该考虑不同国家的政治环境，例如政局是否稳定、法制是否健全、税赋是否公平、国防因素等。

（三）技术因素

从某种意义上来说技术市场是最不确定的因素，新技术对高科技创业企业成功的作用是显著的，但技术本身的高速发展却是难以预测的。因此，为了能够了解和把握技术发展变化的趋势，许多企业选址时常常考虑将企业建在技术研发中心附近或新技术信息传递比较迅速、频繁的地区。这些企业与其他关联实体间不断发展的、建立在信任基础上的并且是面对面的客户关系，能够帮助企业通过不断的学习和创新及时改善产品服务和营销观念，以进一步增强企业的存活能力。

（四）社会因素

社会因素包括居民的生活水平、习惯、受教育水平、宗教信仰等，这些因素对于在国外投资建厂的企业非常重要。由于当地的文化、人们生活的态度不同，人们对安全、健康、营养及环境的关心程度也不同，这些都会影响企业产品的市场需求，特别是企业生产的产品与健康、环境质量等有密切关系时，此时应优先考虑将企业建立在其企业文化和所生产产品得到较大认同的地区。

（五）自然因素

选址时还要考虑地质状况、水资源的可利用性、气候的变化等自然因素。英国的曼彻斯特是世界上历史上最著名的纺织工业基地，这与它的自然气候条件是分不开的。有不良地质结构的地区，会对企业安全生产产生影响；水资源缺乏的地区对于那些对水资源的需求量较大的企业会产生不利影响。

另外根据自己行业的特点选址时应有不同的侧重点，例如制造业侧重考虑生产成本因素如原料与劳动力，而服务业则侧重于考虑市场因素如顾客消费水平、产品与目标市场的匹配关系、市场竞争状况等。

二、不同企业的选址技巧

不同企业有不同的特点，要办好企业必须要掌握不同的选址技巧。一般来说要在坚持科学发展观的基础上，综合考虑企业的成长和发展，把握企业选址的技巧；要在做好市场评估的基础上选址，把握企业选址的技巧；要在分析所创办企业的优势、劣势、机会和威胁因素之后，把握企业选址的技巧；要在收集多方意见多次权衡后，把握选址的技巧。

（一）权衡投资费用

企业首先是个经济实体，经济利益对于企业而言无论何时何地都是非常重要的，企业建设初期的费用、投入运行后的可变成本、生产出售后的年收益，都与选址的技巧相关。衡量一个企业位置选择技巧的重要标准是企业经营能否取得好的经济效益，因此，在选址的技巧上一定要把握企业地理位置的选择，一定要有利于生产和经营，为保证企业的最佳经济效益打下良好的基础。

（二）有利于集聚人才

人才是企业最重要也是最大的资源。企业在选址的技巧上把握得当就会有利于吸引人才；反之，会因为企业的地理位置不佳而造成人才流失和短缺。

（三）便于走近用户

走近用户就是指企业所在地能够方便顾客购物，这对于贸易类及服务类的企业，几乎无一例外。例如，把企业建在靠近消费市场的附近，既能降低运费和损耗，又能满足顾客的需求。

（四）符合客流规律

企业设在符合客流规律和流向的人群集散地段，就适应了广大顾客的生活习惯，自然进入市场购物的顾客人数就多，客流量就大。

三、企业选址的步骤

一个科学且切实可行的选址过程，一般要经过市场信息的收集和分析、多个地点的评价、最终地址的确定等多个环节与步骤。

（一）市场信息的收集和分析

1. 产生企业想法时收集

在企业创业初期，信息对创业者来说是非常重要的。有研究表明，市场信息的使用会影响企业的绩效，而市场信息与选址决策衔尾相随的关系更是显而易见。因此根据已讨论过的影响企业选址的五项因素，创业者自己或借助专业中介机构收集市场信息是出色完成选址决策的第一步。

2. 从资料中收集信息

创业者应在二手资料中收集信息，因为对新创者来说，最主要的信息来源是已有的数据或二手资料。这些信息可以通过图书、商贸杂志、政府或其他的咨询机构得到。通过互联网创业者可以搜集到有关竞争者和行业的深层信息，在图书馆里可以查询到已发表的关于行业、竞争者、顾客偏好的趋势、产品创新等信息，甚至可以通过直接接触潜在消费者而获得重要的信息。

3. 重视收集新的信息

创业者还应亲自收集新的信息来获取第一手资料。这个过程可以有很多方法，例如访谈、观察、聚点小组、实验及问卷调查等。聚点小组是指邀请10~12名潜在的顾客，来参加创业者研究目标的讨论。这是一种非正规的、公开的形式，可以保证创业者获得某些信息。

4. 信息汇总与分析

最后是对收集到的各渠道的信息的汇总、整理和分析。通过对问题答案的总结可以得出一些初步印象，通过随后的数据交叉制表可以获得更深层的资料。

（二）多个地点的评价

有了上一步信息的收集汇总及初步分析后，创业者可以得出若干个新创企业的候选地，接下来要借助科学的定量分析方法进行评价。目前常用的选址评价方法主要有量本利分析法、综合评价法、多因素评价法、运输模型法等。

常用的选址评价方法介绍

最基本的分析法只是从经济角度进行评价，例如量本利分析法。

综合评价法则考虑到实际选址中影响因素的多方面性，而各种因素也不一定完全能用经济利益来衡量。

多因素评价法就是先给不同的因素不同的权重，再依次给不同选择下的每个因素打分，求出每个方案的加权平均值后比较，最高的就是最佳方案。

运输模型法常运用在当地址对象的输入成本和输出成本是决策的主要变量时。它的基本思想是：通过建立一个物流运输系统，选择一个能够使整个物流运输系统的运输成本最少的生产或服务地址。

在服务业选址中，由于市场因素是主要的选址决策变量，创业者应选择对客户有吸引力的具有区位优势的地址。

（三）最终地址的确定

经过信息的收集汇总并运用适合自己企业特征和即将进入行业特点的方法进行评价后，最终完成了选址决策，从而迈出了创业至关重要的第一步。

麦当劳的选址"心经" ⊖

对餐厅而言，地址的重要性毋庸置疑。选址的决策过程复杂，成本高，一旦选定不易变动，同时地址特点对餐厅的经营影响较大。一般来说，如果餐厅位置好，即使经营者能力一般，也相对容易获得成功；如果选址不佳，即使经营者再有能力，也

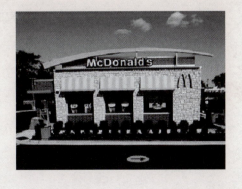

⊖ 资料来源：学聚网，http://www.xjzsks.com/chuangye/a/25771.html. 有删节和重新编写.

往往难以弥补这一缺陷。国际快餐巨头麦当劳的选址一向以精准著称，以至于很多餐企紧紧跟随，纷纷选址在其周围。

麦当劳的选址理念是先标准后本土，首先寻找适合自己定位的目标市场作为店址，再根据当地情况适当调整。在选址上，他们不惜重金和时间。决策者们一般不会花巨资去开发新的市场，而是去寻找适合自己的市场；不会认为哪里都有其发展的空间，而是选择尽可能实现完全复制母店的店址。用一个形象的比喻来说，他们不会给每个人量体裁衣，他们需要做的只是寻找能够穿上他们衣服的人。

麦当劳连锁经营发展成功的三个首选条件是"选址、选址、选址"，他们就是要选择目标市场以加快连锁经营的步伐。

麦当劳的选址主要分为以下步骤：

（1）市场调查和资料信息的收集。这包括人口、经济水平、消费能力、发展规模和潜力、收入水平以及商圈的等级和发展机会及成长空间。

（2）对不同商圈中的物业进行评估。这包括人流测试、顾客能力对比、可见度和方便性的考虑等，以得到最佳的位置和合理选择。在了解市场价格、面积划分、工程物业配套条件及权属性质等方面的基础上进行营业额预估和财务分析，最终确定该位置是否有能力开设一家麦当劳餐厅。

（3）商铺的投资是一个既有风险、又能够带来较高回报的决策，所以还要更多地关注市场定位和价格水平，既考虑投资回报的水平，也注重中长期的稳定收入，这样才能较好地控制风险，达到投资收益的目的。

麦当劳不惜花重金和时间在选址上，并形成了自己关于选址的一套体系。调查搜集信息、评估分析商圈并综合各种影响因素考虑而选出的店址，对麦当劳市场的发展和扩张的支撑作用无疑是明显的。

讨 论 题

阅读上述案例，请简要分析麦当劳在选址上主要注重哪些要素。

第三节 企业注册的一般流程

企业只有登记注册，才能从事生产经营，才能受到国家法律保护。在开办和经营企业中，作为准业主要遵守国家的税法、企业法、环境保护法等系列法律法规。

一、企业名称及预先核准申请

（一）企业命名

作为创业者，为企业设计一个响亮而又确切的名称，是为企业塑造美好形象的第一步。古往今来，有许多企业家或企业名人都把对企业设计命名作为打响未来、提高企业产品的质量、增强企业知名度和竞争力的头等大事。无一例外，市场经济条件下的每一位企业经营者都会精心设计企业的名称，以此吸引顾客，拓宽市场。

扩展阅读8-3

企业名称设计

（1）企业名称要与本企业的生产制造、主打业务、贸易经营等范围一致，使消费者一见到企业名称，就会产生好感，产生认同感，产生购买欲望。例如，众所周知的老字号中药销售型企业"同仁堂""德仁堂"，"堂"作为中药销售企业后缀已是家喻户晓的印记，这样的企业名称设计，不花更多的气力，却胜于长久的广告宣传。

（2）企业名称要简洁明了，便于识记。企业的名称应通俗大气，人们乐于接受，易于记住。如果企业名称上使用难认、难识、难记的字眼，容易让消费者产生不能认同的心理。一旦出现这样的局面，就很难吸引消费者走进你的企业大门。像以"天福来""万喜灯""大家好""喜盈门"等命名的企业名称，喜气、简洁明了、通俗易记；再如迅达电梯公司、轻骑摩托工业公司、中意电器公司、快捷邮送公司等。

（3）企业名称要体现新颖，避免落入俗套。企业名称应尽量新颖，千方百计地避免俗套，特别是对于销售型企业。新颖的名称能吸引目标消费者，更能够引起潜在目标消费者的注意。

（4）企业名称要寓意美好贴切。例如中国长虹股份公司，"长虹"有雨过天晴、瑰丽壮观的寓意；生产彩色电视机的康佳公司，其名有康乐人生、佳品纷呈之意；深圳三九药业集团公司，"三九"在中国古代汉语中有不懈追求之义；剑南春酒厂，"剑南春"寓春意盎然、春机无限。

（5）以地名或人名作企业名。此类命名在我国企业中较为常见，例如珠江集团公司、张家界旅游公司、张裕集团、李宁股份责任有限公司等。

（6）选用吉祥和社会喜爱之物作企业名。例如海马家具商场、南京熊猫电子集团公司、春兰集团公司、蒙牛乳业集团等。

（7）选用传统商业味极浓的字眼作企业名。企业名称中带有吉利、吉祥的汉字，取其经营、生产吉利之意，例如大庆元票号、福康钱庄、顺康钱庄、汇丰银行等。

（8）以富贵气派类字作企业名。此类企业有红都影业公司、天龙沙发厂、巨人树制衣公司、伊利乳业集团等。

（9）取现代意味的名字作企业名。例如闪亮健身俱乐部、赛格商城、双汇集团、奥丽斯化妆品公司等，展现出强有力的文化内涵，成为一种知名符号。

（10）企业名称要符合相关法律规定。企业申请设立登记时，所提交的文件资料，其中的企业命名要与企业的法律形态相适应，才能够取得注册。

（二）企业名称的法律要求

企业应当依法选择自己的名称，并申请登记注册。企业自成立之日起享有名称权。名称核准根据法律规定和要求执行。

（1）企业名称不得违反中华人民共和国法律法规的规定，尤其是中华人民共和国法律法规禁止的规定。例如有损于国家利益、社会公共利益、公民个人利益

的与法律法规相抵触的企业名称，一律废止。

（2）企业名称应当使用符合国家规范的文字，不得使用外国文字、汉语拼音字母、阿拉伯数字。

（3）企业法人名称中不得包含其他法人的名称。

（4）企业名称中不得含有另外一个企业的名称。

（5）企业营业执照上只准标明一个企业名称。

（6）企业名称需要译成外文使用的，由企业根据文字翻译原则自行翻译使用，不需报工商行政管理机关核准登记。

（7）企业名称有下列情形之一的，不予核准：与同一工商行政管理机关核准或者登记注册的同行企业名称字号相同，有投资关系的除外；与其他企业变更名称未满一年的原名相同；与注销登记或者被吊销营业执照未满三年的企业名称相同；其他违反法律、行政法规的。

（三）企业名称预先核准申请

实行企业名称预先核准登记，在我国自1985年开始，《国家工商行政管理局关于执行〈工商企业名称登记管理暂行规定〉若干问题的意见》中规定，新办企业，首先要思考和进行企业名称预先核准登记。出具企业名称预先核准需准备的资料与企业名称核准后需要准备的资料。

二、企业设立工商登记

（一）依照法律登记

新办一家企业，首先在法律上取得一个明确的法律资格和法律地位。根据我国法律规定，新办企业必须经工商行政管理部门核准登记，发给营业执照并获得有关部门颁发的如卫生、环保、特种行业许可证及营业许可证。营业执照是业主依照法定程序申请的、规定企业营业范围等内容的书面凭证。企业只有领取了营业执照才可以开展各项法定的经营业务。

（二）企业工商登记的基本流程

设立新公司的步骤及所需资料要齐全。注册一家新公司，一般要经过图8-1所示的流程。

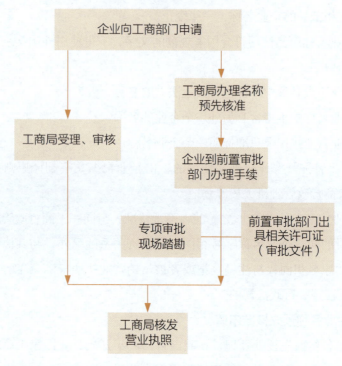

图 8-1　工商注册登记流程

（三）常见的企业形式的工商注册登记

第一节已讲述了不同的企业组织形式的特点和如何选择合适的企业组织形式，同时在介绍了注册登记的基本流程后，在这里补充不同企业形式登记时需要提交的文件和证件。

1. 个体工商户设立的注册登记

根据《个体工商户条例》，申请登记为个体工商户需要提交的文件包括：注册登记申请书；名称预先核准通知书；设立注册登记委托书；经营场所证明；行业管理及专项审批文件；法律行政法规所规定应提交的其他文件、证件。提交的申请材料齐全、符合法定形式的，登记机关应当予以登记，并发给准予登记通知书。

2. 个人独资企业设立的注册登记

个人独资企业注册时需要提交的文件包括：投资人签署的个人独资企业设立申请书；投资人身份证明；企业住所证明和生产经营场所使用证明等文件，如土地使用证明、房屋产权证或租赁合同等；对于由委托代理人申请设立登记的，还应提交投资人的委托书和代理人的身份证明或资格证明；从事国家规定需要具备特定条件或经有关部门批准的行业应提交的有关批准文件。

3. 合伙企业设立的注册登记

合伙企业注册时需要提交的文件包括：企业设立登记申请书（内含企业设立登记申请表、投资者名录、企业经营场所证明等表格）；名称预先核准申请表及企业名称预先核准通知书；全体股东亲笔签字的公司章程打印件一式两份，有法人股东的还需加盖该法人单位公章，并由其法人代表亲笔签字；验资报告；股东资格证明；指定书或委托书；经营范围涉及前置审批项目的，应提交有关部门的批准文件；打印的股东名录和董事、经理、监事成员名录各一份。

4. 有限责任公司和股份有限公司设立的注册登记

有限责任公司或股份有限公司设立时需要提交的文件、证件有：企业设立登记申请书、企业设立登记申请表、投资者名录、董事会成员与经理及监事任职证明、企业法定代表人登记表、企业住所证明等；名称预先核准申请书及企业名称预先核准通知书；验资报告（以非货币方式出资的，还应提交资产评价报告，其中涉及国有资产评估的应提交国有资产管理部门的确认文件）；全体股东亲笔签字的公司章程打印件一式两份，有法人股东的，还要盖该法人单位公章并由其法定代表人亲笔签字；股东资格证明；指定（委托）书；经营范围涉及前置审批项目的应额外提交有关审批部门的批准文件；打印的股东名录和董事、经理、监事成员名录各一份。

三、企业税务登记及税种

依法纳税是我国公民和单位应尽的义务和职责。税务登记是整个税收征收管理的首要环节，是税务机关对纳税人的基本情况及生产经营项目进行登记管理的一项基本制度，也是纳税人已经被纳入税务机关监督管理的一项证明。根据税法规定，中华人民共和国境内所有的企业都必须进行税务登记并依法纳税。

（一）企业税务登记

企业税务登记是指纳税人经由工商登记而设立或者依照法律、行政法规的规定成为法定纳税人之时，依法向税务机关办理的税务登记，通常简称为税务登记。根据国家税务总局《税务登记管理办法》第十条的规定，中华人民共和国境内所有企业开业前都要事先进行企业税务登记。

1. 企业提供的证件与资料

企业在办理开业税务登记时，要按照税务机关的要求提供开业税务登记有关证件与资料。

（1）企业书面申请。

（2）企业营业执照副本或其他核准执业证件的原件及复印件。

（3）企业有关机关、部门批准设立的文件的原件及复印件。

（4）企业有关合同、章程或协议书的原件及复印件。

（5）企业法定代表人和董事会成员名单。

（6）法定代表人的居民身份证的原件及复印件。

（7）组织机构统一代码证书的原件及复印件。

（8）银行账号证明。

（9）住所或经营场所证明。

（10）属于享受税收优惠政策的，还应包括需要提供的相应证明资料。

（11）主管税务机关所需要的其他资料、证件。

2. 开业税务登记的时间

（1）从事制造生产、贸易经营、产品服务、农林牧渔的纳税人应当自领取营业执照之日起30日内，持有关证件向企业地或者纳税义务发生地的主管税务机关申报办理税务登记。

（2）企业等待税务机关审核发证。税务机关对纳税人填报的税务登记表、提供的有关证件及资料，应当自收到之日起30日内审核完毕；符合规定的，予以登记，并发给税务登记证件，对不符合规定的，也应给予答复。

（3）税务登记部门应建立纳税人登记资料档案。所有的登记工作完毕后，税务登记部门应将纳税人填报的各种表格以及提供的有关资料及证件复印件建成纳税人登记资料档案，并制成纳税人分户电子档案，为以后的税收征管提供可靠的信息来源。

（二）税务登记证件的使用与管理

税务登记证件的使用与管理是指税务机关根据税法规定，对纳税人的生产、经营活动进行登记管理的一项重要的法定制度，也是纳税人依法履行纳税义务的法定责任。《国家税务总局关于修改〈税务登记管理办法〉的决定》已经于2014年12月19日国家税务总局2014年度第四次局务会议审议通过予以公布，自2015年3月1日起施行。企业依照这一规定，严格实施税务登记证件的使用与管理。

1. 纳税人唯一性识别号

企业纳税人具有唯一性识别号。由省、自治区、直辖市和计划单列市国家税务局、地方税务局按照纳税人识别号代码行业标准联合编制，统一下发纳税人识别号。其纳税人识别号共15位，由纳税人登记所在地6位行政区划码+9位组织机构代码组成。以业主身份证件为有效身份证明的组织，即未取得组织机构代码证书

的个体工商户以及持港澳居民来往内地通行证、台湾居民来往大陆通行证、护照办理税务登记的纳税人，其纳税人识别号由身份证件号码+2位顺序码组成。

2. 纳税人报告制度

企业纳税人应当按照国家有关规定，持税务登记证件，在银行或者其他金融机构开立基本存款账户和其他存款账户，并将其全部账户向主管税务机关报告。

3. 纳税人持证办事

企业纳税人办理以下事项时，必须持税务登记证件：

（1）开立银行账户。

（2）申请减税、免税、退税。

（3）申请办理延期申报、延期缴纳税款。

（4）领购发票。

（5）申请开具外出经营活动税收管理证明。

（6）办理停业、歇业。

（7）其他有关税务事项。

4. 企业纳税人税务证制约

按照属地税务主管部门的规定使用税务登记证件。税务登记证件不得转借、涂改、损毁、买卖或者伪造。

所谓转借，是指纳税人有偿或无偿地将税务登记证件的使用权定期或不定期地转让给其他单位或个人的行为。

所谓涂改，是指纳税人采用一些手法，例如使用其他颜色、颜料等涂在税务登记证件的有关内容上，并写上与原文不一致的文字，或直接将有关内容抹去等行为。

所谓损毁，是指纳税人对税务登记证件的部分或全部进行增减或烧毁或破坏，使原税务登记证件受到损害，难以辨认真实内容的行为。

所谓买卖，是指纳税人以营利为目的，将税务登记证件出卖给其他单位和个人的行为。

所谓伪造，是指纳税人按真的税务登记证件式样，仿造、制作假的税务登记证件，以假充真的行为。

上述各种不法行为都会直接或间接地影响税款的征收，造成应征税款的流失。特别是转借、买卖税务登记证件的行为，不仅扰乱了正常的税收管理秩序，而且为他人偷逃税收提供了方便，这是法律所不允许的。

5. 企业纳税人税务证公开悬挂

企业纳税人应当将税务登记证件正本在其生产、经营场所或者办公场所内明显易见的地方公开悬挂，亮证经营，并接受国税机关检查。

6. 企业纳税人异地经营管理

企业纳税人到外县（市）临时从事生产、经营活动的，应当持税务登记证件副本和所在地主管税务机关填开的外出经营活动税收管理证明，向营业地税务机关报验登记，接受税务管理。

7. 企业纳税人遗失税务证处理

企业纳税人遗失税务登记证件的，应当自遗失税务登记证件之日起15日内，书面报告主管国税机关，如实填写"税务登记证件遗失报告表"，并将纳税人的名称、税务登记证件名称、税务登记证件号码、税务登记证件有效期、发证机关名称在所在省报纸上做遗失声明，凭报刊上刊登的遗失声明向主管税务机关申请补办税务登记证件。

8. 税务登记换证

凡从事生产、经营的企业、事业单位、社会团体、个体工商户，企业在外地设立的分支机构和从事生产、经营的场所，以及取得应税收入或发生应税行为的各种单位和个人，作为纳税人到主管税务机关领取税务登记表格，并按规定填写。纳税人将填写好的税务登记表格送交主管税务机关，并提供下列有关证件、证明、资料：

（1）原税务登记证件正副本。

（2）营业执照或事业单位证书、社会团体证书以及其他批准单位设立的证书、文件、证明。

（3）技术监督部门核发的全国统一代码证书和IC卡。

（4）法定代表人或负责人以及财务负责人、办税人员的身份证件、证明。

（5）个体工商户的业主、合伙人员、财务负责人、办税人员、从业人员的身份证明。

（6）基本账户开户行、纳税专户开户行以及其他开户行的证件、证明。

（7）验资报告或资金来源证明。

（8）有关合同、章程、协议书。

（9）上级主管部门批文。

（10）物价部门核发的收费许可证。

（11）分支机构在办理换证时，必须提供总机构的营业执照及税务登记证件。

9. 税务登记年检

税务机关对税务登记证件实行定期验证和换证制度。除外商投资企业税务登记

证件一年一检外，其他纳税人税务登记证件不需要年检，但接到税务机关验证或换证通知后，纳税人应当在规定的期限内持有关证件到主管税务机关办理相关手续。

纳税人到主管税务机关领取"年检报告表"，并按规定填写。纳税人将填写好的"年检报告表"送交主管税务机关，并提供下列有关证件、证明、资料：

（1）税务登记证件。

（2）营业执照或者其他核准执业证件。

（3）组织机构统一代码证。

（4）注册地址、生产经营地址的房地产所有权或使用权证书或租赁证明。

（5）基本存款账户开户许可证。

（6）如属分支机构，应提供总机构的营业执照和单位统一代码证件。

（7）主管税务机关要求提供的其他有关证件、证明、资料。

上述证件、证明、资料，除税务登记证件必须提供正副本外，其他证件、证明、资料，纳税人应提供副本和复印件各一份，经主管税务机关审核无误后，除税务登记证件正副本外，其他证件、证明、资料的副本原件退还纳税人，复印件留存主管税务机关归档。主管税务机关对纳税人报送的证件、证明、资料和"年检报告表"进行审核。

（三）税收的种类

根据税法的规定，中华人民共和国境内所有的企业都必须进行税务登记并依法纳税。以下几种税种与企业相关：

1. 营业税

营业税是指对在我国境内提供的应税劳务、转让无形资产或者销售不动产的单位和个人，就其取得的营业额征收的一种税。

2. 增值税

增值税是指以企业生产经营中新增加的价值额，即以增值额为征税对象所征收的一种税。这里所说的增值额，是指企业在生产经营中新创造的那一部分价值，即销售收入额减去物化劳动的那一部分价值。根据我国《增值税暂行条例》的规定，增值税的征收范围是在中华人民共和国境内销售货物，提供加工、修理修配劳务以及进出口货物的单位和个人。

3. 企业所得税

企业所得税是以企业取得的生产经营所得和其他所得为征税对象所征收的一种税。企业所得税有两种征收形式。一种是查账征收，就是根据企业的收入减去成本费用得出的利润，再按相应的税率缴纳；另一种是核定征收。根据企业的收入直接乘以一个比率，不考虑企业的成本费用，得出的数字就是企业的利润，再按相应的税率缴纳。具体征收由税务机关根据不同的行业按国家的企业所得税规定确定执行。

4. 城市维护建设税

城市维护建设税是指国家为了加强城市的维护和建设，扩大和稳定城市维护和建设的资金来源，而向缴纳了增值税、消费税、营业税的单位和个人，就其实际缴纳的增值税、消费税、营业税为计税依据，按纳税人所在地区的不同适应税率征收的一种税。

5. 其他税收

这里讲的其他税收，是指企业缴纳的其他相关税款，例如财产税、关税等。

扩展阅读 8-4

三证合一、一照一码[一]

我国商事制度改革再迈出重要一步，全国统一实施企业登记注册"三证合一、一照一码"登记制度。

【问题1：什么是"三证合一、一照一码"登记制度改革？】

"三证合一、一照一码"登记制度改革是指将原来企业、农民专业合作社登记时依次申请，分别由工商行政管理部门核发工商营业执照、质量技术监督部门核发组织机构代码证、税务部门核发税务登记证，改为一次申请、由工商行政管理部门核发一个加载统一社会信用代码的营业执照的登记制度。

统一社会信用代码，是每一个法人和其他组织在全国范围内唯一的、终身不变的法定身份识别码。

【问题2："三证合一、一照一码"登记制度内容是什么？】

"三证合一、一照一码"概括起来就是"五个一"：一是一窗受理，企业登记申请表和登记材料由工商登记窗口受理，质监、税务部门不再受理企业组织机构代码证、税务登记证申请；二是一表申请，投资者办理企业登记注册，只需填写一份申请表，向登记窗口提交一套登记材料；三是一照一码，一个企

一 资料来源：《国务院办公厅关于加快推进"三证合一"登记制度改革的意见》（国办发〔2015〕50号）.

業主体只能有一个"统一代码"，一个"统一代码"只能赋予一个企业主体；四是一网互联，以省级共享交换平台为单位，各省工商、质监、国税、地税等部门通过这个平台进行数据交换，实现跨层级、跨区域、跨部门信息共享和有效应用，五是一照通用，"一照一码"执照在全国通用，相关各部门均要予以认可。

【问题3：为什么要实行"三证合一、一照一码"登记制度改革？】

按照规定，新注册企业需要到工商、国税、地税和质监等部门分别办理证照。企业需要多次提交申报材料，各部门需要重复性审核，提交材料过多、手续烦琐不仅给企业造成很大负担，而且办理时间较长。按照国务院转变政府职能、简政放权、优化服务的要求，推进"三证合一、一照一码"，就是要进一步简化手续、减少审批、减少环节，进一步简化市场准入，激发市场活力，推动大众创业、万众创新。改革后，企业只需要到工商部门办理一个营业执照即可，大大节省企业时间，减轻企业准备材料的成本等负担。

【问题4："三证合一、一照一码"适用于哪些市场主体？】

此次"三证合一、一照一码"登记制度改革适用于依法由工商行政管理部门登记的除个体工商户以外的所有市场主体，包括各类企业、农民专业合作社及其分支机构。

【问题5：改革后的营业执照将有何不同？】

改革后新办理的营业执照，承载了原来的工商营业执照、组织机构代码证和税务登记证的功能。企业原需要使用组织机构代码证、税务登记证办理相关事务的，一律改为使用"三证合一"后的营业执照办理。

与以往相比，改革后企业办理营业执照时需要提交的材料增加了"生产经营地""财务负责人"和"核算方式"信息。原来到税务、质监部门办证需要的其他材料不再提交。

【问题6：实行"三证合一、一照一码"后，企业手中原有的证照需要更换吗？】

"三证合一、一照一码"登记制度改革设置了过渡期，在2017年年底前要完成对企业发放和换发加载统一代码的营业执照，有特殊困难的个别领域，最迟不晚于2020年年底。过渡期内未换发的证照可继续使用。同时，在过渡期内，企业在办理工商变更登记业务时，由工商、市场监管部门按照"三证合一、一照一码"登记模式换发加载统一代码的营业执照，收缴其原营业执照、税务登记证和组织机构代码证。过渡期后，企业一律使用加载统一代码的营业执照办理相关业务，未换发的营业证照不再有效。

【问题7：改革后的新营业执照适用哪些领域、业务？】

改革后，原需要使用营业执照、组织机构代码证、税务登记证办理银行开户、缴纳社保费、办理房产登记、办理车辆登记等相关事务的，企业持"三证合一"后的营业执照将都可以办理。根据改革要求，各相关部门都要在各自的领域认可、使用、推广"一照一码"营业执照，实现各地各领域互认互通，确保改革各个环节畅通无阻。

【问题8：实行"三证合一、一照一码"后，企业办理注销登记和以前有什么变化？】

实行"三证合一、一照一码"后的企业办理注销时，须先向税务主管机关申报清税，持税务机关出具的"清税证明"，再向企业登记机关申请办理注销登记。在过渡期内，未换发"三证合一、一照一码"营业执照的企业办理注销，仍按原程序办理。

清税证明是指已实行"三证合一、一照一码"登记模式的企业申请注销登记时，向登记机关提交由国税、地税部门出具的所有税务事项均已结清的证明。

四、企业设立银行开户

如果拿到了"三证合一"的营业执照，带上它和身份证、公章到就近的银行就可以开立存款账户。在开设银行账户时，可根据自己的具体情况选择不同的银行账户。

（一）企业设立的开户银行的选择

根据中国人民银行的相关规定，企业开户时，可以根据自己的需要自由地选择开户银行。选择好的开户银行，对企业的发展将起到重要作用。

要创办企业，往往需要向银行贷款，这就不可避免地要与银行进行贷款结算等方面的联络沟通。在这样一个事关企业钱路的问题上，企业如何考虑将哪家银行作为首选的开户银行呢？

1. 根据企业的经营业务及银行业务的特点选择开户银行

随着我国改革开放和经济体制的转轨，银行等金融因素已经渗透到企业生产经营的方方面面，影响日益增强，企业根据银行的本质、职能、任务、特点、作用以及服务的内容选择适合自己生产经营的银行开户：如果企业主要经营农业基础设施建设项目或粮棉油收购项目，那么应当选择在农业发展银行开户；如果企业属于工商企业，那就选择在工商银行、交通银行、城市信用社开户；如果企业是在建设行业，那建议就选择在建设银行开户；如果企业是一家外贸企业或者是三资企业，那最好在中国银行开户。

2. 选择办理业务方便、结算快捷的银行

企业选择办理业务方便、结算快捷的银行，在这里有以下三个方面的因素提供参考：

（1）交通要方便。企业要选择与所在地距离较近的银行，提取现金业务安全可靠、节省路途和周转时间。

（2）业务门类齐全、结算快捷。具体地说银行在服务信汇、电汇、票汇、委托收款、托收承付等业务的办理项目中，能够完全科学地应对和满足企业办理结算的需求。

（3）有明显优势的结算手段，例如电子化水平高、开通全国电子联行业务、通汇网点多等，这样的银行以现代化的手段和优质服务帮助企业减少资金在途时间，增强企业的资金利用率。

3. 选择条件好、社会综合评价好的银行

企业选择的开户银行，要具备信誉高、信用好、业务范围广、经营业绩好、服务质量高、人员素质高、服务项目多、办事效率高综合条件。企业应从这些综合因素出发，做出最佳选择。

（二）银行账户的种类及提供的相应材料

先了解银行开户的基本账户种类有哪些。

1. 银行账户的种类

（1）企业基本存款账户。企业主要通过该存款账户并且只能通过该存款账户办理日常转账结算和现金收付，存款单位的工资、奖金等现金的支取。基本存款账户的开立须报当地人民银行审批并核发开户许可证。许可证正本由存款单位留存，副本交开户行留存。企业单位只能选择一家商业银行的一个营业机构开立一个基本存款账户。

（2）企业一般存款账户。一般存款账户是企业单位在基本存款账户以外的银行因借款开立的账户，该账户只能办理转账结算和现金的缴存，不能支取现金。

（3）企业临时存款账户。临时存款账户是外来临时机构或个体经济因临时经营活动需要开立的账户，该账户可办理转账结算和符合国家现金管理规定的现金业务。

（4）企业专用账户。单把某一项资金拿出来，方便管理和使用，这类账户叫专用账户。但是开设专用账户需要经过人民银行批准。

2. 开户时提供的相应材料

在开设银行账户时，可根据自己的具体情况选择适应范围的银行。企业设立账户一般提供给银行的材料如下：

（1）企业法人应出具企业法人营业执照正本；非法人企业应出具企业营业执照正本；民办非企业组织应出具民办非企业登记证书；异地常设机构应出具其驻在地政府主管部门的批文；外资企业驻华代表处、办事处应出具国家登记机关颁发的登记证；个体工商户应出具个体工商户营业执照正本；居民委员会、村民委员会、社区委员会应出具其主管部门的批文或证明；其他组织应出具政府主管部门的批文或证明。单位开立账户时，应同时出具上述文件的原件及复印件一式两份。

（2）组织机构代码证正本原件，并复印件3张。

（3）公司公章、法人章、财务专用章。

（4）法人身份证原件，并复印件3张。

（5）从事生产经营活动的纳税人还应出具税务部门颁发的国、地税务登记证正本及复印件一式两份。

（6）企业撤销原开户行的开户许可证、撤销账户结算清单、账户管理卡。

（7）如果不是基本账户开户，需要出具基本账户开户许可证正本及复印件一份。

（三）银行账户开户程序

新办企业开户程序如下：

（1）银行交验证件。

（2）客户如实填写开立单位银行结算账户申请书，并加盖公章。

（3）开户行应与存款人签订"人民币单位银行结算账户管理协议"，开户行与存款人各执一份，随后可能需填写"关联企业登记表"。

（4）当地银行送报人民银行批准核准。人民银行核准并核发开户许可证后，开户行会将开户许可证正本及密码、开户申请书客户留存联交予客户签收。

五、企业知识产权中的专利与商标法

　　创业者必须按国家的相关法律规定开办和经营企业，承担相应的法律责任，同时受到法律的保护。知识产权是人们对自己的智力活动创造的成果和经营管理活动中的标记、信誉依法享有的专有权利。现将介绍一些创业者知识产权保护方面的问题，例如专利权、商标权的法律保护等知识，使其初步了解创业过程中可能遇到的各种法律问题。

（一）什么是专利权

　　专利法在知识产权法规系列中占有重要的地位。一般说来，凡涉及知识产权或者受到法律保护的技术方案基本上是属于专利法调整的范围和对象。专利法是保护知识产权或者技术方案的尤为重要的法律。因此，作为企业主，不仅要学习专利法知识，懂得专利法知识，还要掌握和运用专利法知识精髓，维护和保护企业的知识产权。

　　专利权，简称"专利"，是发明创造人或其权利受让人对特定的发明创造在一定期限内依法享有的独占实施权，是知识产权的一种。我国于1984年颁布《专利法》，1985年公布《专利法实施细则》，对有关事项做了具体规定。

　　专利权的主体即专利权人，是指依法享有专利权并承担相应义务的人。

　　专利权的客体，也称为《专利法》保护的对象，是指依法应授予专利权的发明创造。发明创造要取得专利权，必须满足实质条件和形式条件。实质条件是指申请专利的发明创造自身必须具备的属性要求，形式条件则是指申请专利的发明创造在申请文件和手续等程序方面的要求。在此所讲的授予专利权的条件，仅指授予专利权的实质条件。

　　专利制度主要是为了解决发明创造的权利归属与发明创造的利用问题。

（二）《专利法》规定的专利的种类

　　根据我国《专利法》第二条的规定，《专利法》的客体包括发明、实用新型和外观设计三种。

　　（1）发明专利。根据《专利法》第二条的规定，发明"是指对产品、方法或者其改进所提出的新的技术方案"。该项规定说明发明专利包括"产品发明"和"方法发明"两大类，同时包括对现有产品或者方法进行改进获取的专利。

　　（2）实用新型专利。依照《专利法》第二条的规定，实用新型"是指对产品的形状、构造或者其结合所提出的适于实用的新的技术方案"。该项规定说明实用新型是专指具有一定形状、构造的产品或设计方案而获取的专利。

（3）外观设计专利。依据《专利法》第二条的规定，外观设计"是指对产品形状、图案或者其结合以及色彩与形状、图案的结合所做出的富有美感并适于工业应用的新设计"。

（三）《专利法》规定的专利权保护的范围

1. 专利权人的权利

（1）实施其专利技术的独占性权利权。专利权人享有排他性。专利权被授予后，除了另有规定外，任何单位或个人未经专利权人许可，不得实施其专利。

（2）许可权或使用其专利方法的权利。任何单位和个人实施专利权人的专利，都必须得到专利权人的许可，并向专利权人支付使用费用。

（3）转让权。专利权人可以通过买卖、交换、赠予等将专利权转让给其他单位或个人。

（4）排除侵犯权。专利权人在其专利权受到侵犯时，有直接向人民法院起诉请求保护其专利的权利。

2. 专利权的保护范围

（1）发明或实用新型专利权的保护范围。根据《专利法》第二十六条、第五十九条第一款和《专利法实施细则》第二十条第一款的规定，在认定发明或实用新型专利权的保护范围时，应注意以下几方面：

1）发明或实用新型专利权的保护范围以其权利要求书的内容为准。即认定发明或实用新型的专利权的保护范围的根本依据是权利要求书，并且是权利要求书的整体、实质内容，而非个别的文字或措辞。如果一项技术构思并未在权利要求书中记载，即使在说明书、附图中体现，仍不属于专利权的保护范围。可见，权利要求书中没有记载的即可排除在专利权的保护范围之外，权利要求书是认定专利权保护范围的基本依据，说明书、附图不能作为认定专利权保护范围的依据，只是居于从属地位。

2）作为专利权保护范围的认定依据，清楚、准确地解释权利要求书的内容是必需的。要对权利要求书所记载的技术特征做出清楚、准确的解释，明确该发明创造的目的、效果，需要参考说明书和附图。说明书和附图具有解释权利要求书的法定功能。

3）在认定专利权的保护范围时，为了明确某一技术术语的含义，还可以参考专利申请过程中国务院专利行政部门和申请人之间的往来信件和文件。当然，这些信件和文件不能作为认定专利权保护范围的依据，但在这些信件和文件中专利权人表示认可、承诺或放弃的东西，专利权人以后是不能反悔的。

（2）外观设计专利权的保护范围。根据《专利法》第五十九条第二款的规定，外观设计专利权的保护范围以表示在图片或者照片中的该外观设计专利产品为准。在认定外观设计专利权的保护范围时，应注意以下几方面：

1）外观设计的专利申请文件中没有权利要求书和说明书，所以，其保护范围以图片或照片为准，即使尺寸上存在细微差别也并不妨碍权利认定。

2）外观设计专利权的保护范围仅限于在授予专利权时指定的产品上使用的外观设计，即他人不能在指定的产品上使用相同或近似的外观设计。

案例 8-2

专利实施许可合同纠纷提审案——王兴华等人诉黑龙江无线电一厂⊖

王兴华、王振中、吕文富、梅明宇是哈尔滨风华机器厂的四名工程师，他们从1984年开始历时四年共同研制成功了"单人便携式浴箱"，并委托一代理人全权代理申请了专利，但是专利证书"专利设计人"一栏中写的是四个人的名字，然而"专利权人"却只写了王兴华一人，这是一个失误，这个失误导致后来一系列纠纷。

王兴华、王振中、梅明宇三人共同与黑龙江无线电一厂于1989年签订专利技术转让合同，在提供了全套技术图样和设计资料后由无线电一厂支付入门费1.3万元。1990年11月1日，又以王兴华一人的名义与无线电一厂重新签订了排他性专利实施许可合同。约定："王兴华将其所有的单人便携式浴箱实用新型专利（专利号：88202076.5）有偿转让给无线电一厂使用，无线电一厂可在全国范围内独家使用该专利并拥有销售权；合同有效期内，由于工艺或生产等其他方面的需要，双方均可对专利进行技术改进设计，但不影响和改变专利的属性，不影响本合同的执行；无线电一厂在合同生效之日再付给王兴华1.2万元入门费"；同时约定了专利费的分段提取方式。

无线电一厂从获得专利许可至1996年3月前曾对上述单人便携式浴箱专利技术进行了改进，先后生产出S-400A型浴箱、S-400B型浴箱。其中后一项技术改进成果于1994年3月11日被授予第93211464.8号实用新型专利权。在本宗专利许可合同履行期间，王兴华均是第88202076.5号专利证书记载的专利权

⊖ 资料来源：http://lawyer.fabao365.com/4463/article_2557/. 有删节和重新编写.

人。1994年，王兴华与王振中、吕文富、梅明宇等之间因该宗专利权发生权属纠纷，经哈尔滨市中级人民法院判决确认，"单人便携式浴箱"实用新型非职务发明专利权属王兴华、王振中、吕文富共有；效益分配比例为王兴华45%，王振中35%，吕文富15%，梅明宇5%，该判决已发生法律效力。

在上述专利权属纠纷解决前的1991年3月20日，王兴华即与无线电一厂签订了"终止合同协议书"，但无线电一厂仍继续使用该专利技术并一直支付专利使用费，直至1993年7月10日以后停止支付。王兴华及王振中、吕文富、梅明宇四人遂以共同原告的身份将无线电一厂告上法庭，要求其继续给付使用费。

此案终审后又多次再审，各方争议的焦点集中在以王兴华一人名义签订的"终止合同协议书"是否有效；无线电一厂的专利改进技术是否落入原专利的保护范围且无线电一厂是否应当补充支付专利使用费等方面。最高人民法院经审理认为，专利权人与其他非专利权人共同作为合同的一方当事人，与他人签订专利实施许可合同，且合同中明确约定了其他非专利权人的权利义务的，专利权人行使专利权应当受到合同的约束，非经其他非专利权人同意，专利权人无权独自解除该专利实施许可合同。最高人民法院最终确认，以王兴华一人名义签订的"终止合同协议"构成对其他专利权人的损害；无线电一厂应当向四原告补充支付专利使用费324万余元。

这是关于专利实施问题中较典型的一个案例。该合同当中明确约定，专利权人未经其他非专利权人同意时，无权独自解除专利实施许可合同。案例一波三折，无线电一厂最终被判支付专利使用费。其中也可看出我国部分地区当时法律知识普及得不够好。

（四）什么是商标权

商标作为知识产权的重要组成部分，已为很多公众所熟悉。无论是在商标法律理论的完善、商标意识的提高方面，还是在商标法律制度的发展、商标执法力度的加大方面，中国都取得了显著的进展。

1. 什么是商标

商标是指在商品或者服务项目上所使用的，由具有显著特征的文字、图形、字母、数字、三维标志和颜色组合以及上述要素的组合构成的便于识别辨认的特定标记。商标是企业的重要无形资产，具有很高的价值。保护和提高企业商标的

价值，可以为企业带来巨大的收益。

2. 什么是商标权

商标权是商标专用权的简称，是指商标主管机关依法授予商标所有人对其注册商标受国家法律保护的专有权。

商标权的主体是商标权人。只有中国的普通自然人才能做商标权的主体。商标权的客体是商标，是用于区别商品或服务项目的专有标记。商标权的内容包括使用权、禁止权和续展权。

（五）商标的功能作用

（1）商标具有表示商品来源、指明生产企业的功能作用。使用同一商标的商品的生产厂家一般是同一个。企业为了巩固自己在市场上的地位，必须生产质量优良、价格适宜的商品，增加商标的信誉，才能吸引消费者按照商标认购。

（2）商标具有标示商品质量的功能。使用同一商标的商品往往具有相同的质量，消费者可以通过识别商标，买到他们所希望得到的具有一定质量的商品。

（3）商标具有宣传产品和扩大购销的功能。商标一般可分为：文字商标、图案商标、符号商标和组合商标。

（4）商标可以创立品牌，抢先占领市场。商标作为一种无形资产，有其价值，可以通过转让、许可给他人使用，或质押来转换实现其价值。对消费者来说，商标具有便于挑选产品、认牌购物的作用。对行政管理部门来说，通过对商标的管理，它们能监督商品和服务质量。商标能为办理质检、卫检、条码创造必备条件。

（六）商标纠纷

1. 什么是商标纠纷

商标纠纷也称商标纠纷案件，是指以是否构成商标侵权、构成商标侵权成立时应如何进行赔偿为原因的诉讼。商标纠纷是围绕商标发生的法律争议。

2. 商标纠纷类型

我国《商标法》规定的商标纠纷主要有三种类型：

（1）商标异议。商标异议是指任何人认为商标局初步审定予以公告的商标不具有合法性，在公告之日起三个月内向商标局提出不应给予注册的意见。

商标异议程序的设置，旨在加强社会公众对商标审查工作的监督，减少审查工作的失误，强化商标意识，给予注册在先的商标权人及其他利害关系人一次保护自身权益的机会，杜绝权利冲突后患的发生。异议人可以是注册商标权人、商标注册申请在先的申请人等利害关系人，也可以是任何其他公民或法人。

异议的内容主要有两种：一是与已注册的商标相同或近似；二是认为该商标违反禁用条款。

（2）商标争议。商标争议是指对已经注册的商标的争议，即两个注册商标所有人之间因两商标相同或近似所产生的商标权利的争端。

商标争议的实质是争议人认为在后注册的商标，与其在先注册的商标权益发生冲突，即与其在同种商品或者类似商品上注册在先的商标相同或近似，或者已经在市场上引起消费者的误认，因而提出限制该商标使用商品范围或者撤销商标注册。

申请商标争议必须具有以下三个条件：申请争议的人必须是商标注册人，而且商标标准注册的日期先于被争议人商标标准注册的日期；争议的两个注册商标核定的商品必须是同种商品或类似商品；争议的两个注册商标核准的图形、文字或其组合必须是相同或者是近似的。

商标争议对象，必须是注册不满五年的商标（恶意注册除外）。但是，对于核准注册前已经提出异议并经过裁定的商标，不得再以相同的事实和理由申请争议裁定。

（3）商标侵权。商标侵权是指行为人未经商标权人许可，在相同或类似商品上使用与其注册商标相同或近似的商标，或者其他干涉、妨碍商标权人使用其注册商标、损害商标权人合法权益的其他行为。行为人销售明知或应知是假冒注册商标的商品，商标专用权被侵权的自然人或者法人在民事上有权要求侵权人停止侵害、消除影响、赔偿损失。

3. 商标纠纷的解决

（1）商标注册纠纷及解决。《商标法》第五十七条所列侵犯注册商标专用权行为之一，引起纠纷的，由当事人协商解决；不愿协商者或协商不成的，商标注册人或者利害关系人可以向人民法院起诉，也可以请求工商行政管理部门处理。工商行政管理部门处理时，认定侵权行为成立的，责令立即停止侵权行为，没收、销毁侵权商品和专门用于制造侵权商品、伪造注册商标标识的工具，并可处以罚款。当事人对处理决定不服的，可以自收到处理通知之日起十五日内依照《行政诉讼法》向人民法院起诉；侵权人期满不起诉又不履行的，工商行政管理部门可以申请人民法院强制执行。进行处理的工商行政管理部门根据当事人的请求，可以就侵犯商标专用权的赔偿数额进行调解；调解不成的，当事人可以依照《民事诉讼法》向人民法院起诉。

（2）商标侵权纠纷及解决。根据我国《商标法》第六十条的规定，对侵犯注册商标专用权的，被侵权人可以向县级以上工商行政管理部门要求处理，也可以直接向人民法院起诉。可见，解决商标侵权纠纷，有由工商行政管理部门处理的行政途径，也有向人民法院提起诉讼的司法途径。

假冒"金门"高粱酒案例

"金门"高粱酒是台湾地区非常著名的酒类，进入大陆市场后广受欢迎。据福建高院介绍，自2012年2月份以来，被告人张志乞以厦门市翔安区大嶝街道阳塘北二里的房子作为生产场所，并向他人购买印有"金门高粱酒"的标签、瓶盖、酒瓶、纸箱以及散装白酒和灌装机器，生产假冒的"金门"高粱酒并销售。

被告人张志乞雇用的工人在搬运酒箱时，被厦门警方发现，并查获各系列的"金门"高粱酒3262瓶、散装白酒540斤、"金门"高粱酒空酒瓶3420个以及假酒生产线一条。涉案假酒价值97万余元人民币。

经审理，被告人张志乞的行为已构成假冒注册商标罪。因制售假冒"金门"高粱酒数量大，危害人体生命健康安全，情节特别严重，张志乞被判有期徒刑两年，并处罚金10万元。

自2014年3月15日以来，福建法院在一年内共审理涉及消费者权益纠纷案件28002件，主要包括商品房、食品、药品、日用品等商品买卖合同纠纷，电信、物业、旅游、物流、餐饮等服务合同纠纷，财产损害赔偿、人身损害赔偿、人格权纠纷等侵权纠纷，以及生产销售假冒伪劣产品的犯罪案件。

本章小结

本章介绍了一家新创企业可以选择的法律组织形式，在我国主要有个体工商户、个人独资企业、合伙企业、有限责任公司等。一个科学且切实可行的选址过程，一般要经过市场信息的收集和分析、多个地点的评价、最终厂址的确定等步骤。选址中需要综合考虑政治因素、经济因素、技术因素、社会因素和自然因素。其中经济因素和技术因素对选址决策起基础作用。注册登记、税务登记、银行开户流程中各自对申请资格、申请时需提交的文件及资料、办理程序的内容有

不同要求。创业者在创建和经营企业的过程中必须了解和遵守有关法律法规，以确保自身和他人的利益没有受到非法侵害。与创业有关的法律主要包括《专利法》《商标法》等。

思 考 题

1. 企业的法律组织形式有哪些？各自的特点是什么？哪类较适合你的新企业？

2. 新企业选址的步骤和影响因素有哪些？并谈谈你对成功案例的感想。

3. 注册成立公司的一般流程分哪几步？

4. 企业的注册登记、税务登记和银行开户登记时，对申请对象资格有什么要求？申请时需提交的文件、资料及各自办理程序有哪些？

5. 即将创建新企业的创业者需要了解哪些法律法规，来保证企业在法律的框架下运营并受到法律的保护？

参考文献

［1］Porter M E. On Competitions［M］. New York：Free Press，1998:33.

［2］曹胜利. 大学生创业［M］. 沈阳：万卷出版公司，2006.

［3］张玉利. 创业管理［M］. 北京：机械工业出版社，2008.

［4］王振光. 创业家实务手册［M］. 北京：清华大学出版社，2004.

［5］人力资源和社会保障部职业能力建设司. 创办你的企业（大学生版）——创业培训手册［M］. 北京：中国劳动社会保障出版社，2010.

［6］汤贡亮，王君彩. 企业税务管理［M］. 北京：经济科学出版社，2010.

［7］国家工商总局企业注册局. 企业登记指南［M］. 北京：中国工商出版社，2009.

［8］乔路. 企业法律顾问实务全书［M］. 北京：法律出版社，2009.

［9］曹德斌. 新公司法与公司登记［M］. 北京：中国工商出版社，2007.

模块四 启动创业

第九章 规避新创企业风险

任何一种投资的风险与收益都是成正比的，即风险越大，收益也越多；风险越小，收益也越小。想要获得较多的收益，就义须冒更大的风险。

——诺贝尔经济学奖获得者：哈里·马科维茨（美）

学习目标

1. 知道什么是风险，风险的特点有哪些。
2. 了解风险来自于哪些方面。
3. 了解风险的分类标准，以及各类风险的含义。
4. 了解创业中常见的团队风险、财务风险和创新风险。
5. 了解创业风险的有效防范程序。
6. 知道如何识别风险、分析风险、评估风险和管理风险。

核心内容

　　本章主要介绍新创企业风险的特点、来源、分类及常见的风险、有效防范程序、如何识别等知识。新创企业普遍面临诸多创业风险，有效地识别与防范这些风险成为新创企业生存下去的根本。通过本章的学习可以帮助学生在创办企业过程中学会规避风险。

知识导图

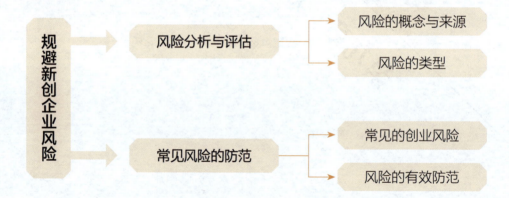

引 例

对经营管理行为进行风险分析与防范失败案例⊖

　　张宏伟与人合伙出资，在自己所居住的小镇上开了一家饭店。经过工商注

　⊖　周耀裘. 创业基础与实务［M］. 苏州：苏州大学出版社，2012. 有删节和重新编写.

册与装修正式开业了。由于张宏伟为人豁达，服务周到，且物美价廉，饭店生意非常好。后来，一些朋友看他生意好，就经常来聚餐，而他一则碍于面子，二则认为可聚集人气，所以经常不收朋友的餐费。但长此以往，这些餐费算起来也是一笔不小的资金。为此合伙人开始对此事有些不愉快。后来，饭店扩大经营，搞了新的装修，因此而欠了一笔钱。张宏伟与合伙人商量，要求追加投资，渡过难关，可合伙人不但没有追加投资，反而指出了免费送餐给朋友的问题，于是二人发生争执，合伙人要求退伙，抽回自己的资金。另外装修公司又反复来催装修款。自此，饭店经营陷入了危机。

新创企业在经营管理过程中稍有不慎，就可能产生风险。本案显示，原本是一个较好的创业项目，启动也很顺利，前期经营还一片红火，但由于经营者没有对自己的经营管理行为进行风险分析与防范，导致了饭店经营陷入危机。

创业者努力将创业机会变成了创业计划，在实施创业计划、形成新创企业时，最后一个环节就是对新创企业进行风险评估，并提出防范措施，以便最大限度地降低创业风险。本章重点分析风险的概念，创业风险的种类、风险识别、风险分析、风险评估等内容。

第一节 风险分析与评估

新创企业是指新成立不久的企业。创业者通过分析创业机会，整合各类资源，创建了一个具有法人资格的实体，这个实体能向市场提供产品或服务，并从中获得利益。新创企业通常不具备良好的运营管理制度、积淀的企业文化、成熟的市场资源和完备的人力资源，还需在企业运营与管理过程不断总结经验，吸取教训，不断地强身健体，以适应内外环境的变化，以应对来自各方面的风险。

2013年7月，国家工商行政管理总局公布一组数据：2000年以来，企业成立后的第五年累计存活率为68.9%，仅有约半数企业能存活到八年以上[⊖]。这表明，新创企业死亡率相当高，有许多企业由于抵制不了各种各样的风险而陆续死亡。可见，新创企业的风险防范相当重要。

一、风险的概念与来源

（一）什么是风险

风险是在一定条件下、一定时期内某一事件预期结果与实际结果之间的变动程度，变动程度越大，风险越大，反之，风险则越小。简单地说，风险是损失发生的不确定性，即风险由"损失"和"不确定性"两个方面组成。

创业风险是指在创业过程中存在的风险，这种风险来自于复杂的创业环境、有限的创业资源，同时创业者、创业团队的能力与实力也是有限的，这就可能导致创业活动偏离原来的目标，产生的这种后果就是创业风险。[⊖]

案例 9-1

农贸市场摊主失败的原因在哪里？

刘长良一直在某城市农贸市场做水果生意，但农贸市场水果摊比较多，竞争比较激烈，生意不好，利润不高。一次偶然的机会，刘长良回到湘西老家遇到了多年不见的初中同学李富春，了解到他正在种植多种食用菌。刘长良马上想到自己多年经营水果利润微薄，如果改经营食用菌，生意应该会很不错，况且所在的农贸市场还没有专门经营食用菌的摊位。他立马与李富春签订了供销合同，并以较低的价格拿到了李富春供应的食用菌，回到农贸市场后就马上将自己的水果摊位改成了食用菌摊位，生意非常好。好日子大概持续了半年，刘

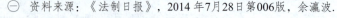

⊖ 资料来源：《法制日报》，2014年7月28日第006版，余瀛波.
⊜ 资料来源：http://www.managershare.com/wiki/ 创业风险.

长良与李富春的供应合同也到期了，他马上找到李富春要续签供应合同。但意外的是，李富春不再想续签，理由是供应价格太低，并提出了一个让刘长良无法接收的高价，导致谈判失败。由于没有供货渠道，刘长良不得不将摊位又改成经营水果。一个月后，农贸市场入口处有了一个全新的食用菌摊位，刘长良好奇地去看，发现摊主是李富春。

零售业主如果仅仅依赖有限的供应商提供产品，那么供应商的讨价还价的能力就强，自己就处于劣势。刘长良经营食用菌失败的主要原因就是过分依赖老同学的供货，没有及时开发新的供应渠道，导致经营被动，出现断货。因此经营者一定要居安思危，提前发现与预防经营风险，特别是在市场需求旺盛、销路较好的时候，一定要搞好供应链建设与管理，才能降低风险，保持优势。

（二）风险的特点

为了更深入地了解创业风险的内涵，要分析风险本身呈现的特点，把握这些特点，有利于正确认识与对待创业风险。

（1）客观性。事物的发展在未来呈现的状态存在不确定性，而这种不确定性是客观存在的。创业也是如此，创业过程将会产生各种各样的风险，创业风险本身客观存在于整个创业过程。创业风险的客观性要求不仅要正确认识创业风险的重要性，而且还要用积极的心态对待创业过程产生的风险。

（2）可测性。依据以往的经验、成功或失败的案例以及相关统计资料，可以通过定性或定量的方法来判断风险发生的概率以及会造成的不利影响的程度。

（3）可控性。可以通过适当的方法或技术来回避风险、控制风险的发生或减小风险的损失。

（4）关联性。创业风险不会单独存在。创业风险除了与创业环境有关联以外，还与创业者本身的创业行为及决策有关联性。

（5）损益双重性。创业风险就意味着有可能出现坏的结果，如果能够正确认识并有效地管理创业风险，则有可能将创业风险转化为大量的收益。

（6）不确定性。创业过程本身没有既定的模式和规律可循，随时可能出现许多不确定因素的干扰，创业风险体现出不确定性的特征。风险的不确定性体现在风险来源不确定、风险强度不确定、风险影响不确定等。

（三）风险的来源

可以把创业风险的来源分为"根本来源""可能来源"和"直接来源"。创业环境的复杂性和创业者及创业团队资源与能力的有限性是创业风险的"根本来源"。由于经济环境、市场环境与技术环境的变幻莫测，国家政策法律法规的变化等因素都是创业风险的"可能来源"。在创业过程中，资金、信息、信任、资源、管理等因素的作用是创业风险的"直接来源"。以下重点介绍创业风险的"直接来源"。

（1）资金。许多创业者往往在实施创业计划、推进创业实现的过程中，因为没有足够的资金，导致创业过程受阻，难以实现从创业机会到市场交易的转变，从而给创业带来致命的风险。资金风险是导致创业失败的常见风险。创业者可以通过银行、风险投资等方式融资来减小资金风险的影响。

（2）信息。创业者所需掌握的信息有许多，例如市场信息、政策信息、技术信息等。创业者对信息的把握不充分，往往造成决策的偏差或失误，特别是一些依靠技术创业的创业者可能对管理方面的信息不太敏感，或是一些依靠市场或管理经验的创业者可能对技术方面的信息不敏感。

（3）信任。新创企业团队是新组建的团队，人员之间缺乏合作的经验，相互之间的信任不牢固，造成团队成员之间的信任缺失。经营者与投资者之间，管理者与下属之间，部门与部门之间还需要一些时间来磨合，慢慢形成信任格局。

（4）资源。创业者需要整合各类资源以形成有价值的产品或服务，缺少或没有某类资源，即使创业者的构想很好，也"巧妇难为无米之炊"，创业者将一筹莫展。因此，合理地寻找资源，有效地整合资源，是创业过程的重点。

（5）管理。优秀的创业者并不一定是优秀的管理者，创业者可能是因为某一项技术可以转化，从而进行创业，即可能是技术专业人才，而管理水平不高。另外，创业者能产生新的创意、构想、方法，但并不意味着他有很好的执行力与领导力。

二、风险的类型

为了能够更好地理解风险的内涵，更有效地在创业过程洞察风险和管理风险，就需要了解创业风险的各种类型。这里按不同的标准和角度对创业风险进行分类整理，如表9-1所示。

表 9-1　风险的主要类别

划分标准	分类
按创业风险来源的主客观性分类	主观性风险、客观性风险
按创业风险的内容分类	行业风险、市场风险、技术风险、资金风险、管理风险、环境风险、法律风险、机会风险
按创业过程分类	创业机会的识别与评估的风险、撰写创业计划的风险、获取创业资源的风险、新创企业管理风险

（一）按创业风险来源的主客观性分类

（1）主观性风险。这是由于创业者自身原因导致的创业风险。创业者经验、素质、能力、品质等方面的问题可能导致创业过程产生风险。例如创业者由于洞察力不强，而对市场前景过于乐观，导致前期投入过大而资金链断裂。

（2）客观性风险。这是由于外界环境的变化而导致的创业风险。国内政治经济形势的变化、国际金融经济的变动、产品市场环境的复杂性等都可能导致创业过程产生风险。例如国家宏观调控，可能使得一些高能耗产品的生产成本过大而面临被淘汰的风险。

（二）按创业风险的内容分类

（1）行业风险。这是指在特定行业中与经营相关的风险，包括行业的生命周期、行业的波动性、行业的集中程度。

（2）市场风险。这是指市场主体从事经济活动所面临的盈利或亏损的可能性和不确定性。市场风险涉及的因素有市场需求、市场接受时间、市场价格、市场战略等。

（3）技术风险。这是指企业产品设计或服务创新过程中，因技术原因导致创业可能失败的风险。包括产品设计与开发的技术是否成熟、技术转移是否可行、技术前景是否乐观、技术效果是否明显，技术寿命是否可测等。

（4）资金风险。这是指因资金不能适合供应而导致创业失败的可能性。资金风险主要有两类，一是缺少创业资金风险，二是融资成本风险。

（5）管理风险。这是指企业在经营过程中存在的内部风险，包括管理者素质能力风险、组织管理风险、人才选拔与使用风险等。

（6）环境风险。这是指一项高技术产品创新活动由于所处的社会、政治、政策、法律环境变化或由于意外灾害发生而造成失败的可能性。

（7）法律风险。这是指因为企业的产品、服务、经营场所的缺陷和员工行为而给他人的财产和生命造成侵害后需要承担的法律责任，并因此给企业造成损害的可能性。

（8）机会风险。选择创业也就放弃了自己原先所从事的职业，一个人同一时期往往只能做一件事。

（三）按创业过程分类

（1）创业机会的识别与评估的风险。这是指在寻找、识别与评估机会的过程中，由于各种主客观的因素使创业面临一开始就选择错误方向的风险。具体包括错误地了解创业机会来源、从创意到创业机会的转化存在漏洞、错误的创业机会评估与评价等风险因素。

（2）撰写创业计划的风险。在制订创业计划时，存在许多不确定因素，包括环境的不确定与创业者自身能力的局限性在内的因素制约了创业计划的科学性和可行性。具体包括计划撰写准备不充分、信息细分与整合不合理、计划规划不科学、撰写计划不全面等因素。

（3）获取创业资源的风险。创业过程中，创业者可能难以获得所需的创业资源，或者获得的成本较高，也会给创业活动带来风险。具体包括创业者手头拥有的资源不足、可获得的资源供给有限等因素。

（4）新创企业管理风险。这种风险主要来自于新创企业的内部管理，例如，管理方式选择存在问题，企业文化内容与企业管理风格不匹配，战略目标定得过高或过低，组织结构过于烦琐或过于简单，营销手段不科学，激励机制单一，薪酬考核不合理等各方面的管理中存在的风险。⊖

⊖ 陈震红，董俊武．创业风险的来源和分类［J］．财会月刊，2003（B12）：56－57.

第二节 常见风险的防范

上节已经详细地探讨了风险的种类，并按不同的角度进行了分类分析。本节就创业过程中可能会遇到的常见风险进行分析，以便让读者更有针对性地思考分析这类常见的风险问题。

一、常见的创业风险

（一）团队风险

在创业初期，要有一个强有力的团队才能保障新创企业成立之后的正常运转。但是往往当新创企业开始走向成熟时，创业团队内部就可能开始出现一些不协调，利益分配、商业模式选择、技术引入、营销手段、融资渠道等，都可能是初创企业团队成员之间的矛盾点。一旦成员之间不能够求同存异，妥善处理分歧，就容易产生内部矛盾，甚至破裂。要通过建立合理的收益共享机制、差异化激励机制、信息传递机制、学习机制和奖罚机制等刚性制度，约束团队行为，实施长效的激励和保障制度，才能有效处理好创业团队风险。⊖

案例 9-2

阿里巴巴的"十八罗汉"

1999年春阿里巴巴刚成立时，在杭州湖畔花园马云的家，他的妻子、同事、学生、朋友共18个人围着马云听他慷慨陈词："你们要是跟我回家创业，工资只有500元一月，办公室就在我家那150平方米里，做什么还不清楚，我只知道我要做一个全世界最大的商业网站。你们可以考虑三天，再给我答复。"1999年是中国互联网经济的第一波浪潮，IT人才是稀缺资源，很容易找

⊖ 刘锐. 新创企业的三大管理风险及应对策略［J］. 前沿，2013（15）.

到月收入上万元的高薪工作。但是三天后，没有人提出要脱离这个团队。这些人创造了阿里巴巴，他们被称为"十八罗汉"，在阿里巴巴十周年庆的晚上，这18个创始人向马云辞去了创始人的身份，从零开始。用马云的话说，阿里巴巴进入了合伙人的时代。

从一开始，马云就和他的团队定下一条规矩：任何两个人发生矛盾，必须由他们自己面对面解决，只有在双方都认为对方无法说服自己的情况下，才引入第三者进行评判。这种简单、开放的议事原则，对于阿里巴巴团队建设至关重要。它使团队内部杜绝了"办公室政治"，减少了交流沟通成本和内耗，大大增强了团队的凝聚力和战斗力⊖。

团队的凝聚力是企业发展的根本，但是团队合作稍有不慎就可能"鸟兽"散。如何打造富有凝聚力的团队，避免因为团队风险造成创业的失败，马云用两招制胜，一招是美好的创业愿景，另一招是开放的议事原则，前者让团队凝聚超越利益之上，后者有效解决团队内部的矛盾和分裂。

（二）财务风险

处在生存期的新创企业，由于需要扩大规模和拓展市场，资金需求量大，对资金的筹集和使用、收益的分析等都存在风险，财务风险是新创企业面临的主要风险之一。

（1）融资风险。这是指企业因融资而产生的风险，包括无力还债的风险、利率波动的风险以及负债率过高而产生的资不抵债的风险。

（2）营运风险。这是企业在资金投入与利润回收方面存在的风险。主要有原材料采购、产品生产与销售、货款回收等方面的问题。特别是货款的回收风险较大，许多企业因为应收账款无法及时回收导致经营困难。

（3）收益分配风险。这是指企业对税后利润进行分配时产生的风险。企业税后利润一部分分配给投资者，另一部分做留存收益用于企业发展。如果留存多，分配少，则可能导致团队积极性降低；如果留存少，分配多，则可能导致企业发展难以为继。

新创企业如果不顾自身条件，负债经营，盲目扩张，就可能产生一些不良资

⊖ 林军. 沸腾十五年——中国互联网1995—2009［M］. 北京：中信出版社，2009. 有删节和重新编写.

产和业务，导致产生财务危机。新创企业财务风险的预防与控制的办法如下：

（1）优化财务结构。理论上说"资金成本最低，企业价值最大"是理想的财务结构。因此，新创企业要科学调整资本、资产、负债和投资结构，使其保持合理比率。

（2）加强现金流量管理。新创企业要高度关注现金流向、数量和资金周转率，避免资金链断裂。企业规模扩张要在资金可供的安全区域内，不要过度扩张，应将债务流动性风险控制在合理的范围内。

（3）健全企业内部控制。新创企业要不断打造良好的内部控制环境，完善内部控制程序，健全会计系统；要建立和实施授权批准控制、组织结构控制、会计记录控制、资产保护控制等制度，特别是不相容职务分离制度、利息支付制度、股利分配制度、负债及权益的会计记录制度。另外，要完善公司治理结构，建立监控机制，充分发挥内部审计的作用等。

（4）建立财务风险预警机制。财务风险预警主要是以财务会计信息为基础，通过计算、统计、分析等方法，设置财务预警指标，观察指标变动，对企业可能面临的财务风险进行实时监控和预测。建立财务风险预警机制可以帮助企业在财务危机发生之前，通过定性分析和定量分析，及时发现财务风险，提前发出预警信号，提醒企业及时分析财务恶化的原因，发现企业财务运营体系中的隐性问题，积极采取措施改善财务状况[一]。

案例 9-3

"安然事件"的反思

安然是被自己的财务风险击倒的。20世纪80年代中期，美国两家天然气公司合并成立安然公司，2000年总收入达千亿美元，当时名列美国500强企业第七。可是在2002年年底，安然申请了破产。安然的倒塌是因为犯下了财务管理中三大致命的错误：第一是财务做假，虚增利润。公司通过财务做假、虚增利润来欺骗投资人，曝光后，投资者信心尽失，股票暴跌。安然利用资本重组，形成复杂的企业组织，通过错综复杂的关联交易来虚构利润，同时利用财务制度上的漏洞隐藏债务。第二是使用大量高风险金融工具，但缺少有效的风

一 王华. 新创企业成长期的财务风险研究 [J]. 财会研究, 2010 (8).

险防范和信息披露制度。公司有大量交易契约，但由于缺乏透明的披露，这些契约除了安然交易人员外，连债权的银行都没弄清楚其值多少钱。公司在成功时，人们对这些契约价值还没产生疑问，但是问题暴露后，这些契约价值立刻受到投资者的怀疑。第三是过度举债谋求大发展。安然为了发展而不顾后果四处举债，资产负债表上只列了130亿美元，但其负债总额实际高达400亿美元。○

安然的失败在于这三大错误，使得公司时刻处在一个"走钢丝"的境地，只要在某一环节出现问题，大厦就会轰然倒塌。因此公司在融入资金和使用资金时，务必考虑财务风险，并能有效建立财务风险预警机制。

（三）创新风险

在李克强总理2015年《政府工作报告》中"创新"一词被提及近40次，并指出要改造传统引擎，打造新引擎，一方面增加公共产品和服务供给，另一方面推动大众创业、万众创新。依靠创新驱动是新创企业健康高效发展的主要方式。新创企业的创新驱动需要专业人才、资金投入和创新意识三个要素的有机结合：①关于专业人才。技术掌握在人才手中，尤其是优秀的专业人才是企业发展的稀缺资源，但是随着企业的发展，专业人才可能会由于种种原因而流失；另外，技术升级的压力也对专业人才提出了更高的要求，这就要求专业人才需持续不断地更新自身知识，产生创新动力。②关于资金投入。技术研发需要大量经费，用于研发条件的保障和对技术人员的激励，2013年英特尔研发支出占营业收入的20.1%，微软占13.4%，谷歌占13.2%，强生占11.5%○。国内企业研发投入也在营业收入的6%～10%不等。③关于创新意识。新创企业由于前期投入较大，往往在开始盈利后就急于压缩成本，收回投资，创新已经不再那么强烈，开始重视营销或生产，研发投入大打折扣。并且，对现有产品的升级换代、市场细分等工作也可能出现懈怠。这里所指的创新风险主要是指缺少创新人才和资金投入，缺乏创新意识所带来的企业发展风险，即创新乏力的风险。

企业要充满着创新的活力，一方面，管理层要站在更高的战略高度进行合理的战略定位，不要只看重眼前利益而忽略长远发展。另一方面，新创企业要形成

○ 资料来源：安然事件五周年回顾，中国会计视野，会计论文库.有删节和重新编写.

○ 资料来源：http://tech.qq.com/a/20141119/000916.htm.

具有创新意识的企业文化，形成一整套人才发展制度，包括选才、用才、育才和人才激励制度等，努力将新创企业建成学习型组织，只有这样，企业的发展才有充足的动力源泉。

案例 9-4

合俊集团的倒闭[⊖]

2008年10月15日，玩具代工厂合俊集团旗下的两家东莞工厂"合俊"与"俊领"突然宣布倒闭。此事爆发后，报纸、网络、政府等一直认为导致合俊集团倒闭的罪魁祸首是金融危机，是东莞的产业升级，是加工利润的降低。但是实际上并不是如此，合俊倒闭，更主要的原因是没有自己的品牌，从而也没有太大的竞争力。

东莞的合俊集团创办于1996年，是国内规模较大的OEM（贴牌生产）型玩具生产商，2006年9月在香港上市，2007年销售额超过9.5亿港元。但随后全球金融危机爆发，整个玩具行业上下游供应链恶化，之后，2008年生产成本持续高涨，塑料成本上升20%，人工成本上升12%，人民币升值7%，导致合俊集团资金链断裂，没有顶住危机而倒闭。实际上合俊集团本身的商业模式存在问题，作为一个贴牌企业，合俊没有自己的专利技术，不重视生产研发的投入，主要靠欧美订单。而美国次贷危机发展成金融危机，首先受到影响的肯定是这些依靠出口美国市场的贴牌企业。可是，同样在东莞的玩具企业龙昌公司，却能在这场危机中从容生存。比较两家企业发现，龙昌公司拥有自主品牌，并且拥有专利300多项，研发投入每年达3000多万元，研发人员有3000多人，而且龙昌公司走高端路线，生产多功能机器人、电子狗等产品。

创新是企业发展的持续动力。合俊集团早期的成功缘于市场刚性需求，但合俊没有居安思危，仍然是坐等订单贴牌生产，没有属于自己的技术和产品，没有自主品牌，这些需要依靠创新驱动来形成自己核心竞争力的东西，合俊都没有，导致环境变得恶劣时无法立足而失败。

⊖ 资料来源：http://finance.sina.com.cn/leadership/20090212/18405849444.shtml. 有删节和重新编写.

二、风险的有效防范

一般来说，创业风险的有效防范程序为：风险的识别和风险的管理。

（一）风险的识别

风险的识别首先要判断风险的来源。第一节讲到了创业风险主要直接来自于资金、信息、信任、资源和管理。找到风险的来源之后，就需界定风险的内容。对创业风险的界定需要明确风险属于哪一类型。第一节讨论了创业风险按内容可以分为"行业风险、市场风险、技术风险、资金风险、管理风险、环境风险、法律风险和机会风险"。具体的创业风险可能是上述某一类风险，也可能是几类风险的综合，要具体问题具体分析。

风险的识别可以分为"风险筛选、风险监测和风险诊断"三个步骤。

（1）风险筛选。风险筛选是将一些具有潜在风险的内容进行分类选择。这些内容可能包括公司的产品、管理过程、事件、现象和人员等。

（2）风险监测。风险监测是指在风险出现后，也可能是风险出现前，对产生或可能产生风险的内容进行观测、记录和分析的过程。

（3）风险诊断。风险诊断是对风险及损失的前兆、风险的后果以及产生风险的各种原因进行评价与判断，找出问题的主要原因并进行仔细检查的过程。⊖

扩展阅读9-1

识别风险的主要方法

（1）流程分析法。它又称流程图法。生产流程是指在生产过程中，从原料投入到成品产出，运用设备按顺序连续地进行加工的过程。该种方法强调按流程，对每一阶段和环节，逐个进行调查分析，从而识别风险。⊖

（2）专家调查法。该方法由专家通过调查，将企业可能面临的风险逐一列举出来，并按不同的标准进行分类整理。在列举风险时，专家所涉及的范围应尽可能地广泛，且应具有一定的代表性。可参考上节讲到的风险来源来分类

⊖ 资料来源：http://www.baike.com/wiki/%E9%A3%8E%E9%99%A9%E8%AF%86%E5%88%AB.

⊖ 资料来源：http://zhidao.baidu.com/link?url=FGo6gzRnekqXa3g_CePELTFsebA90GCbqGlxnCdxeKsDBR_ixkmMbD7K-wfp_2yBya_uq-Dfc7g9YKID8ccaTK.

整理，也可以按照创业风险的内容来分类整理，还可以按直接风险或间接风险、财务风险或非财务风险、政治性风险或经济性风险等进行分类整理。列举与整理风险的过程，就是识别风险的过程。

（3）财务分析法。管理者要针对问题进行深入调研，特别要分析企业内财务管理相关数据和报表，例如资产负债表、损益表、公司财产登记表等资料，发现其存在的潜在风险。

（二）风险的管理

在对风险进行评估后，就需知道如何管理风险。首先，要清楚风险管理的对象是风险，风险管理的主体是人或组织。其次，要明白风险管理的目标就是以最小的成本收获最大的安全保障。风险管理要考虑风险的成本效益、影响效果、可控性和必要性等方面。常见的管理风险的措施有"规避风险、接受风险、降低风险和分担风险"。

（1）规避风险。简单地说，规避风险就是绕开风险。例如：通过公司政策来阻止一些高风险的经营活动或交易行为；在确定业务发展和市场扩张目标时，避免去尝试追求战略以外的机会；通过从已经占有的市场撤退，或者处理出售某个产品组合或业务来规避风险等。

（2）接受风险。接受风险就是认可风险，同时也不采取行动，任其产生和造成影响。此类风险可能造成的影响不太大，或可控，但考虑风险控制成本，可以不加以控制。

（3）降低风险。降低风险是指利用相关手段或措施将风险降低到可接受的程度。例如：将资产分散放置；借助内部管理或外部公关，将不良事件发生的可能性降低到可接受的程度等。

（4）分担风险。企业可以通过恰当的手段和方式将风险分配于风险参与者，这就是风险分担。例如信托公司作为受托管理资产的金融机构就可以分担企业风险。实行风险分担时要分析和评估风险，确定风险种类与危害程度，要将风险分担以合同条款的形式固定下来。⊖

⊖ 资料来源：http://wiki.mbalib.com/wiki/%e9%a3%8e%e9%99%a9%e5%88%86%e6%9e%90.

大学生群体规避创业风险的方法[⊖]

1. 谨慎选择创业项目，注重个人创新能力的提升

创业早期，大学生创业者必须根据自己的技术专长和已知的市场需求等现实条件筛选合适的创业项目。有效的前期市场调研是项目确定的必需。根据调研报告，以市场的实际需求进行综合评估与分析。一般来说技术含量高、自主知识产权明确的项目是首选项目，大学生创业者切忌盲目跟风。

2. 合理运作自由资金，完善财务管理制度

科学的资金预算与合理的资金管理方法及手段是有效规避资金运作不良、资金流中断等问题的关键所在。大学生创业者应在合理合法的前提下寻找并利用一切可能获取的融资渠道，并充分利用政府和金融机构的融资政策与相关支持政策等获得政府的资金支援。

3. 科学管理企业团队，建立监督奖惩机制

科学的决策和完善的监督奖惩机制是企业持久保持活力必不可少的，企业应当树立和凝练一套适合自身发展的管理理念，建立一套健全的管理方法。企业可聘请专职人员建立一套健全的规章制度，不能仅由一人既掌握企业决策又行使企业管理权，避免在企业发展大方向上出现失误。

4. 提高自我竞争优势，先发抢占市场先机

生存竞争是自然界和人类社会的普遍规律。技术优势在市场竞争中占主导地位。掌握主动权的往往是率先研发新技术、开发新产品的一方，在市场竞争中毫无疑问会占据绝对优势。

5. 准确掌握市场动向，主动开发衍生产品

大学生在创业初期最易出现盲目跟风现象，而忽视开发相应衍生产品。一旦市场发生波动，出现主打产品滞销，在没有新产品推出的情况下，企业的生存与发展将会面临巨大风险。所以，创业者应利用已掌握的相关先进技术，开发并改进产品，使产品具有极高的市场竞争优势，让企业向着多元化发展。

6. 详细了解方针政策，完善问题应急措施

"天有不测风云，人有旦夕祸福。"自然灾害具有不可抵抗性和不可预见

⊖ 袁樱. 大学生创业风险及防范途径探析［J］. 边疆经济与文化，2014（10）：65-67.

性，随时都可能发生，法律法规的变动也具有不可抵抗性，成长中的企业更应随时关注这些环境因素，因此企业必须重视这类环境风险的评估分析和预测，应该设立针对突发事件的应急预案以及详细的预防和应对措施，能够针对政策的变动，及时调整完善企业的战略方针，但同时又要保持企业发展规划的一致性。还可通过参加意外保险的方式将企业的损失降到最低。

本章小结

从创业机会变成创业项目，进而形成新创企业，实现了创业者的创业梦想。但是，新创企业在成长与发展过程中存在许多不确定因素，这些不确定因素使得新创企业的生存与发展存在巨大风险，有可能夭折，前功尽弃。因此，创业者要能有效识别和防范这些风险。本章重点阐述了新创企业的风险以及如何防范。本章首先介绍了风险的概念，强调了风险具有客观性、可测性、可控性、关联性、损益双重性和不确定性等特征；分析了创业风险主要来源于资金、信息、信任、资源、管理等因素；对创业风险从不同角度进行了分类；重点介绍了新创企业的财务风险包括筹资风险、营运风险和收益分配风险，以及降低创新风险需要专业人才、资金投入和创新意识三个要素的有机结合；阐述了有效防范创业风险的程序，风险的识别和风险的管理；介绍了管理风险的措施，规避风险、接受风险、降低风险和分担风险四种。通过本章的学习，学习者应能理解什么是创业风险，创业风险的来源，有哪些创业风险，如何更好地管控创业风险，实现创业的成功。

思 考 题

1. 创业风险具有哪些特点？创业风险的主要来源有哪些？
2. 按创业风险的内容可以将创业风险分为哪些种类？
3. 有哪些办法可以预防与控制新创企业的财务风险？
4. 一般来说，风险的识别可以分为哪几个步骤？

讨 论 题

1. 运用风险管理的相关知识，解决引例"餐饮公司能否摆脱困境"中的风险问题。

2. 你认为风险管理是对可能风险的防范与管理，还是对已经出现的风险的管理与控制？为什么？

参考文献

[1] 周稽裘. 创业基础与实务 [M]. 苏州：苏州大学出版社，2012.

[2] 陈震红，董俊武.创业风险的来源和分类 [J]. 财会月刊，2003（B12）：56-57.

[3] 刘锐. 新创企业的三大管理风险及应对策略 [J]. 前沿，2013（15）.

[4] 林军. 沸腾十五年——中国互联网1995—2009 [M]. 北京：中信出版社，2009.

[5] 王华. 新创企业成长期的财务风险研究 [J]. 财会研究，2010（8）.

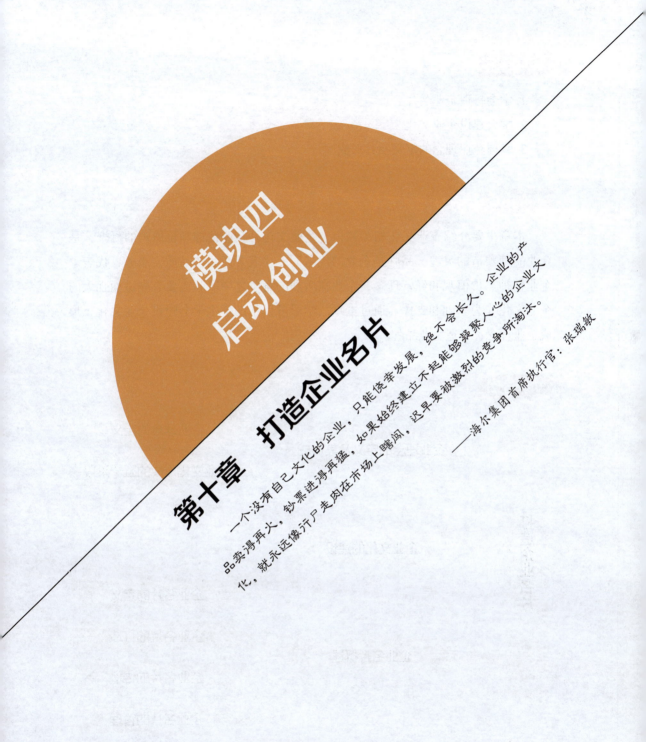

模块四
启动创业

第十章 打造企业名片

一个没有自己文化的企业，只能侥幸发展，绝不会长久。企业的产品卖得再火，钞票进得再猛，如果始终建立不起能够凝聚人心的企业文化，就永远像行尸走肉在市场上瞎闯，迟早要被激烈的竞争所淘汰。

——海尔集团首席执行官：张瑞敏

学习目标

1. 学会打造企业名片。
2. 学会建设企业文化。
3. 掌握企业理念的定义及其形成。

核心内容

本章主要介绍企业文化相关知识。企业文化是企业精神和价值观的凝聚，是企业品牌塑造的灵魂。品牌是企业的代名词，代表了产品的品质、服务，代表了企业精神、价值观和经营理念，企业在激烈的竞争之中取胜需要有先进而强大的企业文化作为基础和支撑。通过本章的学习可以帮助学生学会建设企业文化，形成企业理念，打造企业品牌。

知识导图

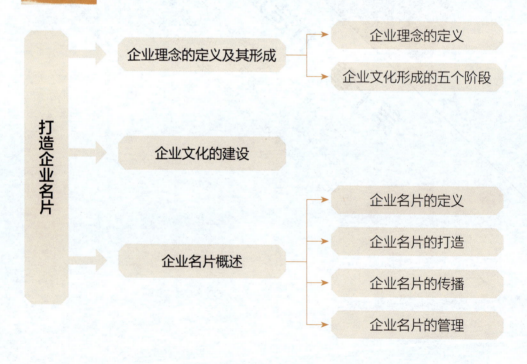

引 例

耐克：乐观进取的生活态度

耐克追求个性化的公司文化，具有鲜明特征的公司文化——反传统观念的企业形象，是由公司创始人Phil Knight（菲尔·奈特）创立的。塑造企业和产品完美与充满活力的形象是公司的战略目标，耐克在营销中的创新在于传播。它采用青少年崇拜的偶像如迈克尔·乔丹等进行传播，还利用电子游戏设计耐克的专用游戏。每当推出新款式，即请来乐队进行演出，通过娱乐的方式传播出一种变革思想和品质。耐克的这种传播策略，不仅使其品牌知名度迅速提升，而且还能建立一种高度认同感的品牌资产价值。

营销学教授、品牌顾问凯文·莱恩·凯勒（Kevin Lane Keller）认为，耐克非常关注消费者，其产品具有丰富的接入点，使得该品牌不仅受专业运动员的欢迎，而且吸引了更多的普通大众。这个品牌强调的是乐观进取的生活态度，鼓励体育爱好者发挥最大实力来展现自己。耐克公司最大的优点之一在于它持续地进行产品研发，这对消费者来说就显得越来越专业，也就越来越值得信赖。通过不断的发明和创新，耐克已逐步从单纯的高端运动鞋公司转型为全能型体育用品公司，其业务遍布全球，覆盖了各种体育项目。

耐克公司始终关注消费者，始终传递着乐观进取的态度，它以其责任感赢得了消费者的信任，充分展示了品牌的力量。

著名管理培训专家余世维说过，一流的企业看文化！美国著名品牌专家拉里·耐特（Larry Knight）说过：未来是品牌互争长短的竞争。创办一个企业，应该树立积极向上的企业理念，并由此塑造出卓越的企业文化，引领企业全体员工奋发有为，推动企业发展壮大，打造出经久不衰的企业名片。

第一节 企业理念的定义及其形成

美国麦肯锡管理咨询公司研究人员在研究了美国四十余家大型公司后得出结论，一流的企业之所以能成功是因为它们有自己独特的企业文化，是这种优秀的企业文化使它们脱颖而出。可见，企业文化对企业的成功具有极其重要的地位和作用。在企业文化的诸多要素中，企业理念是核心，它引领着企业文化的形成和发展。

一、企业理念的定义

企业理念是指一家企业的精神和价值观，它是增强企业的凝聚力、推动企业发展的一种团队精神，指导着企业的经营和管理活动。企业理念对内能统一思想，凝聚人心，形成自觉的行为导向，对外能够树立良好的企业形象，打造良好的企业品牌。

案例 10-1

沃尔玛的企业理念

沃尔玛公司起源于1945年其创始人沃尔顿在美国小镇维尔顿开设的一家杂货店。公司创始人沃尔顿采用特别的发展战略和优异的组织、激励机制，建立起了这个全球最大的零售业公司，该公司以物美价廉和优质服务而闻名世界。在创业初期，沃尔顿采取的经营策略是先进军小镇，占领小镇市

场，再逐渐向全国推进，对于人口少于5000人的小镇也照样开办超市。沃尔顿坚持将"低价销售、顾客满意"作为企业的经营理念，并将它写在公司招牌两侧。沃尔顿认为，低价销售是零售业未来的发展方向，只有实行真正意义上的低价才能真正赢得顾客。沃尔顿的低价理念并不意味着在商品的质量或售后服务上存在着打折的情况。在这种理念指引下，沃尔玛的员工只要顾客一开口，马上就去做让顾客满意的事情。沃尔玛公司创立的低价高质的企业理念使得它在零售业中战胜强大对手，跻身于世界500强首位。在这样经营理念的指引下，沃尔玛最终形成了"尊重个人，服务顾客，追求卓越"的基本信仰。

企业理念的内容和形式在一定时期内将具有相对稳定性，但随着时代变迁，它将相应地发生更新、升级和不断完善。因此，企业理念具有时间上的阶段性和渐进性。形成一个好的企业理念需要经历实践、完善和提高的螺旋上升过程。

二、企业文化形成的五个阶段

企业文化形成是一个复杂而长期的过程。一般而言，企业文化需经历五个发展阶段，第一是生存阶段，企业为生存奋斗，价值取向以目标为导向；第二是企业家代表企业文化阶段，以规则为基础；第三是团队代表企业文化阶段，以绩效作为基础，厚实的绩效帮助企业构建系统能力；第四是员工代表企业文化，以创新为导向；第五是企业文化真正形成阶段，这个阶段以愿景为导向，企业具有了核心价值能力，可以用文化凝聚所有人，从而获得强有力的竞争地位。

扩展阅读 10-1

企业的文化与形象[⊖]

一家企业能够长期给人特色鲜明的印象，员工能长期给人特色鲜明的精神风貌，主要在于企业所具有的独具特色的企业理念。例如，海尔的"真诚到永远"企业理念始终支撑着海尔与众不同的服务质量，沃尔玛的"让顾客买到最

㈠ 资料来源：景素奇.企业形象与文化落地——让企业文化重回人间[J].中外管理，2004（8）.

便宜商品"的理念决定了它实施最低价的商品采购和销售策略。更重要的是，企业理念重在落实，重在企业能否把理念落实到经营管理的各个环节上。如果海尔"真诚到永远"只是一个响亮的口号，没有落实到经营管理的方方面面，顾客是感受不到其"真诚"的；如果沃尔玛没有把"让顾客买到最便宜商品"的理念落实到经营管理的每一环节，那么顾客是不会信任其"最便宜商品"的理念的。因此，企业理念不是一句表面漂亮的口号，而是一种落实到企业经营管理各个方面成为企业全体员工自觉形成的日常行为习惯，具有企业的鲜明特色。

从以上材料可以看出，企业文化没有固定统一的定义。从某种意义上来说，企业文化可能本就不应该是定义出来的，而恰恰是悟出来的。假如你到通用汽车、奔驰、松下等企业参观，事先你不必被灌输一通其企业文化如何如何好，只需到其厂区和职场里走一趟，你就会有感觉、有感受、有感悟。而这种感觉、感受、感悟是你永远说不清、说不准、说不透的，只能在心间产生共鸣、共识和敬佩。现在有些人以熟记了人家的几句被广泛流传、津津乐道的理念口号，就自以为学到了其企业文化，其实不然。因此，企业文化不是知识，而是人们对知识的态度。企业文化不是利润，而是人们对利润的心理。企业文化不是舒适的环境，而是对环境的感情。企业文化不是管理，而是造就管理模式的氛围。

第二节 企业文化建设

企业品牌是企业文化的集中体现，而企业文化是企业品牌的坚实基础。文化一词是指集体或社会成员之间相互作用以及他们为完成所做事情所采用合作的方式及其特征。企业文化是企业员工相互合作所采取的方式及其特征，企业文化最终将形成被大多数员工所认同且用来教育新员工的具有企业自身鲜明特点的价值体系，因此，企业文化对企业的生存和可持续发展起着极其重要的作用。在知识经济和经济全球化的发展趋势下，现代企业之间的竞争越来越趋向于文化的竞争。下面具体讨论如何建设好企业文化。

企业文化建设总的原则应坚持"洋为中用，古为今用"，通过吸收古今中外不同管理方式、不同企业文化的精华，密切结合企业自身实际凝练出独特的企业理念，在这一理念指引下构建优秀的企业文化。最重要的是，应结合企业的管理实践，即结合企业的实际经营状况，培育出具有鲜明个性的适合本企业发展的独特的文化。在建设企业文化过程中，应注重员工的广泛参与以及同行专家的指导，通过企业生产经营活动来把握企业的个性，提炼出具有企业自身特色且被员工普遍认同的价值观。同时，通过企业文化建设不断缩小内部的价值观差异，不断增强员工对企业的认同感、归属感和荣誉感，不断提升企业外部的品牌信誉度，最终实现企业的可持续发展和壮大。企业文化建设还要与企业战略、人力资源和市场营销进行横向衔接，既要实现企业内部员工的观念和行为的统一，又要将企业文化转化成市场价值，不断提升公司的品牌力和创造市场价值，服务国家和社会。

案例 10-2

海尔质量管理的三部曲⊖

1984年，海尔公司转产电冰箱，但当时全国已有百余家电冰箱厂。海尔在产品规模和品牌等方面都处于劣势，靠什么才能在市场上争得一席之地呢？只能靠过硬的质量。海尔老总张瑞敏走出了第一步，提出了自己的质量观念，即有缺陷的产品就是废品。于是海尔也就有了产品质量"零缺陷、精细化"的管理方法，通过质量建设实现用户使用过程中的"零抱怨、零起诉"。但是从质量理念的提出到企业员工的普遍接受，进而转变为大家自觉遵守的原则和工作习惯需要一个过程。于是，张瑞敏果断迈出了第二步，即海尔公司的砸冰箱事件。当时，公司员工的质量意识极其淡薄。为了强化质量意识，提高企业竞争力，于是就有了后来媒体所报道的张瑞敏砸冰箱事件。海尔从400多台冰箱中检查出76台有不同程度缺陷的产品，当时，这些冰箱可作为等外品处理和

⊖ 辛喜薄. 海尔的"管理三部曲"［J］. 中国乡镇企业，2003（7）. 有删节和重新编写.

使用，但为了教育员工，让大家从此树立质量是企业生存的根本这一观念，张瑞敏将每一台冰箱上贴上条子，标明它的缺陷及生产者，并在公司开了个展览会，要求把这些有缺陷的产品销毁，谁生产的就由谁来砸。在当时的条件下，这些冰箱要是处理卖了，还能赚些钱，而且职工都很困难，没有奖金，工资都要向外借，员工在感情上接受不了这种做法，但张瑞敏意识到，如果不严格进行质量管理，在员工心中树立质量意识和责任感，海尔永远会有不合格冰箱生产出来，最终损失的还是企业和员工的自身利益，所以，张瑞敏亲自带头把有缺陷的76台冰箱砸碎，使得员工对有缺陷的产品就是废品这个质量理念有了刻骨铭心的理解与记忆，对质量与品牌之间的关系有了更深切的体会和感受。张瑞敏充分利用这一事件将质量管理理念渗透到每一位员工的心里，再将理念外化为企业制度，形成有效机制。在砸冰箱事件过后的一个多月里，张瑞敏主持召开了多次会议，讨论的主题非常集中：我这个岗位有质量隐患吗？我的工作会对质量造成什么影响吗？我的工作会影响谁？谁的工作会影响我？从我做起，从现在做起，应该如何提高质量？在多次会议讨论中，参会员工积极发言，深入探讨，相互启发，相互提醒，对企业生产过程中的质量问题有了深刻认识，产品质量"零缺陷"的理念得到了员工广泛的认同。在产品质量大讨论中，大家开始了进一步的思考：怎样才能在企业管理机制上保证"零缺陷"产品的实现。于是，他们走出了第三步——建立"零缺陷"质量管理机制。海尔在生产流水线上设置专门记录产品缺陷的记录条，员工检查出上一工序的缺陷后，就及时记录在缺陷记录条上，然后在生产流水线终端安排一个特殊工人负责把这些缺陷维修好，而且他把修好的每一个缺陷所用的时间记录下来，作为向缺陷责任人索赔的根据。当产品合格率超过规定时，他将获得奖金，合格率越高，他的奖金就越多，这就是著名的海尔"零缺陷"质量管理机制。海尔质量管理三部曲最终在企业广大员工中树立了良好的质量意识和品牌意识，塑造了良好的企业文化氛围，为企业的发展壮大打下了坚实的基础。

从以上案例可以看出，企业文化建设不仅仅是高层管理人员的个人意愿和看法，而应当是企业所有员工共同的价值观念和行为模式，它为企业持续发展与创新提供了精神动力和智力支持，是人本管理的一种体现。所谓人本管理，是把尊重人、理解人、关心人同教育人相结合，育人为主，育人为先。即企业要尊重每一位员工，充分发挥每一位员工的积极性、主动性和创造性，为企业发展壮大凝心聚力。由上还可以看出，企业文化的根本是人本管理，对企业所进行的文化建设是人本管理的最高层次。只有得到全体员工认同的企业文化才是真正有价值的企业文化，在得到全体员工认同之后，企业文化的关键就在于行动和落实，也就是要让企业文化从抽象变到具体，从认同到理解，从理解到自觉，从自觉到行动。

企业文化是一种价值观，更是企业的生命源泉，是企业生存和发展的原动力。许多初创期企业往往把精力投在如何融资、降低成本、采用新技术、满足客户需求等因素方面，缺乏长远规划，特别是对企业文化建设不够重视，然而"一年企业靠运气，十年企业靠经营，百年企业靠文化"的创业经验是不容忽视的，企业如果缺乏企业文化的支撑将最终失去社会竞争力。而且，企业文化的建设是一个长期的过程，需要时间积累、沉淀和不断总结，必须从战略高度进行审视、思考和长远设计。例如作为全球领先的综合性能源公司，雪佛龙公司专门制定了一份"雪佛龙方式"企业管理文化宣传册，对员工进行企业文化的宣传，体现了公司对企业文化推动企业建设和发展重要性的认识。有学者在对中外优秀企业进行研究后指出，杰出的企业都有强劲的企业文化作为发展基石，例如松下电器公司的"松下经营哲学"、美国IBM（国际商用机器）公司的"IBM管理风格"和麦当劳的经营管理理念等。

扩展阅读 10-2

IBM 公司创始人沃森在 1914 年创办公司时设立了企业的"行为准则"⊖

（1）必须尊重个人。

（2）必须尽可能给予顾客最好的服务。

（3）必须追求优异的工作表现。

他把这些价值观标准写出来，作为公司的基石。这些准则一直牢记在公司每位人员的心中，任何一个行动及政策都直接受到这三条准则的影响，"沃森哲学"对公司的成功所贡献的力量，比技术革新、市场销售技巧，或庞大财力所贡献的力量更大。IBM公司对公司的"规章""原则"或"哲学"并无专利权。在企业运营中，任何处于主管职位的人必须彻底明白"公司原则"。他

⊖ 天舒. IBM：永远尊重个人的权利和尊严［J］. 东方企业文化，2011（17）.

们必须向下属说明，而且要一再重复，使员工知道，"原则"是多么重要。在IBM公司会议、内部刊物、备忘录、集会所规定的事项中，或在私人谈话中，都可以发现"公司哲学"贯彻在其中。如果IBM公司的主管人员不能在其言行中身体力行，那么这一堆信念都成了空口说白话。主管人员需要勤于力行，才能有所成效。全体员工都知道，不仅是公司的成功，即使是个人的成功，也一样都是取决于员工对"沃森哲学"的遵循。若要全体员工一致产生信任，是需要很长时间才能做到的，但是一旦能做到这一点，所经营的企业在任何一方面都将受益无穷。

第三节 企业名片概述

　　企业名片是展示企业基本信息最直接的表现，也是最直观的方法。名片的基本信息大致包括企业名称、企业品牌、地址、联系方式、网址和邮箱等。然而，随着社会经济的发展，企业名片的概念得到了扩展，已经不仅仅是企业基本信息这一简单含义，它已经蕴含了时代发展赋予它的更加丰富的内涵，不仅成为联系广大消费者与企业的桥梁，而且成为很多企业的无形资产。

一、企业名片的定义

　　从法律意义上说，企业名片是企业注册后被认可的一个标志或标识，但就现实生活中的商品销售而言，企业名片往往具有更加广泛的意义，如企业名片中所包含的特定品牌标识对应着特定生产者的产品或服务，使得它与其他商品品牌得以区分，同时还包含了特定企业的企业理念和企业文化，有着相应的消费群体等。其中，企业品牌一般由图案、文字、数字、符号或标记等要素组合而成，例如李宁公司的品牌标志和大众汽车的品牌标志等。这些图标都很有创意，有利于品牌的建立和推广。企业品牌不仅是企业形象的代言人，而且是消费者的风向标，直接决定了消费者的消费倾向，它所带来的商业效应是巨大的，不仅仅是对企业，同时对广大的消费者都有着重要影响。

案例 10-3

星巴克的企业名片打造[⊖]

星巴克很少打广告，而是依赖分散在世界各地的众多店面传播口碑。2005年，星巴克的全球品牌价值提升了，每周来客人数高达3000万。这意味着它开始不受其他类似品牌与产品的干扰。

星巴克在树立自身品牌的基础上，还与流行文化相结合，参与制作音乐、书籍和电影，将文化产品和咖啡完美结合起来。星巴克投资音乐吧，利用音乐改变整个咖啡店的环境，既然是投资，总有风险，星巴克的这项举措遭到媒体和网络博客的批评。但星巴克副总裁安·桑德斯反驳说，消费者对音乐吧很满意，可能有更多分店推出音乐吧。（注：星巴克的投资理念前所未有：将咖啡馆打造成社交场所。咖啡馆不再只是喝杯美味咖啡的去处，而是成了社交和谈天论地的场所，尤其为学生和年轻的城市职场人员所青睐）。

这是提升品牌价值的成功事例，但专家研究指出，每个公司都希望扩大自身品牌的影响力，但如何在品牌现况和未来远景之间取得良好平衡是人人都要面临的难题。耶斯·弗兰普顿（Jez Frampton）说，涉足自己不擅长或不适合发展的领域会使公司偏离自身品牌，在冒险扩张中能顺利获得高分的公司依靠的是顾客忠诚度。

企业名片既是一个营销概念，涉及战略、品牌的影响力，同其产品或服务有很大的关系，也是一个组织或产品的形象、熟悉度和美誉度的结合，它为企业带来的效应意味着先导的商品或服务定位、稳定的消费群体与高利润的回报等，它在企业中的作用主要有以下几点：

（1）一张好的名片就是一块好的招牌。一张好的名片在消费者心里代表了过

⊖ 曹磊. 如何提升品牌价值的案例分析［J］. 世界标准信息. 2006（8）. 有删节和重新编写.

硬的质量、有序的管理、高尚的企业文化和绝对的诚信。因此，企业名片就是企业知名度的基石，为产品或服务赋予了个性和企业文化，把看似普通的商业交易变成了一种文化理念的传递与传播。

（2）企业名片是企业的无形资产。同一件商品在贴上不同的企业名片后，有可能产生不同的价格，这是因为好的企业名片是企业经过几年甚至几十年的积累而换来的消费者的信任，这种信任包括对品牌质量、企业理念和企业文化的信任等，这就构成了企业名片身后所代表的无形资产。

（3）企业名片具有一定的法律效应。企业通过商标注册使其企业名片受到法律保护，从而防止他人非法盗用，给企业带来不利影响。因此，企业应该在技术上不断创新，达到难以被模仿而保护好自己的名片。

既然企业名片在企业中有如此重要的作用，那么新创立的企业应该怎样根据自己的实际情况来进行企业名片的定位，为良好企业名片的打造走出第一步呢？要回答这个问题，创业者首先应该思考这三个问题：

（1）企业试图向市场提供什么样的产品或服务？

（2）企业提供的商品和服务的对象是谁？

（3）企业的竞争者是谁，和它们比我们的优劣在哪里？

在明晰市场现状的基础上明确了初创企业的产品、服务、服务对象以及自身的优劣势后，创业者可以进一步考虑希望企业名片应该具有的特色。最后结合自身资金、人力和物力情况选择一个或数个备选名片进行比较，最终确定的企业名片应该具有鲜明的特色，例如质量稳定、价格低廉、外观新颖、创新周期短等。

扩展阅读 10-3

品牌个性⊖

美国著名学者珍妮弗·阿克尔（Jennifer Aaker）率先提出了企业品牌个性理论。后期的学者对不同的品牌进行了测量，得到了一些认识。例如，保时捷以"刺激"的个性，给人以大胆、有朝气、最新潮、富于想象的感受；IBM以"称职"的个性，给人们以可信赖的、成功的、聪明的感受；万宝路和耐克

⊖ 资料来源：http://baike.baidu.com/link?url=gvv9fku0a_G87-Q3KooHQRkm-5vIQPJXKz_FYtVmehyOeKqt2Lj9Lq3ofpSyqeHWEDFHS2rz_2vJdAbTSRk7va.

则以"强壮"的个性给人以户外的、强韧的感受。仔细分析可以发现，现实中，这些商品的消费者的个性是与品牌个性保持一致的，或者说，消费者在选择商品时会依据自身个性特征选择与其具有相同或相近的个性特征的品牌，这种一致性会极大地满足消费者的心理需求，从而使得消费者对品牌产生良好的评价及高度的信任。因此，中小型企业在建立品牌美誉度方面，需要通过科学的测量，了解目标消费群体的个性特征，然后通过相应的传播方式将自有品牌的品牌个性特征传递给消费者，使消费者认可并信任，最终提升消费者对品牌的美誉度。

二、企业名片的打造

如前所述，企业名片对一种产品或服务乃至一个企业而言都是至关重要的，所以企业名片的设计（例如企业商标、产品品名和产品包装等）很有可能是最重要的一步之一。很多企业不惜投入巨额资金进行品牌设计，例如埃克森公司历时六年、耗资1亿美元最后才确定了埃克森（Exxon）的命名。虽然企业品名和商标的设计属于艺术的范畴，投资与回报不一定成比例，但从中可以得知企业名片的设计对于一家企业而言是一件很重要的事情。从美学角度考虑，希望企业产品品名、商标和包装的设计简洁明了、特色鲜明、内涵丰富、易记易读等，企业如果无法独立完成，可以寻找专业的设计公司进行必要的协助。此外，随着我国企业加入全球市场的竞争，海外市场的需求往往会涉及特定地区或民族的风俗和习惯，从而影响到企业名片的特殊设计。

扩展阅读 10-4

不重视企业名片影响企业的发展⊖

企业名片（品牌）设计对企业的作用是不可忽视的，有很多企业特别是中

⊖ 资料来源：百度文库，http://wenku.baidu.com/link?url=G7pmRycIj5k1gRCSuQm4F3c-9HTQ3-ganRhxDsftAyuuhxfD6ROCMXYhNY6lc7JToHqMhcPcn_p8Qwco3F8lAwefTDTdM9qLRszx-ABAmRC.

小型企业没有这个意识，它们认为，企业的产品销售才是企业发展第一位的，销售上去了什么问题都解决了，这样的情况在企业发展的初期的确是有用的，首先抓的是订单，在经历了一段时间以后问题就开始暴露出来，例如，公司没有完整的视觉形象而显得杂乱，连最基本的名片都不统一，以至于同一个公司的10个人出去见客户别人认为这10个人来自10个不同的公司，公司没有统一的工人制服、便笺……一切问题都出来了，这样就在有形和无形中影响了产品的销售和客户对公司的忠诚度，销量下去了，订单少了，老板却摸不着头脑，这是怎么回事？稍微有意识的经营者可能会请一个企业战略者来分析企业为什么发展停止不前，然后再经过分析，产品质量没有问题，产品销售网络和人力资源没有问题，那就是企业形象出了问题，这个时候再来进行企业形象的整合和调整，其难度就比一开始进行企业形象规划难得多了，企业自己让自己走了弯路，影响了企业的发展。

三、企业名片的传播

大多数消费者对于商品的第一次接触主要是各种各样的广告，例如广播、电视、报纸、互联网等，广告无疑已经成为企业名片传播的最主要方式。除了广告传播外，公关传播也是一条重要途径。

（一）企业名片的广告传播

好的广告犹如一首动听的歌、一首优美的诗或是一个感人的故事，可以给消费者留下美好的印象，树立良好的企业形象，扩大企业的知名度。要达到好的广告效果可以从以下两方面着手：一是所设计的广告必须满足消费者实际需求，具有较强的市场针对性，同时具有吸引力、感召力、风格简洁明快，具有艺术美感；二是选择合适的广告投放方式，可以选择在报纸、杂志、广播、电视、网络或是在街头分发传单等方式，还可以采用邮寄的方式等，这些方式如果适合消费者的生活习惯将会取得较好的广告效果。像"家乐福"或"沃尔玛"之类的零售巨头主要采用将广告宣传册直接寄到消费者家中的方式进行广告传播，它们的做法不但取得了较好的宣传效果，还免去了较为昂贵的资金代价。还有像有些公司将最新的产品目录定期寄给消费者，让消费者轻松地做出购买决定，这也是一种值得推广的广告方式。

案例 10-4

广告遍及全球，可口可乐成为世界第一饮料名片⊖

"可口可乐"诞生于1886年，美国人约翰斯蒂斯彭伯顿（John Stith Pemberton）研制出可口可乐原浆。同年5月，饮料上市，以每杯5美分的价格出售，随后，《亚特兰大新闻》报上就出现了"可口可乐"的第一次广告，邀请人们前去品尝这种"美味清新"的"新型流行汽水"，并宣告它的品名叫"可口可乐"。1888年，坎德勒买下了"可口可乐"商标，印发了成千上万张免费优待券邀请人们品尝。顾客免费品尝之后，立刻对这种奇妙的饮料产生了兴趣，以后便自己掏钱买来喝了。

从1888年至今，"可口可乐"所采用的广告口号已达九十多条，产品的特色口味和公司始终不渝地促销努力使"可口可乐"这一品牌在美国人心目中深深扎下了根。如今，"可口可乐"仍然不断地发动广告攻势拉拢全世界的消费者，其每年的广告费用达到几亿美元。事实证明，它的这种广告策略是其企业名片（品牌）成功的一大因素。

（二）企业名片的公关传播

企业的公共关系指的是企业在产品或服务销售中与社会公众的关系，简称"公关"。良好的企业公关形象将有利于企业名片的传播。在特殊情况下，公关可以挽救一个企业品牌因负面消息而导致的形象损毁。例如强生公司曾经对泰诺药品中毒事件进行公关行动，尽其最大可能挽回了企业形象，获得了企业持续发展的可能，而三鹿奶粉在曝出"三聚氰胺"事件后对媒体和消费者展现出傲慢态度，导致其被媒体和消费者所唾弃，最终倒闭关门。

企业公关的方式很多，例如赞助性公关、服务性公关和宣传性公关等。赞助性公关是指通过对各种社会公共事业，像体育、文化、教育、科学、医疗等的赞助支持获得良好的社会评价和口碑，促进企业品牌在消费者心目中的树立。服务性公关一般是通过为消费者提供价廉的商品使用辅导、维护、升级和保养等服务在消费者心中留下良好的印象来进行品牌传播。宣传性公关指的是运用多种宣传方式向消费者传达企业品牌信息，以吸引消费者注意力达到塑造良好舆论氛围的目的。

⊖ 陈放.企业品牌成长的十大模式及经典案例［J］.中国质量与品牌，2005（7）.有删节和重新编写.

扩展阅读 10-5

宣传性公关[一]

宣传性公关模式的主要做法有:

(1) 对内部员工宣传主要有自办报纸、刊物、墙报、黑板报、宣传橱窗、内部广播系统、闭路电视、各类展览与陈列、员工手册、意见箱与意见簿。

(2) 对外宣传主要有接待参观、展览会、展示会、影视资料、记者招待会、新闻发布会、公共关系广告、公关小册子等。

宣传性公关模式运用广播、电视、报纸杂志等传播媒介,采用撰写新闻稿、演讲稿等形式,向社会各界传播品牌和企业相关信息,以形成有利的社会舆论,创造良好的活动气氛。通过公关的客观和权威性来帮助广告的渗透,最终俘虏众多的消费者。

四、企业名片的管理

在了解了企业名片的定义、打造与传播的基础上,进一步分析企业名片的管理,主要从以下三方面着手:

(一) 保持优势

保持企业名片或品牌长期优势的主要办法就是根据消费者的需求不断提高产品或服务的质量,主要方法是技术改造,包括技术创新和产品包装,其中技术创新主要依靠企业对技术型人才的不断培养或引进,且始终瞄准市场需求来研发新技术或开发新产品。有了技术上的创新还需要通过对产品进行包装来体现对现有技术的改进或升级所带来的产品新的变化,使消费者能享受到最先进的产品及其服务。

(二) 名片推广

广告是企业名片推广强有力的武器,主要包括媒体广告、影视广告、网络广告和户外广告等,其中影视广告是其中最重要的方式,因为电视拥有最广大的消

⊖ 资料来源:百度百科,宣传性公关模式.

费人群。除此之外，增强企业公关也是进行品牌推广的有效途径。

（三）销售控制

企业名片（品牌）的销售是创立品牌的最终目的，主要包括商品定价、销售渠道控制和防假措施的制定，其中，在商品定价方面，价格的升幅和降幅都不能太大，最好是在维持标准定价的同时根据市场情况有稍微的浮动；在销售渠道控制方面，企业最好是制定合作零售商的基本制度，确定合作零售商的销售选址、服务人员素质及服务质量以保证品牌形象；在防假措施的制定上，企业应该采取严格有力的打假措施，例如提高生产技术水平和产品质量，加大仿冒难度，或是控制流通渠道，封锁市场，采用专卖的形式让消费者更容易辨别真假等。

本章小结

本章介绍了企业理念的概念及其形成，重点介绍了新创企业文化的内涵、重要性和建设过程，对企业名片的打造进行了全面阐述和介绍，使创业者从企业理念到企业文化再到企业品牌有了全面而系统的认识，为将来创业打下良好的知识基础。

思考题

1. 在品牌的长期策略中，新创企业该如何建立并维持品牌的优势呢？
2. 在市场经济体系下，新创企业该如何建立自己的企业文化？
3. 新创企业该如何建立自己的企业理念？

参考文献

[1] 易金，王兴元. 中小企业品牌成长机制研究 [J]. 山东社会科学，2010（5）.

[2] 王慧灵，朱亚莉. 我国中小企业品牌建设存在的问题及解决对策 [J]. 企业经济，2011（1）：69-72.

[3] 卫中旗. 基于企业文化的企业品牌建设研究 [J]. 改革与战略，2010，26（11）：148-151.

[4] 李洪. 中小型企业品牌培育之思考 [J]. 生产力研究，2014（9）：23-26.

[5] 朱豪. 中小企业品牌文化建设探讨 [J]. 企业改革与管理，2014（7）：43.

［6］曹磊. 如何提升品牌价值的案例分析［J］. 世界标准信息，2006（8）：58-59.

［7］代凯军. 管理案例博士评点：中外企业管理案例比较分析［M］. 北京：中华工商联合出版社，2000.

［8］程云喜. 与沃尔玛对标：从核心竞争力出发的质疑［J］. 企业活力，2005（2）.

［9］景素奇. 企业形象与文化落地——让企业文化重回人间（之三）［J］. 中外管理，2004（8）：90-91.

［10］陆松福. 品牌价值的宝塔模型与中小企业品牌升级路径［J］. 商场现代化，2008（36）：21-23.

［11］杨自绍. 浅析企业广告设计水平的提升策略［J］. 长春教育学院学报，2013，1（26）.

模块五
实施创业

第十一章　互联网创业

如何重构新东方的商业模式，更换新东方的基因，以实现拥抱互联网的转型和升级？更换基因这个坎儿过不去，基本上就要死。不是增长还是不增长，而是生存还是死亡。能不能拥抱互联网，成了生死问题。更换组织基因，用互联网思维去重构原来的商业模式，非常不容易、非常痛苦，但头须要这么做。

——新东方创始人：俞敏洪

学习目标

1. 认识互联网创业，了解互联网创业内涵。
2. 了解常见的互联网创业类型。
3. 了解互联网+创业。

核心内容

　　本章主要介绍互联网创业的概念、类型及主要模式等知识。互联网创业已经成为目前国内最具创新活力的领域之一，几乎所有的创业项目都会与互联网发生联系。通过本章的学习可以帮助学生了解互联网创业，将创业与互联网结合起来，更好地创业。

知识导图

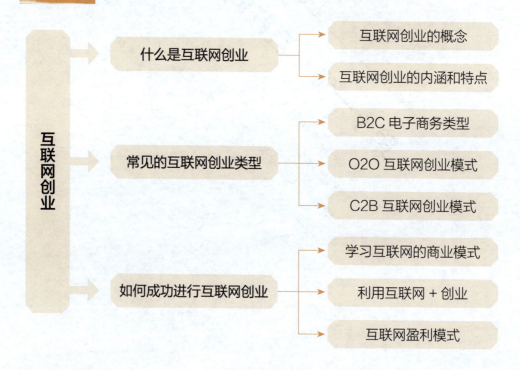

"淘宝村"日销过亿元的财富神话

随着电子商务在中国的发展，浙江、广东、江苏等地农村出现了一批专业的"淘宝村"，"淘宝村"是指活跃网店数量达到当地家庭户数10%以上、电子商务年交易额达到1000万元以上的村庄。2013年，阿里巴巴发布了20个中国"淘宝村"，仅仅一年过去，这一数据就被刷新到了211个，首批19个"淘宝镇"（拥有三个及以上淘宝村的乡镇街道）也随之涌现。

揭阳市揭东区锡场镇军埔村就是一个日销过亿元的"淘宝村"。这里本是一个"食品专业村"，近年来食品加工厂生存艰难，村人也多出外谋生。村中一些在外做服装生意的青年开始回乡创办淘宝店，这个村庄很快就发展成"淘宝村"。

军埔村的淘宝生意，由品牌商、普通开网店村民和代工厂三个环节组成，品牌商自己设计服装、买料给代工厂，代工厂做贴牌，而村民则形同分销商，将品牌商信息上网，接订单后再从品牌商拿货，包装邮寄给顾客。如此，批发商承担了商品积压的风险，而村民几乎"零风险、零成本"就可以赚钱了。

军埔村共490户、2690多人，从事电商的村民过半；目前该村共经营淘宝网店1400多家、实体店38家；2013年9月份该村淘宝店月交易额达3500万元，而到了"双11"购物节，该村的淘宝店月交易额则已经超过了1亿元。

"淘宝村"作为互联网创业浪潮中的代表，上演着一个又一个销售的神话。阿里巴巴集团副总裁、阿里研究院院长高红冰表示，从"淘宝村"数量、涉及网店总数、就业人数来看，"淘宝村"都正在步入"大繁荣时代"。从最初的3个淘宝村，到2013年进入统计视野的20个，再到2014年的200多个，"淘宝村"已然"破茧成蝶"，成为影响中国农村经济发展的一股不可忽视的新兴力量。

随着互联网技术的不断发展，它已然成为当今信息时代的最大信息传播载体，影响着我们每一个人的生活。基于中国庞大的人群，中国互联网市场的未来前景将十分广阔。有经济学家指出，现在和未来是互联网创业的黄金时代。

 资料来源：大洋网－广州日报，2013－12－14.有删节和重新编写.

互联网思维的九大方面[⊖]

互联网思维不仅仅是对传统营销和产品开发方式的改造，更是对传统组织和商业模式的改造，它将对传统企业价值链做一个系统的重构，其主要包括以下几个方面：

（1）用户思维。这是指对经营理念和用户的理解方面。用户思维贯穿企业运营的始终，用户思维也是互联网思维的核心，没有用户思维也就不可能领悟好其他思维。为什么在互联网蓬勃发展的今天，用户思维格外重要？因为互联网消除了信息不对称，使得用户掌握了更多的产品、价格、品牌方面的信息，互联网的存在使得市场竞争更为充分，市场由厂商主导转变为用户主导，用户"用脚投票"的作用更为明显，用户主权时代真正到来。作为厂商，必须从市场定位、产品研发、生产销售乃至售后服务整个价值链的各个环节，建立起"以用户为中心"的企业文化，不能只是理解用户，而是要深度理解用户，只有深度理解用户才能生存。

（2）简约思维。这是指对品牌和产品规划的理解方面。在用户思维的指导下，品牌和产品该如何规划？以往品牌厂商多习惯大而全，产品线显得冗长，产品包装也恨不得列上全部产品卖点。而像苹果、小米这类互联网思维下的企业给人的感受往往是极简元素。简约思维就是指在产品规划和品牌定位上力求专注、简单，在产品设计上力求简洁、简约。

（3）极致思维。这是指对产品和服务体验的理解方面。互联网时代的竞争非常残酷，只有产品和服务给用户带来的体验足够好才可能真正地抓住用户，真正赢得人心，生产过剩的年代做不到极致，就很难在市场立足。

（4）迭代思维。这是指对创新流程的理解方面。传统企业多有一个长达2~3年的新品上市周期，而互联网企业的产品开发采用迭代方式，在与用户不断地碰撞中把握用户需求，进而完善产品，让产品在用户参与中得以完善。

（5）流量思维。这是指对业务运营的理解方面。互联网企业都有很典型

⊖ 资料来源：CPS中安网，http://news.21csp.com.cn/c17/201501/78392.html.

的流量思维，"流量即入口""流量就是金钱"等理念推动着互联网企业流量为先的策略。

（6）社会化思维。这是指对传播链、关系链的理解方面。社会化商业时代已经到来，企业面对的员工和用户都是以"网"的形式存在，所以企业经营必须融入社会化思维。除了营销环节的社会化媒体营销，还有众包、众筹、社会化招聘等很多方式值得探索。

（7）大数据思维。这是指对企业资产、核心竞争力的理解方面。大数据成为企业的核心资产，数据挖掘与分析成了企业的关键竞争力乃至核心竞争力。大数据思维同样贯穿在企业经营的整个价值链条。

（8）平台思维。这是指对商业模式、组织模式的理解方面。互联网三大巨头分别构建了搜索、社交、商务三个领域的生态体系，分别成为各自领域的平台组织。如何思考自身商业模式的设计？在互联网影响下，如何完成组织层面的调整和文化方面的创新？都是这场互联网转型攻坚战中的重要命题。

（9）跨界思维。这指的是对产业边界、创新的理解。互联网和新科技的发展，纯物理经济与纯虚拟经济开始融合，很多产业的边界变得模糊，互联网企业的触角已经无孔不入，掌握了用户和数据资产，将可以参与到跨界竞争中。

第一节 什么是互联网创业

世界上第一个进行互联网创业的是美国的亚马逊公司，它源自于公司创始人杰夫·贝佐斯的猜想。杰夫·贝佐斯在自己家车库里为亚马逊编写程序，1994年，亚马逊开业了，卖出了第一本书，开创了互联网网上零售的先河。网上零售源于杰夫·贝佐斯的一种推测，一种猜测，一种推断，源于知识和经验的推断。

一、互联网创业的概念

近年来，互联网创业逐渐进入了人们的视野。随着互联网创业的兴起，对其定义及内涵的研究逐步深入和系统，人们更加关注什么是互联网创业。

（一）互联网发展历程

提到互联网创业，不得不提到互联网的发展经历，互联网的发展历程大体分三个阶段：

（1）互联网的形成阶段。这个时间大概是在20世纪70年代，美国国防部研究计划管理局，简称ARPA，开始建立了一个"ARPANET"的网络，当时建立这个网络的目的是把美国几个军事研究用的计算机主机连接起来，后来人们普遍认为这就是互联网前期的雏形。

（2）互联网的发展阶段。20世纪80年代，美国国家科学基金会（NSF）在1985年，建立了一个NSFNET，NSF规划建立了15个超级计算中心和国家的教育科研网，用来支持美国的科研和教育的网络。以此为基础，和其他网络进行连接。1989年，开始采用Internet这个名称，后来ARPANET宣布解散。

（3）互联网商业化阶段。20世纪90年代，商业机构开始进入了互联网，互联网从那以后开始商业化的进程。通常说的互联网创业基本上就是和互联网的商业化应用同时发展的。

（二）互联网创业的定义

近年来很多学者对互联网创业的定义做了研究，

（1）龚志周认为：互联网创业是指利用计算机网络及其他电子通信设备，发现和捕捉新的市场机会，提供新的商品或服务，以创造新价值的过程。

（2）李凌己认为：互联网创业应该分两个层次去理解：一是没有太多启动资金，与自我雇佣、个体户层次相对应，以就业为起点的广义上的互联网创业；二是启动资金较多，真正注册企业、雇佣他人的狭义上的互联网创业。

（3）张青、曹尉认为：互联网创业就是利用包括互联网在内的计算机网络及其他电子网络通信设备，发现和捕捉新的市场机会，提供新的商品或服务，以创造新价值的过程。

（4）潘洪刚、吴吉义认为：广义层面上，凡是以互联网及其他电子网络通信设备为基础，发现和捕捉新的市场机会，通过提供新的商品或服务以创造价值的

过程就是互联网创业；狭义层面，以网络平台为基础，发现和捕捉市场机会，通过资源整合而向消费者提供有价值的产品或服务的过程就是互联网创业。[⊖]

由此可以看出，互联网创业作为一个过程，通常具有以下三个特征：

（1）创业者要依托互联网整合现有资源，弥补资源短缺。

（2）创业者要在互联网中寻找机会，发现商机。

（3）创业者利用互联网及延伸产品进行价值创造。

综上所述，互联网创业应是完全在互联网上开展的，或者是一部分依托互联网开展的商业活动。

互联网创业的形式大致有网上开店、网络游戏、网络媒体、网络服务、网络经济业务等各种类型的创业形式。

二、互联网创业的内涵和特点

互联网不仅仅是一个工具，更是一个合理配置经济发展的平台。互联网是一项技术进步，正是源于互联网具有打破信息不对称、降低交易成本、促进专业化分工和提升劳动生产率的特点，从而改变经济发展的生态。

（一）互联网创业的内涵

（1）互联网创业把传统资源与互联网资源进行深度融合与提升，是为了创造互联网经济的增量价值。通过发挥互联网的规模优势和应用优势，推动互联网由消费领域向生产领域拓展。

（2）互联网创业改变了传统行业在流通、支付、消费等环节的不足，衍生出"互联网+传统行业模式"等新产业，创造了新的经济增量。通过深化互联网与经济社会各领域融合，释放发展潜力和活力，促进改革创新，满足市场需求。

（3）互联网与传统行业的融合是化学反应，而非物理对接。互联网创业对推动经济提质增效和转型升级、培育新兴业态、夯实网络发展基础具有重要意义。实施互联网创业，能支撑起"大众创业、万众创新"的新局面，促进服务业开放，降低民众创新与创业的成本，创造更具活力的经济业态，为经济增长提供创新创业的新驱动。

（二）互联网创业的特点

互联网创业者除了需要具备传统行业创业所需的创新能力、资本运作、团队

⊖ 潘洪刚，吴吉义. 我国网络创业的兴起及发展现状研究 [J]. 华东经济管理，2011（11）.

合作、盈利模式等必备要素外，还需了解互联网创业基本特点，以便更好地开展互联网创业。

1. 互联网创业初期成本较低

互联网创业者在创业初期，所需要的资金不大。创业者只要购买一台计算机、牵一根网线、在家或租一间小屋，就可以开始创业了。尽管创业者离成功创业还很遥远，也可能有人会嗤之以鼻，认为这不是创业，但是，这种观点忽略了互联网创业是个过程，是寻找商业机会、进行资源融合和提升的过程，是需要创业者通过战略性眼光、敏锐的思维去创造商业价值和社会价值的。

2. 互联网创业初期各种费用少

现在互联网通信很发达。只要有宽带，就解决了互联网通信的大部分问题，可以节省电话费；房间不大，不需付昂贵的房租；不用正式注册公司；更不用为税务而烦恼。

3. 互联网创业初期创业者组成简单

互联网创业者往往都是白手起家，一人包揽所有的事务和职务。既当董事长、经理，又做会计，又当工作人员，不需要为员工担心。

4. 互联网创业风险系数相对较低

对互联网创业者允许失败，不必担心害怕失败。互联网创业初期的投入成本并不高，因此创业者不必患得患失，失败了从头再来机会很大。

5. 互联网创业成功利润往往非常丰厚

选择了一个好的互联网项目，并沿着正确的方向走下去，你会发现互联网创业成功带来的利润是爆发式增长的，你会享受丰厚利润带给你的快乐。

扩展阅读 11-2

互联网创业注意事项

（1）创业者要用自己独到的眼光来发现互联网盈利点，积极探索具有创新理念和创新想象的项目，切忌东施效颦。

如果创业者仅停留在盲目模仿，没有自己的创意，那么，失败的概率就增加了30%。不反对模仿，但要坚持创新，打破现有的立足点，打破眼前的樊笼，创业者才能开拓出属于自己的事业。

（2）如果互联网创业者选定了某个项目并且做了下去，贵在坚持，切忌

朝三暮四。

当然，坚持不等于盲干，坚持不等于明知不可为而死撑着。认定的事情，就努力去做，不能三心二意，今天做短信，明天做购物，一天一个新花样，看到别人做什么很赚就想做什么。创业初期一定要事先考虑清楚，全面考察其可行性。一旦着手，就要按着预定目标走下去，不要轻言放弃。

（3）要善于把握趋势，顺势而做，要具有敏锐的商业嗅觉。

互联网商机无限，也许是一个很小的机会，抓住了，可能就会成功。及时关注互联网发展的新趋势，只要把握一次能够创造商业价值和社会价值的互联网创业的机会，并顺势而为，那么成功就不远了。

（4）要学会寻找合作伙伴。

伟大的事情要靠一个团队来完成，互联网创业者创业初期，可用的资源匮乏，通过寻找合作伙伴，可以解决创业中遇到的资源瓶颈。一个人没有资金，但这个人有一定的经验和智慧的头脑，在某一方面有过人之处，营销策划、资本运作好，彼此容易理解和沟通，有创业精神，有强烈的进取心，有长远的眼光，想一生中至少做成一件事情，那么这个人如果成为合作伙伴，那创业成功的机会就大大增加，反之亦然。

案例 11-1

河北沧州富镇村民开千家网店致富　年总收入过亿元[⊖]

沧州泊头市富镇依靠当地汽车配件市场，不足3000人的富镇村，如今已有1000多家网店、10多家快递公司。电子商务给农民增收又添新渠道。

31岁的富镇村村民江学广是村上第一个做网络生意的人。最初，江学广在一家小工厂打工。自从接触网络后，江学广就开始琢磨如何通过互联网干事创业。而富镇因生产汽车配件、装具而闻名全国，被誉为"汽车配件之乡""汽车装具之乡"。利用这得天独厚的条件，江学广于2009年年底在网上开了村里首个网店，销售汽车配件及装具。随着信誉慢慢积累，生意也越来越好，后来

⊖ 资料来源：http://www.chinanews.com/sh/2014/04-03/6026867.shtml. 有删节和重新编写.

他果断辞去工作，正式完成从打工仔到网店"掌柜"这一华丽转身。

江学广靠网店挖到了人生的"第一桶金"，村里掀起一股"学计算机、开网店"的热潮。一大批在外打工的年轻人陆续回村开网店创业。如今，在这个不足3000人的村子里，已经在网上注册店铺1000多家。一位网店店主向记者透露，一个普通店铺的年收入大概在10万元左右，按此计算，富镇有超过1000家网店，总的收入将超过亿元。如今，网络"掘金"确确实实成了富镇村民们的一条金光大道。

现在富镇有实体店的基本都注册了网店，而且这个转型让他们着实受益颇多。富镇的汽车配件、装具以前主要走批发，有的厂家往往货发了不少，货款却迟迟收不上来，有时催要到的货款还不够路费钱，有段时间富镇汽车装具厂有的都快倒闭了。村里网店开起来后，进货的越来越多，不仅救活了工厂，而且加工厂比以前还多。

江学广刚开始做网店时，富镇只有一个快递公司收发件，快递费还特别贵。现在，顺丰、圆通、申通、全峰、国通等12家快递公司都驻在富镇。富镇村开网店队伍的不断壮大，极大地带动了当地汽车配件、装具产业的发展，生产汽车配件、装具的企业也比以前多了。除此之外，纸箱、五金、快递等产业也得到迅速发展。

有机遇，同样会有风险。不断增加的网店带动了当地多个产业发展，然而如何让富镇网店茁壮成长成了摆在他们面前的新问题，而且现在不只富镇村在做网店，周边好多村也在做，竞争压力非常大。面对网店的无序竞争，产品质量参差不齐，富镇政府与当地的相关部门加强监管，树立富镇自己的品牌。同时，富镇政府正在筹划成立商会，对网店、实体店实行规范有序的管理，现在已向泊头市政府申请，在富镇西侧建造一个占地1000多亩，集仓储、物流公司、快递公司、汽车装饰等于一体的现代物流商贸城，让富镇的特色产业发展形成良性循环。

讨论题

试分析上述案例中，所体现出的互联网创业的特点有哪些。

第二节 常见的互联网创业类型

互联网创业类型很多：①有娱乐类网站——流量型；②社区论坛类——用户型；③行业垂直类——媒体型；④B2B行业网站类——行业型；⑤B2C电商零售类——销售型；⑥O2O模式；⑦C2B模式；等等，下面着重介绍三种常见类型的互联网创业类型。

一、B2C 电子商务类型

B2C电子商务指的是商品供应方（泛指企业）与消费者个人之间通过互联网开展的电子商务交易活动的简称。据不完全统计：2015年中国网民数量突破7.8亿，在新增的网民中，未成年网民增长较快，绝大多数都是来自大、中、小城市，广大农村地区由于通信设施不断改善，网民也在爆发式增长。广大网民对电子商务的接受程度逐步提高，网上购物将会成为中国网民购物的一种大趋势。据不完全统计：2014年，中国的网络零售销售额超过3000亿美元。中国的网络购物人数将达到2亿，高于美国网购人数。

（一）B2C电子商务概念概述

B2C即Business to Consumer，其中 B是Business，即商业供应方（泛指企业），2（two）则是to的谐音，C是Consumer，即消费者。B2C电子商务是企业或商家与消费者之间通过互联网进行的一种经济活动方式，包括金融活动、交易活动及其他综合商务活动。B2C电子商务一般以直接面向消费者开展零售业务为主，主要借助于互联网开展在线销售活动。

（二）B2C电子商务类型

1. 传统生产企业网络直销型B2C

对这种类型的B2C电子商务，传统企业要从战略的角度来定位发展目标，要协调好企业线下渠道与线上渠道利益平衡问题，传统渠道销售产品和线上销售的产品要实行差异化的管理，产品系列也要有差别。例如，传统渠道销售的产品体现地区特色，而网上销售所有产品系列；线下与线上的商品定价，实行差异化；同时，线上产品也可通过线下渠道完善售后服务。

2. 第三方交易平台型B2C网站

人力、物力、财力有限的中小企业，首先，要学会选择具有较高点击率、高流量和高知名度的第三方交易平台。其次，要聘请熟悉网络应用、懂得网络营销、了解网店运营的网店管理人员。最后，要增加产品的类别，充分利用既有的仓储系统、供应链体系、物流配送体系以及实体店的资源发展网店。第三方交易平台是一种拓展网上销售渠道的好方法。

3. 传统零售商网络销售型B2C

传统零售商通过业务外包解决经营电子商务网站所需的技术问题，建立自己的网站销售产品，通过将丰富的零售经验与电子商务有机地结合起来，有效地整合传统零售业务的供应链及物流体系。

4. 纯网商

纯网商是指没有线下实体店，只通过网上销售产品的商品供应商。主要以自产自销和购销网商两种模式销售商品。

（三）B2C电子商务面临的困境

（1）方便、快捷的服务需要进一步加强。B2C电子商务目前仍存在两个方面的问题：①商品目录庞杂，查找商品信息困难，如何更方便、更快捷地提供用户所需产品，是B2C电子商务必须解决的一个问题。②B2C电子商务售后服务的支撑力度不够，商品不能及时配送到消费者手中，客户网上购买的产品售后服务跟不上，间接阻碍了人们网上购物。

（2）资金周转困难。B2C电子商务企业往往花大量的资金丰富网上货源，货品一旦网上滞销，将导致库存积压，周转资金不多，影响B2C电子商务企业产品的更新换代。

（3）B2C电子商务企业对自己的商品、客户、价格定位不准。许多B2C企业一开始就把网上商店建成一个网上超市，网上商品大而全，物流配送体系的支撑跟不上，严重制约商品交易；网站虽然访问量较高，但客户购买并下单的少；网上商店追求的是零库存，有了订单再拿货，进货就不能按批发价进，价格定位就会偏高。

（4）网上支付体系有待进一步完善。利用信用卡实现网上在线支付，是网上购物的突出特点。随着移动互联网迅猛发展，在我国，电子商务在线支付的规模日益增大，但其安全隐患也十分严重。多数替代银行职能的第三方支付平台由于可直接支配交易款项，所以越权调用交易资金的风险始终存在。这也是制约B2C电子商务企业发展的主要原因。

（5）信用机制和电子商务立法不健全严重制约B2C电子商务发展。商家为了赚取超额利润，发布虚假信息、扣押往来货款、泄露用户资料的现象时有发生。买家提交订单后无故取消，有的卖家以次充好等现象也常常发生。到目前为止，国家没有对电子商务实行专项立法，电子商务立法不健全。所有这些现象导致一些高端消费者对网上购物心存疑虑，一定程度上制约了B2C电子商务的发展。

二、O2O 互联网创业模式

随着互联网发展，信息和实物之间、线上和线下之间的联系变得愈加紧密，O2O已被看好，并成为互联网下一个掘金点。

（一）O2O模式概念

O2O即Online to Offline，也即将线下商务的机会与互联网结合在了一起，让互联网成为线下交易的前台。这样线下服务就可以用线上来揽客，消费者可以用线上来筛选服务，还有成交可以在线结算，很快达到规模。该模式最重要的特点是：推广效果可查，每笔交易可跟踪。

（二）O2O模式商机

O2O的核心价值体现在充分利用线上平台与线下渠道各自的优势，让客户实现全渠道消费。线上的价值表现在方便、可随时随地参与，并且产品种类丰富，不受时间、空间和货架的限制。线下的价值表现在于商品实物看得见摸得着，且即时可得，更加贴近客户的生活实际。

（三）O2O模式个性化需求

O2O模式在运行上具有良好效果，可达到"三赢"局面。对于本地商家而言，O2O模式通过网站支付来获取消费者数据，消费者在支付过程中的信息成为商家了解消费者购物信息的重要渠道，方便商家对消费者购买数据进行采集，从而达成精准营销的目的，帮助商家更好地维护并拓展客户。商家可以在不增加太多成本的情况下，利用线上资源增加顾客，进而获取更多利润。此外，O2O模式在一定程度上降低了商家对店铺地理位置的依赖，减少了租金方面的支出。对消费者而言，O2O提供丰富、全面、及时的商家折扣信息，使消费者能够快捷筛选并订购适宜的商品或服务，且价格实惠。对服务提供商来说，O2O模式可带来大规模、高黏度的消费者，进而能争取到更多的商家资源。掌握庞大的消费者数据资源，且本

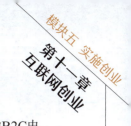

地化程度较高的垂直网站借助O2O模式，还能为商家提供其他增值服务。⊖

除此之外，O2O将为移动支付、二维码提供商提供更广阔的市场。二维码服务提供商灵动快拍有限公司CEO王鹏飞正在为O2O的火热感到无比兴奋，因为线上支付、线下消费为二维码作为准确便捷的消费凭证提供了广阔的有用武之地。"实际上手机中的二维码，成为O2O模式线上与线下连接的助推工具。"

显然，这些仅仅是O2O模式的开始，随着智能手机的普及，在用户的消费半径中，还会爆发出很多基于用户个性化需求的潜在市场。

（四）潜在风险

（1）O2O模式的关键点就在于线上迅速崛起的创业型公司能否掌控稳定的线下服务体系，平台通过在线的方式吸引消费者，但真正消费的服务或者产品必须由消费者去线下体验，这就对线下服务提出了更高的要求。

（2）在线支付、线下体验，很容易造成"付款前是'上帝'，付款后什么都不是"的窘境。比如定制类实体商品与消费者预定不符，一旦质量低于预期，甚至极为低劣，消费者会处于非常被动的境地。因此如何保障线上信息与线下商家服务对称，将会成为判断O2O模式真正发展起来的一个关键节点。

（3）O2O模式若以价格优势吸引消费者，商家如何权衡线上价格和线下价格的差异，同时保证两方消费者的利益，或更重视哪方的消费者，才能吸引到最大客流量也是个难题。

三、C2B互联网创业模式

与传统的电子商务相比，C2B经历了完全不同的发展模式。在这之前，B2C、C2C等商业发展模式早在电子商务出现之前就已经存在，并且经历了由店铺交易到电子商务的转变，而C2B则是完全建立在电子商务已经日益完善的基础上的，由客户选择自己要些什么东西，要求的价格是什么，然后由商家来决定是否接受客户的要求。假如商家接受客户的要求，那么交易成功；假如商家不接受客户的要求，那么就是交易失败。这在过去，是人们梦想的交易方式，现在可以借由高度发达的电子商务来实现。

（一）C2B的概念

C2B全称Consumer to Business，即消费者对企业，是指消费者聚集起来进行集

⊖ 资料来源：拆解O2O新商机，《中国经营报》，2011 - 10 - 24.

体议价，把价格主导权从厂商转移到自身，以便同厂商进行讨价还价。这种商业模式等于是由公司提供产品或服务给予消费者的传统商业模式的180度大逆转。顾名思义，C2B指的是由消费者发起，最终寻找到合适的商品来源并且最终完成交易的过程。

（二）C2B的特点

C2B模式更具革命性，它将商品的主导权和先发权由厂商转移到了消费者。

传统的经济学概念认为针对一个产品的需求越高，价格就会越高，但由消费者因浪费主题或需要形成的社群，通过社群的集体议价或开发社群需求，只要越多消费者购买同一个商品，购买的效率就越高，价格就越低，这就是C2B的主要特征。

C2B模式，强调用"汇聚需求（Demand Aggregator）"，取代传统"汇聚供应商"的购物中心形态，被视为是一种接近完美的交易形式。

总之，C2B模式充分利用Internet的特点，把分散的消费者及其购买需求聚合起来，形成类似于集团购买的大订单。在采购过程中，以数量优势同厂商进行价格谈判，争取最优惠的折扣。个体消费者可享受到以批发商价格购买单件商品的实际利益，从而增加了其参与感与成就感。

（三）C2B的两种模式

1. 团购模式

团购模式即通过对大量用户的聚集形成一个强大的采购集团，来改变用户出价的弱势地位。团购模式有两个发展阶段。

（1）以价格为基础的团购。在基于Web2.0的C2B电子商务模式下，消费者可以通过互联网形成一个买家联盟，这对参与者双方都好。对于消费者而言，获得了消费的主导权，可以享受更多的选择机会和更低的价格；对于企业而言，在目前的原材料价格普遍上涨的情况下，使用互联网团购，不仅可以降低成本，还可以通过虚拟市场扩大交易份额，创造一个更大的商业模式，通过团购也可以直接了解消费者的需求，开辟一个"蓝海"。

（2）基于产品的团购。这是C2B模式发展的第二阶段。随着国民经济的发展和人民消费水平的变化，人民的消费观念也发生了变化。他们中的一些人并不十分关心价格，而是把产品的品质、特性、品位等方面的重要性置在价格之上。消费者通过Web2.0聚合的技术平台，促使企业按他们的需求进行设计和生产，甚至可能改变企业所提供的产品内容，例如材质、外观设计、组合方式等。

2. 定制模式

个性化定制服务是C2B发展的更高阶段，此商业模式极具有创新性。对企业而言，需要在满足用户个性化定制所需更高成本和群体采购所要求的低价格之间达到平衡。对用户而言，则需要在满足个性化产品所需支付的高价格和群体采购可能出现的个性弱化之间寻求平衡。这对第三方的C2B电子商务平台是个巨大的挑战，既要找到可满足个性需求并具有强大的定制生产能力的企业，又要找到尽可能多同时又尽可能细分的个性化用户群体。C2B模式内涵的延伸，决定了其发展前途。

总之，C2B的出现虽然很早，但是大规模发展才刚刚开始。C2B模式本身有着其他模式不可比拟的优势，而且是一种特别适合中小企业或者商家的发展模式，它本身闪耀着"以销定产"的巨大魔力，同时也蕴藏着风险。电子商务发展到今天的趋势已经表明C2B必然要成为该行业的领军力量。

案例 11-2

成功案例：途牛旅游网

于敦德，毕业于东南大学。25岁，创办途牛旅游网；31岁，公司年销售额达12亿元；33岁，公司在纳斯达克挂牌上市……这样的经历，让途牛旅游网CEO于敦德成为很多年轻人的偶像。2013年，《财富》杂志评选中国40位40岁以下的商界精英，于敦德榜上有名。"80后"于敦德的身家超过1亿美元。"人生从来没有捷径，追求梦想需要有一股子敢拼敢闯的牛劲和永不言弃的精神。"于敦德说。

最初，于敦德做途牛旅游网的目标很明确，就是要"让旅游更简单"，他提出让客户最简单、最方便地找到合适的产品，通过对每个订单进行回访，于敦德了解了每位客户的满意度；某个产品满意度较低，将会下线。另外，公司不断增加新产品，如"牛人"自助产品，未来几年，于敦德寄希望于自助游市场。

"年轻人创业不容易，失败率很高。但创业还是要趁早，要选择自己熟悉的领域，有坚定的信心，有承受痛苦和磨难的心理准备，能承受得了大的压力和痛苦。"

案例 11-3

失败案例：饭统网

饭统网成立于2003年，是国内最早提供餐饮预订的网站。其模式很简单：餐厅把自己的信息放在饭统网上，用户不仅可以定向地查询和预订餐厅，而且还可以享受饭统网与餐馆协议的折扣价。目的是通过折扣吸引用户流量，通过用户订餐为餐厅不断挖掘新的客户。

盈利模式上，饭统网收入来源分为三类：首先是靠收餐厅会员年费，一年1000元会费；其次是靠收佣金，饭统网给餐厅带去客流后，会员餐厅返还5%的消费佣金给饭统网；最后是广告费和团体用户服务费，例如承办年会或培训。

饭统网与媒体深入合作，不断提高知名度。2008年7月获得以日本亚洲投资为首的近3000万元人民币风险投资，网站覆盖中国80个城市、50万家餐厅的信息。应该说，饭统网在一个对的时间点做了一件对的事情，通过电话订餐是在功能手机进入普通人生活的时代很合理的需求。切入餐饮行业的点，饭统网做对了。因此在2010年，移动互联网启动之前，饭统网还是奠定了不错的基础，占据了客观的行业份额。

餐饮电商要打通线上与线下，不仅是IT系统对接这么单一，背后的业务流程再造和客服体系同样需要资源与资金的投入。随着团购业的兴起，饭统网业务受到了冲击，曾尝试推出"饭桶团"，也没有起色。在2011年后就基本没有动静。而今业内传出，饭统网遭遇供应商追债，却发现办公楼早已搬空。

从上述两个互联网创业案例中不难看出，互联网创业，早期的积累不足，加之后期的转型不坚决，是创业过程遭遇困难的重要原因。因此在技术和产品日新月异的时候，进行互联网创业更需要把握以下三点：

（1）技术的发展趋势。

（2）用户习惯的变化趋势。

（3）所在行业的刚需是行业变革的基础。

第三节 如何成功进行互联网创业

说起互联网创业，"低门槛"似乎已经成为共识。但从另一方面看，低门槛的背后，是不足10%的创业成功率。而低成功率的背后，往往是天马行空的想法多，而能落到实处的凤毛麟角。如何利用互联网创业？有很多成功的经验可以学习和借鉴。

一、学习互联网的商业模式

"商业模式"是指一个企业从事某一领域的经营的市场定位和盈利方式，以及为了满足目标顾客主体需要所采取的一系列的、整体的战略组合。[⊖]总的来说，互联网商业的模式有以下五种。[⊜]

（一）工具+社群+电商模式

互联网的发展使信息交流越来越方便，兴趣相同的人非常容易聚在一起形成群体。同时，互联网又可以将分布在不同地方的细小的、分散的需求聚集在一个平台上，在形成新的共同需求的同时，还形成了规模效应。

随着互联网尤其是社交网络类型平台的发展，"工具+社群+电商/微商"模式逐渐形成。例如，大家常用的微信，它开始就是一个简单的社交工具，可以进行语音、视频、文字的信息传递，以及朋友圈内容的分享和点赞。随后，微信在这个平台上增加了微信支付、购物、充值等商业功能。

（二）长尾型商业模式

长尾理论描述了这样一个现象，就是某些行业从面向大量用户销售少数拳头产品，到销售庞大数量的产品的转变，虽然每种产品相对而言只产生小额销售量，但总的来说，其销售总额还是远远大于传统的销售模式。长尾模式要想取得

⊖ 资料来源：魏炜，朱武祥，林桂平．基于利益相关者交易结构的商业模式理论［J］．管理世界，2012（12）：125-131.

⊜ 资料来源：卢彦．互联网思维2.0：传统企业互联网转型［M］．北京：机械工业出版社，2015.

成功，需要有低库存成本的管理和强大的平台来获取用户，并使得每一个产品对于买家来说都比较容易获得，例如ZARA公司是全球知名的时尚服装商，它一年大约能够推出12000种时装，而且每一款时装的数量都不多。即便是畅销款式，ZARA也只提供有限的数量，甚至有些专卖店中某个款式只有1~2件，就是卖光了也不再补货。这种"多款式、小批量"的模式实际就是充分利用了长尾理论。通过这种人为的"制造短缺"的方式，培养了一大批忠实的追随者，同时也实现了规模经济的突破。

此外，亚马逊（Amazon）公司也是典型的长尾商业模式，一个前亚马逊公司员工曾精辟地概述了公司的"长尾"本质：现在我们所卖的那些过去根本卖不动的书比我们现在所卖的那些过去可以卖得动的书多得多。[⊖]

（三）跨界商业模式

跨界商业模式主要是指互联网在跨界进入其他行业的时候，充分利用互联网资源配置的优势，打破行业原有传统利益链条上的分配格局，产生新的利益分配模式，甚至是新的商业模式、商业理念，使得原有的行业从产品质量到服务品质都有一个质的飞跃。

互联网对于传统行业的冲击来自于效率。经济学家威廉姆森（John Williamson）认为，组织应该是一个有效率的组织，市场对组织的自然选择的结果，将使得更有效率的组织取代效率低下的组织。互联网对于传统行业的颠覆实际上也就是利用互联网的高效率来整合传统行业的低效率，利用互联网对传统行业中组织运行的核心要素进行再分配，并以此来提高组织的整体效率。由于互联网可以帮助企业减少中间环节中不必要的损耗，降低企业运作的成本，减少产品从研发、生产到最后进入客户手中所需要的漫长环节来提高效率，因此，对于传统行业来说，只要找到行业价值链条中的低效环节或高利润坏节，利用互联网工具来进行流程的优化，重构商业价值链，就有机会在传统行业的红海中杀出一条新的商业模式。

例如，2013年6月，阿里巴巴集团推出的"余额宝"产品，余额宝是支付宝打造的余额增值服务。当用户把钱转入余额宝即表明购买了由天弘基金提供的余额宝货币基金，可获得收益。而余额宝内的资金还能随时用于网民的网购支付，灵活提取，深受广大网民的喜爱。余额宝推出半年后，规模就接近3000亿元；截

⊖ 张健. 网络营销时代"长尾"为"king" [J]. 现代经济信息，2011（1）：65.

至2015年第一季度，余额宝规模突破7000亿元，成为全球第二大货币基金。余额宝的诞生实际上就是跨界动了传统银行的"奶酪"，使得银行的借贷成本迅速飙升，银行业面临严峻的挑战，不得不重新思考原有商业模式的优化。

（四）免费商业模式

免费商业模式是互联网的一个经典模式。这种模式主要通过免费这个互联网的核心词获取大量的流量和关注，然后在此基础上构建自己的商业模式。因为互联网时代是一个信息泛滥的时代，也是注意力稀缺的时代。谁能获取到用户有限的注意力，就打下了成功的基础。毫无疑问，免费是当下最能吸引眼球的词。通过免费模式带来眼球经济这种模式虽然能够带来一时的繁荣，但是要想盈利还需要对于免费之后的增值服务做深度研究。互联网颠覆传统企业的常见做法就是在传统企业一般用来收费的领域实施免费，从而彻底把传统企业的客户群带走，继而转化成流量，然后再利用延伸价值链或增值服务来实现盈利。

例如腾讯公司2011年推出的微信，通过图片、语音、视频等众多免费模式实现了用户之间的关系交互，抢了通信运营商的饭碗。微信的出现，使运营商的短信、彩信等业务利润直线下滑。微信动摇了运营商的根基，使运营商不得不寻求新的利润来源。截至2015年，微信用户达到了5亿，在抢占了大量用户之后，微信再通过支付、微商等发展新的盈利模式。

（五）平台商业模式

平台商业模式主要是指搭建一个可以满足供需双方需求的平台。平台模式的精髓在于打造一个多方共赢互利的生态圈，同时实现产品和服务的个性化和多元化。

通过平台模式，企业的市场可以无限放大，可以让所有的用户与企业实现零距离的接触。通过搭建平台，汇集各种资源来满足客户的多元化需求。同时，由于开放透明的机制，通过平台可以打破垄断，实现产品和服务的有序竞争，从而为客户提供更加优质的产品和服务。而平台提供商则通过依附在平台上的增值服务来获取利润，其主要职责就是建立并维系好基于平台的生态圈。

例如，2003年诞生的淘宝就是一个供卖家建立商铺、供买家挑选商品的平台。在淘宝"开店"并不需要付费，卖家凭自己的本事赚钱。那淘宝作为平台怎么盈利呢？是靠增值服务与管理。这几年随处可见的"淘宝村"、快速发展的快递行业、为卖家提供数据服务的众多小公司都是依附于淘宝而形成的生态圈。㊀

㊀ 张正元. 互联网思维下的营销模式研究［D］. 广州：广东外语外贸大学，2014.

二、利用互联网 + 创业

互联网创业本质上就是一种创新行为，是利用互联网技术对传统商务模式的创新。而商务模式的创新是建立在超常思维或创新思维基础上的社会经济实践活动。因此在互联网创业中必须跳出因循守旧的思维方式，思维方式上的创新是互联网创业的前提。

总的来说，利用互联网+进行创业有以下几大类型：

（一）互联网+ 传统产业

这种创业类型主要是指新一代信息技术在传统产业（含第一、二、三产业）领域应用的创新创业项目。互联网对于传统行业的影响主要有以下三点：一是打破传统行业中信息的不对称性；二是对传统行业所产生的大数据进行整合利用，使得信息资源利用达到最大化；三是互联网的群蜂意志拥有自我调节机制。⊖

1. 互联网+农业

例如，互联网+农业可以获得比传统农业更低成本的销售渠道。以往传统农业企业的销售渠道主要通过业务员全国各地跑业务来拉拢客户。而目前在互联网迅猛发展的大背景下，线上交易成为可能，目前国内已经有各种农业相关的交易平台。农业企业可以在网络平台上直接买卖自身产品，加之物流这些年的发展，网络平台已经能够比较完美地解决资金量、信息流和物流的问题。农业企业在网络平台上可以更方便快捷地销售自己的产品，省去大量的中间环节和人力成本。这种线上交易在未来必然会成为主流渠道。⊖

扩展阅读 11-3

互联网 + "三农"，底层的力量⊜

1. 互联网+农业

传统农产品流通模式存在很多弊端，这些问题反映出的深层次问题是农产品特殊属性与工业化流通体系之间的不协调。以互联网为代表的信息经济，为

⊖ 陆梅华. 用互联网的思维提升传统行业 [J]. 上海商业，2015（3）：25 - 27.
⊜ 夏青. 用互联网思维做农业 [J]. 农经，2014（8）：26 - 31.
⊜ 资料来源：阿里研究院. 互联网+：未来空间无限 [M]. 北京：人民出版社，2015.

新型农产品流通模式的建立提供了可能。

在互联网的催化作用下，以电子商务为主要形式的新型流通模式快速崛起。

近年来，阿里平台上的涉农网店数量保持快速增长。据阿里研究院统计，截至2014年年底，阿里零售平台农产品卖家数量达75万家，同比增长达98%，这也印证了近年来农产品电子商务旺盛的发展势头。

农产品电子商务发展的主要特征是：①以电子商务为载体的原产地农产品直销成为热点；②进口农产品成农产品电商新热点；③生鲜农产品电子商务快速发展。

2. 互联网+农村

（1）"淘宝村"崛起。"淘宝村"是中国独一无二的经济现象，它是互联网+农村经济的典型产物。阿里研究院认为，"淘宝村"是大量网商聚集在某个村落，以淘宝电商生态系统为依托，形成规模和协同效应的网络商业群聚现象。"淘宝村"最早出现是在2009年，当时出现了三个最早的"淘宝村"——江苏睢宁县沙集镇东风村，河北清河县东高庄、浙江义乌市青岩刘村。截至2014年年底，阿里研究院在全国共发现212个"淘宝村"。这些"淘宝村"分布在福建、广东、河北、河南、湖北、江苏、山东、四川、天津、浙江10个省市。从诞生到涌现，"淘宝村"已然"破茧成蝶"，成为影响中国农村经济发展的一股不可忽视的新兴力量。

（2）"淘宝村"带来了什么？"淘宝村"的出现，不仅破解了农村信息化难题，有效提高了农民收入，提升了农民生活幸福指数，也成为拉动农村经济发展、促进农村创业和就业、缩小城乡数字鸿沟的新型渠道。

（3）"淘宝村"面临的主要困难：①同质化竞争的压力；②人才缺乏；③空间束缚；④缺少组织。

（4）未来升级转型之道。部分发展程度较高的"淘宝村"开始从完全草根式成长的"淘宝村1.0阶段"，进入"淘宝村2.0阶段"，集约化、品牌化、生态化、扩散化是其主要特点。

（5）预测："淘宝村"未来将常态化。阿里研究院预测，在"淘宝村"自然复制和政府推动的双重作用力下，未来5~10年，"淘宝村"的数量在中国将继续快速增长，最终实现常态化，即电子商务成为中国农村经济的必备生产力要素。

3. 互联网+农民

随着互联网与"三农"的有机融合，一个新的群体——新农人开始涌现，他们是农民群体中先进生产力的代表。

（1）认识新农人。阿里研究院认为，狭义的新农人，指的是以互联网为工具，从事农业生产、流通、服务的人，其核心是"互联网+农业"。广义的新农人，指的是具备互联网思维，服务于"三农"领域的人，其核心是"互联网+农业"。这里指的服务，不仅包含生产经营相关服务，也包括监管服务、研究服务等。

（2）新农人的四大基因：①互联网基因；②创新基因；③文化基因；④自组织基因。

（3）新农人，新价值。

1）改变农业生产和流通模式，推动农村经济发展。

2）拉动农民创业就业。由于具备了互联网思维、较高的文化素质和生产经营水平，新农人的生产效率大大提升，这就为拉动农民创业和就业提供了坚实基础。

3）致力食品安全，提升消费者体验。

4）推动生态环境保护。

5）推动建立新型互联网品牌。

2. 互联网+传统纸质媒体领域

随着网络媒体的普及，纸质媒体的订阅人数急剧减少。传统媒体面临着重大的挑战，许多老牌的报纸要么破产倒闭，要么寻求转型。例如，出版数字报纸、网上付费订阅、开发手机和平板阅读软件等，这都是互联网思维的体现。在电子书领域，亚马逊公司以成本价的方式销售电子书阅读器，辅以低廉的付费阅读书籍，既颠覆了传统的买纸质书阅读的方式，也改变了出版行业的运作模式。[⊖]

3. 互联网+餐饮业

"雕爷牛腩"是中国第一家"轻奢餐"餐饮品牌，餐厅在不到一年的时间内红遍了北京，知名度覆盖全国。其前期的宣传模式借鉴了互联网游戏的"封闭测试"做法，邀请各路美食达人、影视明星前去试吃，既吊足了普通百姓的胃口，

㊀ 张正元. 互联网思维下的营销模式研究 [D]. 广州：广东外语外贸大学，2014.

也做足了宣传。而在顾客维护方面，大众点评网和微信公众号的使用，既赚到了良好的口碑，也能及时获知顾客的意见和反馈，做到了传统餐饮企业所达不到的响应速度和营销效果。而这一切，也是互联网思维的创新之处。⊖

（二）互联网+新业态

这主要是指基于互联网的新产品、新模式、新业态、创新创业项目，以及人工智能产业、智能汽车、智能家居、可穿戴设备、互联网金融、线上线下互动的新兴消费、大规模个性定制等融合型新产品、新模式。

例如，数字化制造是以互联网为支撑的智能制造模式，具有数字化和个性化的生产方式特征，以嵌入式系统和工业软件为核心的智能制造、新型材料、更灵敏的机器人、3D打印机等能够根据用户个性化、多样化的需求进行定制，也是未来"中国智造"的中坚力量。

在教育领域，慕课（MOOC）课程是对于传统教育模式的颠覆，传统教育是以面对面授课为主的服务形式，而MOOC利用了信息新技术发展成为远程教育、电子化学习（E-learning）的核心。同时也将推动传统教育行业的改革和创新。

（三）互联网+公共服务

这主要是指互联网与教育、医疗、社区等公共服务相结合的创新创业项目。随着生活水平的不断提高，人们对于以教育、医疗、养老、交通等为代表的公共服务需求日渐扩大。由于政府提供的公共服务无法满足需求的增长，常常出现上学难、看病难、买票难、打车难等问题。⊜通过互联网介入到公共服务领域，可以非常方便和迅速地解决这些现实问题。

例如"互联网+交通"中最火的打车、拼车软件，可以解决乘客与车辆资源的精准匹配，提升了人们的出行效率，降低了成本；在教育方面，"互联网+教育"将会使未来的一切教与学相关活动都围绕互联网进行，老师可以在互联网上开展答疑活动，学生在互联网上自主学习；在医疗卫生方面，可以依靠手机实现网上挂号、询诊、购买以及支付环节，并依靠互联网在事后与医生沟通。通过互联网，人们可以非常方便地在交通、教育、医疗等各个领域享受到公共服务，极大地节约了时间和成本。

（四）互联网+技术支撑平台

这个类型的项目主要是搭建互联网+的技术支撑平台，主要包括互联网、云计

⊖ 张正元. 互联网思维下的营销模式研究［D］. 广州：广东外语外贸大学，2014.

⊜ 李长安."互联网+"不能变成地方形象工程［N］. 经济参考报，2015－07－08.

算、大数据、物联网等新一代信息技术创新创业项目。

"互联网+"所需要的基础设施可简单地概括为"云、网、端"三部分。

1. "云": 大数据+云计算

未来生产率的提升和商业模式的创新，都有赖于对大数据的利用能力。大数据离不开云计算，海量的信息都将储存在云端。并且随着个人云技术的发展，服务和设备都在发生转型。

2. "网": 互联网+物联网

互联网将人与人建立了紧密的联系，物联网将使得这个世界上的所有物品都通过网络联系起来，同时使用智能化的管理系统进行管理。美国Gartner公司预测未来将出现四种基本的使用模式：管理、盈利、运营、推广，这四种模式可用在人、事、信息、地理位置等业务上，通过"连接任何事物"，物联网必将获得成功。

3. "端": 智能终端（个人计算机、移动设备、可穿戴设备、传感器）

随着信息技术的发展，未来接入网络的不仅仅是计算机、手机，还包括海量的传感器和随处可见的智能穿戴设备。Gartner认为，从现在开始到2018年，设备多样性、用户环境以及互动规则等因素将使"随时随地"接入网络的战略无法实现。而智能机器时代将会是IT历史上最具"毁灭性"的创新，它将包括背景环境感知、智能个人助理、智能顾问、高级全球产业系统、自动汽车等分支。

针对云、网、端的"互联网+技术支撑"类的创业项目可以说是为所有类型的创业者打下了坚实的基础。因为广大创业者可在"互联网+"公共技术支撑平台的基础上，跳过技术研发阶段，只需要专注于商业模式的创新和与行业应用的对接，从而有效地降低创新创业的门槛和成本，缩短创业的周期，提高创业成功率，帮助项目快速落地。

扩展阅读 11-4

精益创业

1. 什么是精益创业

精益创业（Lean Startup）由硅谷创业家Eric Rise 2012年8月在其著作

○ Gartner. 2014年十大科技趋势 [J]. 电视技术, 2013 (22).
○ 埃里克·莱斯. 精益创业 [M]. 吴彤, 译. 北京: 中信出版社, 2012.

《精益创业》一书中首度提出的。但受到了另一位硅谷创业专家Steve Garry Blank的《四步创业法》中"客户开发"方式的很大影响，后者也为精益创业提供了很多精彩指点和案例。精益创业的核心思想是，先在市场中投入一个极简的原型产品，然后通过不断的学习和有价值的用户反馈，对产品进行快速迭代优化，以期适应市场。

很多IT从业人员在了解精益创业后认为，其核心理念可以追溯到软件行业的敏捷开发管理。例如"最小可用品"与"原型建模"非常相似，都追求快速的版本迭代，以及时刻保持与客户的接触并获得反馈等，精益创业可以理解为敏捷开发模式的一种延续。

2. 精益创业的"三大法宝"

从《精益创业》一书中提到的主要思路和脉络，结合在现实中使用的频率，精益创业提到的三个主要工具是："最小可用品""客户反馈""快速迭代"。

（1）最小可用品。这是指将创业者或者新产品的创意用最简洁的方式开发出来，可能是产品界面，也可以是能够交互操作的胚胎原型。它的好处是能够直观地被客户感知到，有助于激发客户的意见。通常最小可用品有四个特点：体现了项目创意、能够测试和演示、功能极简、开发成本最低甚至是零成本。

（2）客户反馈。这是指通过直接或间接的方式，从最终用户那里获取针对该产品的意见。通过客户反馈渠道了解关键信息，包括：客户对产品的整体感觉、客户并不喜欢/并不需要的功能点、客户认为需要添加的新功能点、客户认为某些功能点应该改变的实现方式等。获得客户反馈的方式主要是现场使用、实地观察。对于精益创业者而言，一切活动都是围绕客户进行的，产品开发中的所有决策权都交给用户，因此，如果没有足够多的客户反馈，就不能称为精益创业。

（3）快速迭代。这是针对客户反馈意见以最快的速度进行调整，融合到新的版本中。对于互联网时代而言，速度比质量更重要，客户需求快速变化，因此，不追求一次性满足客户的需求，而是通过一次又一次的迭代不断让产品的功能丰满。所以，才会有微信在第一年发布了15个版本、扣扣保镖三周上线的记录。

3. 常用方法

（1）精简式反馈。大多数团队认为，只有开发出一个功能完整、看起来很美观的界面之后，才能将其展示给客户以获得反馈。事实证明，只要将一些

简单的模型功能组织在一起，并提供可点击的区域，同样可以获得有价值的反馈。事实反复证明，消费者十分愿意与这些可点击的功能互动，就好像它们是最终的产品。这可以帮助创业公司了解其设计是否有效，在真正进行大规模开发工程之前，这是一个十分伟大的方法。

（2）客户采访。不要闭门造车，而要通过收集数据来支持产品设计。具体而言，要走出去，找到自己产品的潜在客户，通过与他们交流来找到解决问题的答案。对于该方法，开发者也许已经听过上百次了，并且也认可，但要真正把它培养成习惯并不容易。

（3）以小见大。要想迅速了解消费者是否喜欢一项新功能，只需通过推出该功能的一小部分即可。产品定制创业公司CustomMade就是如此，开发者希望让访问者借鉴他人的项目来获得灵感，但没有必要费力地开发出整个功能，因此仅推出了第一个按钮。当开发者看到大量访问者点击该按钮时，就知道应该把这一功能继续完成。经过调整和优化，用户互动明显提升。

（4）判断。开发者可以将竞争对手的产品看作一个免费的原型。观察消费者如何使用这些产品，他们喜欢哪些功能，哪些功能用不到，甚至令人厌恶。了解这些，开发者在进行产品设计、营销和销售时就会做出更好的决定。

（5）微调查。精益创业人士需要使用一项有效的调查模式，尽量让调查与当前的研究内容紧密结合。例如，如果想知道顾客为何选择企业的一项定价计划，就可以给出一个小的弹出式调查问卷，而不是可能需要几天后才能看到的电子邮件。

此外，阅读100个简短的用户反馈获得的内容远比32%的人选"B"体现的内容更多。

（6）真正数据原型。当为优惠券网站RetailMeNot设计优惠券页面时，设计者需要真正的优惠券数据来评估设计。设计者花费了两天时间来创建原型，尽管还有不少问题，也不具备太多功能，但却可以从消费者那里获得许多有价值的反馈。

反馈发现，最初约50%的想法不合理。后来又重复了三次，建立原型并展示给消费者，最终使创新的设计更具可用性，点击率显著提升。

（7）实地考察。最初，某个项目组与Foundation Medicine合作来完善其临床肿瘤基因组学报告。因此项目组决定参观一下肿瘤中心，观察医生是如何使用报告的。后来发现，他们努力设计出的报告通常是通过传真来接收的，小字体很难看清，各种颜色信息也是多余的。尽管这是一个很容易解决的问题，但只要到了现场才能发现。

4. 精益创业的优点

（1）快速。精益创业模式下，所有的创新行为和想法都必须在最短的时间呈现出来，抛弃一切暂不重要的其他功能，把极简的功能展现给客户，无论成功或失败，都能够以最快的速度知道结果。

（2）低成本。过往"十年磨一剑"式的长期研发，其最终成果推出后，有可能发现花费了大量人力、物力和时间所开发出的产品，并不是客户所需要的。这种巨大的浪费除了会给创业者、企业带来绝大的经济损失之外，还对团队的士气造成巨大打击，不少团队成员会纷纷出走。而精益创业所采用的"频繁验证并修改"的策略，确保不会在客户认可之前投入过高的成本。

（3）高成功率。虽然创新充满风险，成功系数低，但也不是没有套路可遵循。按照精益创业的模式，从"最小可用品"出发，过程中每一次迭代都可以寻找客户进行试用，了解客户对产品的看法，寻找产品的不足和客户希望增加乃至修改的功能点。当一路上持续遵循客户的意见进行开发后，项目组的不断纠偏的成果就是产品越来越符合客户想要的效果，而不是开发团队闭门想象的样子。通过持续的"测试——调整"以及快速迭代，创新的成功率能够大大提升。

5. 适用范围

精益创业来源于互联网行业，是软件开发的一种新模式。但其背后的"客户验证"思想在大量非IT领域得到应用。例如美剧的拍摄，往往都会先拍摄一部几十分钟的先导片，交代主要的人物关系、矛盾冲突、故事背景，然后邀请几十位观众参加小规模试映会，再根据观众的反馈来决定剧情要做那些修改，是否需要调整演员，以及决定是否投拍。在每一季结束时，制作方又会根据收视率和观众意见，决策是砍掉该剧还是订购新一季内容。这种周拍季播的模式，把所有的决策权交给观众，让制作方的投资以及失败成本降到了最低，是一种典型的精益创业方式。

整体而言，精益创业适合客户需求变化快但开发难度不高的领域，例如软件、电影电视、金融服务等领域。在国内，除互联网企业外，酒店管理领域的"今夜酒店特价"就采用这种小步试错的方式进行开发，一些传统企业如中信银行信用卡中心利用精益创业进行信用卡产品及客户服务的创新，并把三大法

宝固化到项目管理机制中。

由于精益创业需要经常进行客户验证，因此对于一些客户验证成本较高或者技术实现难度较大的工作并不适合。例如大型赛事，服务客户是全体运动员，但想要获得他们的频繁反馈是比较困难的。又如航天工程，客户需求是比较明确、清晰的，主要难点在于飞行器的技术实现和对接控制。

6. 精益画布工具

很多创业者都把自己期待的商业模式藏在了脑子里，是的，这倒是方便自己随时参考，但是除了加强一下自己的"现实扭曲力场"别无他用。所以说，创业的第一步就是把你的原始思路写下来，然后至少找一个人分享一下。习惯上，商业计划书就是用来做这个的。然而，花上几周甚至几个月的时间来写一篇长达60页、建立在一个未经测试的设想上的商业计划书，实在是一种浪费。而你只需要很短的时间就能在常用的格式是单页商业模式图表（称之为"精益画布"）上大致描述出多种不同的商业模式，如图11-1所示。

问题	解决方案	独特卖点	门槛优势	客户群体分类
最需要解决的三个问题	产品最重要的三个功能	用一句简明扼要但引人注目的话阐述为什么你的产品与众不同，值得购买	无法被对手轻易复制或者买去的竞争优势	目标客户
	关键指标		渠道	
	应该考核哪些东西		如何找到客户	

成本分析	收入分析
争取客户所需花费 销售产品所需花费 网站架设费用 人力资源费用等	盈利模式 客户终身价值 收入 毛利

产品	市场

图 11-1 精益画布

精益画布是笔者根据亚历山大·奥斯特瓦德（Alexander Osterwalder）的"商业模式画布"方法改良而来的。他的这种方法在《商业模式新生代》中有所介绍。精益画布将商业模式分割成九个相互独立的部分，之后可以按照风险从高到低依次对它们进行系统测试。

三、互联网盈利模式

盈利模式直接关系到创业活动的生命周期。一颗创业的种子是否能够成长为一棵参天大树，是否能够成为一项常青基业，取决于是否有一个明确的可持续的盈利模式。对于互联网创业来说，盈利模式是否清晰是其核心问题。这是因为互联网创业的盈利模式往往更容易被先进的技术、新颖的概念所取代。创业者的关注力也往往更容易被某些技术细节所吸引。如果没有一个清晰的盈利模式，互联网创业是不可能成功的。

（一）广告盈利

这是所有互联网产品最常见的盈利方式。利用互联网浏览量大的特点，广告无处不在，广告盈利的互联网公司相当于传统的广告公司和媒体，它们通过帮助广告主制作或者发布广告来获得收入。

以广告盈利模式为主的互联网公司，必然以内容为王。以内容为王的互联网盈利模式有以下几个特点：首先是门槛低，不管是谁，都可以做。其次是成本高，不管是做内容、买内容、搜集内容、用户贡献内容，或者仅仅提供内容索引，只要想把内容做得很全、很深，成本都会相当巨大。最后是盈利周期长。要提升自己的品牌度、要培养用户的忠诚度、要靠忠诚用户的注意力撬动广告商感兴趣，这些都需要时间。

广告盈利模式虽然是最常见的模式，但也是盈利最不容易的模式。

（二）销售盈利

销售盈利的互联网公司销售产品或者提供服务，通过差价或者租金来获得收入。

以销售盈利模式为主的互联网公司，必然以产品或服务为王。以产品或服务为王的互联网盈利模式有以下几个特点：首先，要有核心技术，否则竞争会很惨烈。其次，产品或服务要有差异化。

（三）平台盈利

平台盈利的互联网公司的主要任务是搭建好一个完善的平台，并保证平台的人气，这类盈利模式以人气为王。主要有以下三类收入来源：①实物交易平台：用户在平台上进行商品交易，通过平台支付，平台从中收取佣金。例如天猫就是最大的实物交易平台，天猫的佣金是其主要的收入来源。②服务交易平台：用户在平台上提供和接受服务，通过平台支付，平台从中收取佣金。威客平台猪八戒就是这样收取佣金的。Uber（优步）的盈利模式也是收取驾驶员车费的佣金。③沉淀资金模式：用户在平台上留存有资金，平台可以用这些沉淀的资金赚取投资收益回报。例如淘宝、京东都是靠这些沉淀资金获取收益。

案例 11-4

工程师辞职做农民　网上卖土货生意火⊖

雷东是重庆一家高科技公司的网络工程师，在一家IT公司工作了六年，月薪过万元。因为厌倦了朝九晚五的打工仔生活，在2013年10月辞职，开始做一个"土农民"，不过他这个农民不是去种地，而是在网上卖土货。

回老家的时候，雷东看到老家的乡邻们家家户户都养着土鸡，卖土鸡、土鸡蛋要到很远的集市上，就想着为家乡人帮些忙。由于是互联网专家，雷东萌生了开网店的想法，还注册了微商城。"我老家有产地，互联网又可以帮忙建立销售渠道。这样既可以帮助老家的乡邻，又可以帮助城里的朋友们吃上放心的土货。"

现在，雷东的"赛一"网店十分火爆，它的上特产不仅在朋友圈内卖得很好，在主城九区卖得都很好。土鸡蛋、大米、土鸭、土鸡、土鲫鱼，返乡采购、选货、包装、配送……这些都取代了编程的代码，成为雷东每天的工作内容。

不只是在老家，雷东花了两个多月在城口、忠县、梁平等地找准确的货源地。"必须要安全、新鲜、好吃，必须是真正的土货。"雷东说，每个货源地都是找了靠得住的朋友来推荐，并建立了固定的质量检查机制。

管控货物质量关、加快发货速度和细致周到的服务，是赛一的三大法宝。

⊖ 资料来源：http://www.cyone.com.cn/Article/Article_28243.html. 有删节和重新编写.

在雷东悉心的经营管理和消费者的口碑传播下，赛一的生意越做越火。过年最受欢迎的是土鸡蛋和土腊肉，"在快过年的一周内，光土腊肉就卖了1000多斤。"雷东说。

讨论题

分析上述案例，请简要说明雷东是如何进行互联网创业的，他所开展的互联网创业属于本节所讲的哪一种互联网创业类型。

本章小结

本章通过对互联网创业概念、特点、内涵的介绍，使创业者了解什么是互联网创业，互联网创业的主要商业模式有哪些。对于指导创业者进行互联网创业、实施创业有重要意义。

思考题

1. 开网店就是互联网创业，这种说法你认同吗？
2. 互联网创业和传统创业有什么异同？互联网创业优势在哪里？

参考文献

[1] 刘子龙. B2C商务模式比较研究 [J]. 电子商务视角. 2009 (1)：55-59.
[2] 李家华. 创业基础 [M]. 北京：北京师范大学出版社，2013.
[3] 长沙市推进创业富民工作领导小组办公室. "创业赢未来"案例集 [Z]. 长沙. 2014.
[4] 张玉泉. O2O线上线下协同发展新模式研究 [J]. 计算机光盘软件与应用，2014 (15).

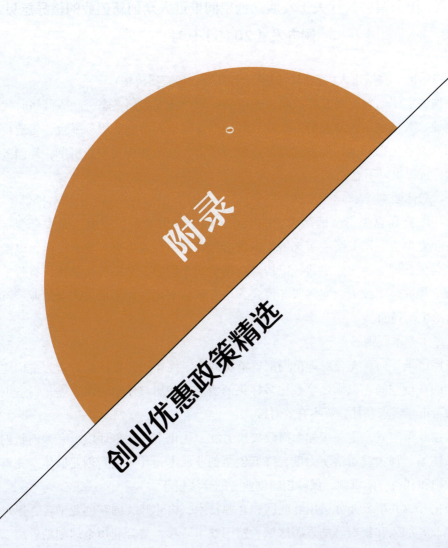

附录

创业优惠政策精选

附录 A　国务院办公厅关于发展众创空间推进大众创新创业的指导意见

国办发〔2015〕9 号

各省、自治区、直辖市人民政府，国务院各部委、各直属机构：

为加快实施创新驱动发展战略，适应和引领经济发展新常态，顺应网络时代大众创业、万众创新的新趋势，加快发展众创空间等新型创业服务平台，营造良好的创新创业生态环境，激发亿万群众创造活力，打造经济发展新引擎，经国务院同意，现提出以下意见。

一、总体要求

（一）指导思想。全面落实党的十八大和十八届二中、三中、四中全会精神，按照党中央、国务院决策部署，以营造良好创新创业生态环境为目标，以激发全社会创新创业活力为主线，以构建众创空间等创业服务平台为载体，有效整合资源，集成落实政策，完善服务模式，培育创新文化，加快形成大众创业、万众创新的生动局面。

（二）基本原则。

坚持市场导向。充分发挥市场配置资源的决定性作用，以社会力量为主构建市场化的众创空间，以满足个性化多样化消费需求和用户体验为出发点，促进创新创意与市场需求和社会资本有效对接。

加强政策集成。进一步加大简政放权力度，优化市场竞争环境。完善创新创业政策体系，加大政策落实力度，降低创新创业成本，壮大创新创业群体。完善股权激励和利益分配机制，保障创新创业者的合法权益。

强化开放共享。充分运用互联网和开源技术，构建开放创新创业平台，促进更多创业者加入和集聚。加强跨区域、跨国技术转移，整合利用全球创新资源。推动产学研协同创新，促进科技资源开放共享。

创新服务模式。通过市场化机制、专业化服务和资本化途径，有效集成创业服务资源，提供全链条增值服务。强化创业辅导，培育企业家精神，发挥资本推力作用，提高创新创业效率。

（三）发展目标。到2020年，形成一批有效满足大众创新创业需求、具有较强专业化服务能力的众创空间等新型创业服务平台；培育一批天使投资人和创业投资机构，投融资渠道更加畅通；孵化培育一大批创新型小微企业，并从中成长出能够引领未来经济发展的骨干企业，形成新的产业业态和经济增长点；创业群体高度活跃，以创业促进就业，提供更多高质量就业岗位；创新创业政策体系更加健全，服务体系更加完善，全社会创新创业文化氛围更加浓厚。

二、重点任务

（一）加快构建众创空间。总结推广创客空间、创业咖啡、创新工场等新型孵化模式，充分利用国家自主创新示范区、国家高新技术产业开发区、科技企业孵化器、小企业创业基地、大学科技园和高校、科研院所的有利条件，发挥行业领军企业、创业投资机构、社会组织等社会力量的主力军作用，构建一批低成本、便利化、全要素、开放式的众创空间。发挥政策集成和协同效应，实现创新与创业相结合、线上与线下相结合、孵化与投资相结合，为广大创新创业者提供良好的工作空间、网络空间、社交空间和资源共享空间。

（二）降低创新创业门槛。深化商事制度改革，针对众创空间等新型孵化机构集中办公等特点，鼓励各地结合实际，简化住所登记手续，采取一站式窗口、网上申报、多证联办等措施为创业企业工商注册提供便利。有条件的地方政府可对众创空间等新型孵化机构的房租、宽带接入费用和用于创业服务的公共软件、开发工具给予适当财政补贴，鼓励众创空间为创业者提供免费高带宽互联网接入服务。

（三）鼓励科技人员和大学生创业。加快推进中央级事业单位科技成果使用、处置和收益管理改革试点，完善科技人员创业股权激励机制。推进实施大学生创业引领计划，鼓励高校开发开设创新创业教育课程，建立健全大学生创业指导服务专门机构，加强大学生创业培训，整合发展国家和省级高校毕业生就业创业基金，为大学生创业提供场所、公共服务和资金支持，以创业带动就业。

（四）支持创新创业公共服务。综合运用政府购买服务、无偿资助、业务奖励等方式，支持中小企业公共服务平台和服务机构建设，为中小企业提供全方位专业化优质服务，支持服务机构为初创企业提供法律、知识产权、财务、咨询、检验检测认证和技术转移等服务，促进科技基础条件平台开放共享。加强电子商务基础建设，为创新创业搭建高效便利的服务平台，提高小微企业市场竞争力。完善专利审查快速通道，对小微企业急需获得授权的核心专利申请予以优先审查。

（五）加强财政资金引导。通过中小企业发展专项资金，运用阶段参股、风险补助和投资保障等方式，引导创业投资机构投资于初创期科技型中小企业。发挥国家新兴产业创业投资引导基金对社会资本的带动作用，重点支持战略性新兴产业和高技术产业早中期、初创期创新型企业发展。发挥国家科技成果转化引导基金作用，综合运用设立创业投资子基金、贷款风险补偿、绩效奖励等方式，促进科技成果转移转化。发挥财政资金杠杆作用，通过市场机制引导社会资金和金融资本支持创业活动。发挥财税政策作用支持天使投资、创业投资发展，培育发展天使投资群体，推动大众创新创业。

（六）完善创业投融资机制。发挥多层次资本市场作用，为创新型企业提供综合金融服务。开展互联网股权众筹融资试点，增强众筹对大众创新创业的服务能力。规范和发展服务小微企业的区域性股权市场，促进科技初创企业融资，完善创业投资、天使投资退出和流转机制。鼓励银行业金融机构新设或改造部分分（支）行，作为从事科技型中小企业金融服务的专业或特色分（支）行，提供科技融资担保、知识产权质押、股权质押等方式的金融服务。

（七）丰富创新创业活动。鼓励社会力量围绕大众创业、万众创新组织开展各类公益活动。继续办好中国创新创业大赛、中国农业科技创新创业大赛等赛事活动，积极支持参与国际创新创业大赛，为投资机构与创新创业者提供对接平台。建立健全创业辅导制度，培育一批专业创业辅导师，鼓励拥有丰富经验和创业资源的企业家、天使投资人和专家学者担任创业导师或组成辅导团队。鼓励大企业建立服务大众创业的开放创新平台，支持社会力量举办创业沙龙、创业大讲堂、创业训练营等创业培训活动。

（八）营造创新创业文化氛围。积极倡导敢为人先、宽容失败的创新文化，树立崇尚创新、创业致富的价值导向，大力培育企业家精神和创客文化，将奇思妙想、创新创意转化为实实在在的创业活动。加强各类媒体对大众创新创业的新闻宣传和舆论引导，报道一批创新创业先进事迹，树立一批创新创业典型人物，让大众创业、万众创新在全社会蔚然成风。

三、组织实施

（一）加强组织领导。各地区、各部门要高度重视推进大众创新创业工作，切实抓紧抓好。各有关部门要按照职能分工，积极落实促进创新创业的各项政策措施。各地要加强对创新创业工作的组织领导，结合地方实际制定具体实施方案，明确工作部署，切实加大资金投入、政策支持和条件保障力度。

（二）加强示范引导。在国家自主创新示范区、国家高新技术产业开发区、小企业创业基地、大学科技园和其他有条件的地区开展创业示范工程。鼓励各地积极探索推进大众创新创业的新机制、新政策，不断完善创新创业服务体系，营造良好的创新创业环境。

（三）加强协调推进。科技部要加强与相关部门的工作协调，研究完善推进大众创新创业的政策措施，加强对发展众创空间的指导和支持。各地要做好大众创新创业政策落实情况调研、发展情况统计汇总等工作，及时报告有关进展情况。

国务院办公厅

2015年3月2日

附录 B 国务院办公厅关于深化高等学校创新创业教育改革的实施意见

国办发〔2015〕36 号

各省、自治区、直辖市人民政府，国务院各部委、各直属机构：

深化高等学校创新创业教育改革，是国家实施创新驱动发展战略、促进经济提质增效升级的迫切需要，是推进高等教育综合改革、促进高校毕业生更高质量创业就业的重要举措。党的十八大对创新创业人才培养做出重要部署，国务院对加强创新创业教育提出明确要求。近年来，高校创新创业教育不断加强，取得了积极进展，对提高高等教育质量、促进学生全面发展、推动毕业生创业就业、服务国家现代化建设发挥了重要作用。但也存在一些不容忽视的突出问题，主要是一些地方和高校重视不够，创新创业教育理念滞后，与专业教育结合不紧，与实践脱节；教师开展创新创业教育的意识和能力欠缺，教学方式方法单一，针对性实效性不强；实践平台短缺，指导帮扶不到位，创新创业教育体系亟待健全。为了进一步推动大众创业、万众创新，经国务院同意，现就深化高校创新创业教育改革提出如下实施意见。

一、总体要求

（一）指导思想。

全面贯彻党的教育方针，落实立德树人根本任务，坚持创新引领创业、创业带动就业，主动适应经济发展新常态，以推进素质教育为主题，以提高人才培养质量为核心，以创新人才培养机制为重点，以完善条件和政策保障为支撑，促进高等教育与科技、经济、社会紧密结合，加快培养规模宏大、富有创新精神、勇于投身实践的创新创业人才队伍，不断提高高等教育对稳增长促改革调结构惠民生的贡献度，为建设创新型国家、实现"两个一百年"奋斗目标和中华民族伟大复兴的中国梦提供强大的人才智力支撑。

（二）基本原则。

坚持育人为本，提高培养质量。把深化高校创新创业教育改革作为推进高等教育综合改革的突破口，树立先进的创新创业教育理念，面向全体、分类施教、结合专业、强化实践，促进学生全面发展，提升人力资本素质，努力造就大众创业、万众创新的生力军。

坚持问题导向，补齐培养短板。把解决高校创新创业教育存在的突出问题作为深化高校创新创业教育改革的着力点，融入人才培养体系，丰富课程、创新教法、强化师资、改进帮扶，推进教学、科研、实践紧密结合，突破人才培养薄弱环节，增强学生的创新精神、创业意识和创新创业能力。

坚持协同推进，汇聚培养合力。把完善高校创新创业教育体制机制作为深化高校创新创业教育改革的支撑点，集聚创新创业教育要素与资源，统一领导、齐抓共管、开放合作、全员参与，形成全社会关心支持创新创业教育和学生创新创业的良好生态环境。

（三）总体目标。

2015年起全面深化高校创新创业教育改革。2017年取得重要进展，形成科学先进、广泛认同、具有中国特色的创新创业教育理念，形成一批可复制可推广的制度成果，普及创新创业教育，实现新一轮大学生创业引领计划预期目标。到2020年建立健全课堂教学、自主学习、结合实践、指导帮扶、文化引领融为一体的高校创新创业教育体系，人才培养质量显著提升，学生的创新精神、创业意识和创新创业能力明显增强，投身创业实践的学生显著增加。

二、主要任务和措施

（一）完善人才培养质量标准。

制订实施本科专业类教学质量国家标准，修订实施高职高专专业教学标准和博士、硕士学位基本要求，明确本科、高职高专、研究生创新创业教育目标要求，使创新精神、创业意识和创新创业能力成为评价人才培养质量的重要指标。相关部门、科研院所、行业企业要制定修订专业人才评价标准，细化创新创业素质能力要求。不同层次、类型、区域高校要结合办学定位、服务面向和创新创业教育目标要求，制订专业教学质量标准，修订人才培养方案。

（二）创新人才培养机制。

实施高校毕业生就业和重点产业人才供需年度报告制度，完善学科专业预警、退出管理办法，探索建立需求导向的学科专业结构和创业就业导向的人才培养类型结构调整新机制，促进人才培养与经济社会发展、创业就业需求紧密对接。深入实施系列"卓越计划"、科教结合协同育人行动计划等，多形式举办创新创业教育实验班，探索建立校校、校企、校地、校所以及国际合作的协同育人新机制，积极吸引社会资源和国外优质教育资源投入创新创业人才培养。高校要打通一级学科或专业类下相近学科专业的基础课程，开设跨学科专业的交叉课程，探索建立跨院系、跨学科、跨专业交叉培养创新创业人才的新机制，促进人才培养由学科专业单一型向多学科融合型转变。

（三）健全创新创业教育课程体系。

各高校要根据人才培养定位和创新创业教育目标要求，促进专业教育与创新创业教育有机融合，调整专业课程设置，挖掘和充实各类专业课程的创新创业教育资源，在传授专业知识过程中加强创新创业教育。面向全体学生开发开设研究方法、学科前沿、创业基础、就业创业指导等方面的必修课和选修课，纳入学分管理，建设依次递进、有机衔接、科学合理的创新创业教育专门课程群。各地区、各高校要加快创新创业教育优质课程信息化建设，推出一批资源共享的慕课、视频公开课等在线开放课程。建立在线开放课程学习认证和学分认定制度。组织学科带头人、行业企业优秀人才，联合编写具有科学性、先进性、适用性的创新创业教育重点教材。

（四）改革教学方法和考核方式。

各高校要广泛开展启发式、讨论式、参与式教学，扩大小班化教学覆盖面，推动教师把国际前沿学术发展、最新研究成果和实践经验融入课堂教学，注重培养学生的批判性和创造性思维，激发创新创业灵感。运用大数据技术，掌握不同学生学习需求和规律，为学生自主学习提供更加丰富多样的教育资源。改革考试考核内容和方式，注重考查学生运用知识分析、解决问题的能力，探索非标准答案考试，破除"高分低能"积弊。

（五）强化创新创业实践。

各高校要加强专业实验室、虚拟仿真实验室、创业实验室和训练中心建设，促进实验教学平台共享。各地区、各高校科技创新资源原则上向全体在校学生开放，开放情况纳入各类研究基地、重点实验室、科技园评估标准。鼓励各地区、各高校充分利用各种资源建设大学科技园、大学生创业园、创业孵化基地和小微企业创业基地，作为创业教育实践平台，建好一批大学生校外实践教育基地、创业示范基地、科技创业实习基地和职业院校实训基地。完善国家、地方、高校三级创新创业实训教学体系，深入实施大学生创新创业训练计划，扩大覆盖面，促进项目落地转化。举办全国大学生创新创业大赛，办好全国职业院校技能大赛，支持举办各类科技创新、创意设计、创业计划等专题竞赛。支持高校学生成立创新创业协会、创业俱乐部等社团，举办创新创业讲座论坛，开展创新创业实践。

（六）改革教学和学籍管理制度。

各高校要设置合理的创新创业学分，建立创新创业学分积累与转换制度，探索将学生开展创新实验、发表论文、获得专利和自主创业等情况折算为学分，将学生参与课题研究、项目实验等活动认定为课堂学习。为有意愿有潜质的学生制定创新创业能力培养计划，建立创新创业档案和成绩单，客观记录并量化评价学生开展创新创业活动情况。优先支持参与创新创业的学生转入相关专业学习。实施弹性学制，放宽学生修业年限，允许调整学业进程、保留学籍休学创新创业。设立创新创业奖学金，并在现有相关评优评先项目中拿出一定比例用于表彰优秀创新创业的学生。

（七）加强教师创新创业教育教学能力建设。

各地区、各高校要明确全体教师创新创业教育责任，完善专业技术职务评聘和绩效考核标准，加强创新创业教育的考核评价。配齐配强创新创业教育与创业就业指导专职教师队伍，并建立定期考核、淘汰制度。聘请知名科学家、创业成功者、企业家、风险投资人等各行各业优秀人才，担任专业课、创新创业课授课或指导教师，并制定兼职教师管理规范，形成全国万名优秀创新创业导师人才库。将提高高校教师创新创业教育的意识和能力作为岗前培训、课程轮训、骨干研修的重要内容，建立相关专业教师、创新创业教育专职教师到行业企业挂职锻炼制度。加快完善高校科技成果处置和收益分配机制，支持教师以对外转让、合作转化、作价入股、自主创业等形式将科技成果产业化，并鼓励带领学生创新创业。

（八）改进学生创业指导服务。

各地区、各高校要建立健全学生创业指导服务专门机构，做到"机构、人员、场地、经费"四到位，对自主创业学生实行持续帮扶、全程指导、一站式服务。健全持续化信息服务制度，完善全国大学生创业服务网功能，建立地方、高校两级信息服务平台，为学生实时提供国家政策、市场动向等信息，并做好创业项目对接、知识产权交易等服务。各地区、各有关部门要积极落实高校学生创业培训政策，研发适合学生特点的创业培训课程，建设网络培训平台。鼓励高校自主编制专项培训计划，或与有条件的教育培训机构、行业协会、群团组织、企业联合开发创业培训项目。各地区和具备条件的行业协会要针对区域需求、行业发展，发布创业项目指南，引导高校学生识别创业机会、捕捉创业商机。

（九）完善创新创业资金支持和政策保障体系。

各地区、各有关部门要整合发展财政和社会资金，支持高校学生创新创业活动。各高校要优化经费支出结构，多渠道统筹安排资金，支持创新创业教育教学，资助学生创新创业项目。部委属高校应按规定使用中央高校基本科研业务费，积极支持品学兼优且具有较强科研潜质的在校学生开展创新科研工作。中国教育发展基金会设立大学生创新创业教育奖励基金，用于奖励对创新创业教育做出贡献的单位。鼓励社会组织、公益团体、企事业单位和个人设立大学生创业风险基金，以多种形式向自主创业大学生提供资金支持，提高扶持资金使用效益。

深入实施新一轮大学生创业引领计划，落实各项扶持政策和服务措施，重点支持大学生到新兴产业创业。有关部门要加快制定有利于互联网创业的扶持政策。

三、加强组织领导

（一）健全体制机制。

各地区、各高校要把深化高校创新创业教育改革作为"培养什么人，怎样培养人"的重要任务摆在突出位置，加强指导管理与监督评价，统筹推进本地本校创新创业教育工作。各地区要成立创新创业教育专家指导委员会，开展高校创新创业教育的研究、咨询、指导和服务。各高校要落实创新创业教育主体责任，把创新创业教育纳入改革发展重要议事日程，成立由校长任组长、分管校领导任副组长、有关部门负责人参加的创新创业教育工作领导小组，建立教务部门牵头，学生工作、团委等部门齐抓共管的创新创业教育工作机制。

（二）细化实施方案。

各地区、各高校要结合实际制定深化本地本校创新创业教育改革的实施方案，明确责任分工。教育部属高校需将实施方案报教育部备案，其他高校需报学校所在地省级教育部门和主管部门备案，备案后向社会公布。

（三）强化督导落实。

教育部门要把创新创业教育质量作为衡量办学水平、考核领导班子的重要指标，纳入高校教育教学评估指标体系和学科评估指标体系，引入第三方评估。把创新创业教育相关情况列入本科、高职高专、研究生教学质量年度报告和毕业生就业质量年度报告重点内容，接受社会监督。

（四）加强宣传引导。

各地区、各有关部门以及各高校要大力宣传加强高校创新创业教育的必要性、紧迫性、重要性，使创新创业成为管理者办学、教师教学、学生求学的理性认知与行动自觉。及时总结推广各地各高校的好经验好做法，选树学生创新创业成功典型，丰富宣传形式，培育创客文化，努力营造敢为人先、敢冒风险、宽容失败的氛围环境。

国务院办公厅

2015年5月13日

附录 C　国务院关于大力推进大众创业万众创新若干政策措施的意见

国发〔2015〕32号

各省、自治区、直辖市人民政府，国务院各部委、各直属机构：

推进大众创业、万众创新，是发展的动力之源，也是富民之道、公平之计、强国之策，对于推动经济结构调整、打造发展新引擎、增强发展新动力、走创新驱动发展道路具有重要意义，是稳增长、扩就业、激发亿万群众智慧和创造力，促进社会纵向流动、公平正义的重大举措。根据2015年《政府工作报告》的部署，为改革完善相关体制机制，构建普惠性政策扶持体系，推动资金链引导创业创新链、创业创新链支持产业链、产业链带动就业链，现提出以下意见。

一、充分认识推进大众创业、万众创新的重要意义

——推进大众创业、万众创新，是培育和催生经济社会发展新动力的必然选择。随着我国资源环境约束日益强化，要素的规模驱动力逐步减弱，传统的高投入、高消耗、粗放式发展方式难以为继，经济发展进入新常态，需要从要素驱动、投资驱动转向创新驱动。推进大众创业、万众创新，就是要通过结构性改革、体制机制创新，消除不利于创业创新发展的各种制度束缚和桎梏，支持各类市场主体不断开办新企业、开发新产品、开拓新市场，培育新兴产业，形成小企业"铺天盖地"、大企业"顶天立地"的发展格局，实现创新驱动发展，打造新引擎、形成新动力。

——推进大众创业、万众创新，是扩大就业、实现富民之道的根本举措。我国有13亿多人口、9亿多劳动力，每年高校毕业生、农村转移劳动力、城镇困难人员、退役军人数量较大，人力资源转化为人力资本的潜力巨大，但就业总量压力较大，结构性矛盾凸显。推进大众创业、万众创新，就是要通过转变政府职能、建设服务型政府，营造公平竞争的创业环境，使有梦想、有意愿、有能力的科技人员、高校毕业生、农民工、退役军人、失业人员等各类市场创业主体"如鱼得水"，通过创业增加收入，让更多的人富起来，促进收入分配结构调整，实现创新支持创业、创业带动就业的良性互动发展。

——推进大众创业、万众创新，是激发全社会创新潜能和创业活力的有效途径。目前，我国创业创新理念还没有深入人心，创业教育培训体系还不健全，善于创造、勇于创业的能力不足，鼓励创新、宽容失败的良好环境尚未形成。推进大众创业、万众创新，就是要通过加强全社会以创新为核心的创业教育，弘扬"敢为人先、追求创新、百折不挠"的创业精神，厚植创新文化，不断增强创业创新意识，使创业创新成为全社会共同的价值追求和行为习惯。

二、总体思路

按照"四个全面"战略布局，坚持改革推动，加快实施创新驱动发展战略，充分发挥市场在资源配置中的决定性作用和更好地发挥政府作用，加大简政放权力度，放宽政策、放开市场、放活主体，形成有利于创业创新的良好氛围，让千千万万创业者活跃起来，汇聚成经济社会发展的巨大动能。不断完善体制机制、健全普惠性政策措施，加强统筹协调，构建有利于大众创业、万众创新蓬勃发展的政策环境、制度环境和公共服务体系，以创业带动就业、创新促进发展。

——坚持深化改革，营造创业环境。通过结构性改革和创新，进一步简政放权、放管结合、优化服务，增强创业创新制度供给，完善相关法律法规、扶持政策和激励措施，营造均等普惠环境，推动社会纵向流动。

——坚持需求导向，释放创业活力。尊重创业创新规律，坚持以人为本，切实解决创业者面临的资金需求、市场信息、政策扶持、技术支撑、公共服务等瓶颈问题，最大限度释放各类市场主体创业创新活力，开辟就业新空间，拓展发展新天地，解放和发展生产力。

——坚持政策协同，实现落地生根。加强创业、创新、就业等各类政策统筹，部门与地方政策联动，确保创业扶持政策可操作、能落地。鼓励有条件的地区先行先试，探索形成可复制、可推广的创业创新经验。

——坚持开放共享，推动模式创新。加强创业创新公共服务资源开放共享，整合利用全球创业创新资源，实现人才等创业创新要素跨地区、跨行业自由流动。依托"互联网+"、大数据等，推动各行业创新商业模式，建立和完善线上与线下、境内与境外、政府与市场开放合作等创业创新机制。

三、创新体制机制，实现创业便利化

（一）完善公平竞争市场环境。进一步转变政府职能，增加公共产品和服务供给，为创业者提供更多机会。逐步清理并废除妨碍创业发展的制度和规定，打破地方保护主义。加快出台公平竞争审查制度，建立统一透明、有序规范的市场环境。依法反垄断和反不正当竞争，消除不利于创业创新发展的垄断协议和滥用市场支配地位以及其他不正当竞争行为。清理规范涉企收费项目，完善收费目录管理制度，制定事中事后监管办法。建立和规范企业信用信息发布制度，制定严重违法企业名单管理办法，把创业主体信用与市场准入、享受优惠政策挂钩，完善以信用管理为基础的创业创新监管模式。

（二）深化商事制度改革。加快实施工商营业执照、组织机构代码证、税务登记证"三证合一""一照一码"，落实"先照后证"改革，推进全程电子化登记和电子营业执照应用。支持各地结合实际放宽新注册企业场所登记条件限制，推动"一址多照"、集群注册等住所登记改革，为创业创新提供便利的工商登记服务。建立市场准入等负面清单，破除不合理的行业准入限制。开展企业简易注销试点，建立便捷的市场退出机制。依托企业信用信息公示系统建立小微企业名录，增强创业企业信息透明度。

（三）加强创业知识产权保护。研究商业模式等新形态创新成果的知识产权保护办法。积极推进知识产权交易，加快建立全国知识产权运营公共服务平台。完善知识产权快速维权与维权援助机制，缩短确权审查、侵权处理周期。集中查处一批侵犯知识产权的大案要案，加大对反复侵权、恶意侵权等行为的处罚力度，探索实施惩罚性赔偿制度。完善权利人维权机制，合理划分权利人举证责任，完善行政调解等非诉讼纠纷解决途径。

（四）健全创业人才培养与流动机制。把创业精神培育和创业素质教育纳入国民教育体系，实现全社会创业教育和培训制度化、体系化。加快完善创业课程设置，加强创业实训体系建设。加强创业创新知识普及教育，使大众创业、万众创新深入人心。加强创业导师队伍建设，提高创业服务水平。加快推进社会保障制度改革，破除人才自由流动制度障碍，实现党政机关、企事业单位、社会各方面人才顺畅流动。加快建立创业创新绩效评价机制，让一批富有创业精神、勇于承担风险的人才脱颖而出。

四、优化财税政策，强化创业扶持

（五）加大财政资金支持和统筹力度。各级财政要根据创业创新需要，统筹安排各类支持小微企业和创业创新的资金，加大对创业创新支持力度，强化资金预算执行和监管，加强资金使用绩效评价。支持有条件的地方政府设立创业基金，扶持创业创新发展。在确保公平竞争前提下，鼓励对众创空间等孵化机构的办公用房、用水、用能、网络等软硬件设施给予适当优惠，减轻创业者负担。

（六）完善普惠性税收措施。落实扶持小微企业发展的各项税收优惠政策。落实科技企业孵化器、大学科技园、研发费用加计扣除、固定资产加速折旧等税收优惠政策。对符合条件的众创空间等新型孵化机构适用科技企业孵化器税收优惠政策。按照税制改革方向和要求，对包括天使投资在内的投向种子期、初创期等创新活动的投资，统筹研究相关税收支持政策。修订完善高新技术企业认定办法，完善创业投资企业享受70%应纳税所得额税收抵免政策。抓紧推广中关村国家自主创新示范区税收试点政策，将企业转增股本分期缴纳个人所得税试点政策、股权奖励分期缴纳个人所得税试点政策推广至全国范围。落实促进高校毕业生、残疾人、退役军人、登记失业人员等创业就业税收政策。

（七）发挥政府采购支持作用。完善促进中小企业发展的政府采购政策，加强对采购单位的政策指导和监督检查，督促采购单位改进采购计划编制和项目预留管理，增强政策对小微企业发展的支持效果。加大创新产品和服务的采购力度，把政府采购与支持创业发展紧密结合起来。

五、搞活金融市场，实现便捷融资

（八）优化资本市场。支持符合条件的创业企业上市或发行票据融资，并鼓励创业企业通过债券市场筹集资金。积极研究尚未盈利的互联网和高新技术企业到创业板发行上市制度，推动在上海证券交易所建立战略新兴产业板。加快推进全国中小企业股份转让系统向创业板转板试点。研究解决特殊股权结构类创业企业在境内上市的制度性障碍，完善资本市场规则。规范发展服务于中小微企业的区域性股权市场，推动建立工商登记部门与区域性股权市场的股权登记对接机制，支持股权质押融资。支持符合条件的发行主体发行小微企业增信集合债等企业债券创新品种。

（九）创新银行支持方式。鼓励银行提高针对创业创新企业的金融服务专业化水平，不断创新组织架构、管理方式和金融产品。推动银行与其他金融机构加强合作，对创业创新活动给予有针对性的股权和债权融资支持。鼓励银行业金融机构向创业企业提供结算、融资、理财、咨询等一站式系统化的金融服务。

（十）丰富创业融资新模式。支持互联网金融发展，引导和鼓励众筹融资平台规范发展，开展公开、小额股权众筹融资试点，加强风险控制和规范管理。丰富完善创业担保贷款政策。支持保险资金参与创业创新，发展相互保险等新业务。完善知识产权估值、质押和流转体系，依法合规推动知识产权质押融资、专利许可费收益权证券化、专利保险等服务常态化、规模化发展，支持知识产权金融发展。

六、扩大创业投资，支持创业起步成长

（十一）建立和完善创业投资引导机制。不断扩大社会资本参与新兴产业创投计划参股基金规模，做大直接融资平台，引导创业投资更多向创业企业起步成长的前端延伸。不断完善新兴产业创业投资政策体系、制度体系、融资体系、监管和预警体系，加快建立考核评价体系。加快设立国家新兴产业创业投资引导基金和国家中小企业发展基金，逐步建立支持创业创新和新兴产业发展的市场化长效运行机制。发展联合投资等新模式，探索建立风险补偿机制。鼓励各地方政府建立和完善创业投资引导基金。加强创业投资立法，完善促进天使投资的政策法规。促进国家新兴产业创业投资引导基金、科技型中小企业创业投资引导基金、国家科技成果转化引导基金、国家中小企业发展基金等协同联动。推进创业投资行业协会建设，加强行业自律。

（十二）拓宽创业投资资金供给渠道。加快实施新兴产业"双创"三年行动计划，建立一批新兴产业"双创"示范基地，引导社会资金支持大众创业。推动商业银行在依法合规、风险隔离的前提下，与创业投资机构建立市场化长期性合作。进一步降低商业保险资金进入创业投资的门槛。推动发展投贷联动、投保联动、投债联动等新模式，不断加大对创业创新企业的融资支持。

（十三）发展国有资本创业投资。研究制定鼓励国有资本参与创业投资的系统性政策措施，完善国有创业投资机构激励约束机制、监督管理机制。引导和鼓励中央企业和其他国有企业参与新兴产业创业投资基金、设立国有资本创业投资基金等，充分发挥国有资本在创业创新中的作用。研究完善国有创业投资机构国有股转持豁免政策。

（十四）推动创业投资"引进来"与"走出去"。抓紧修订外商投资创业投资企业相关管理规定，按照内外资一致的管理原则，放宽外商投资准入，完善外资创业投资机构管理制度，简化管理流程，鼓励外资开展创业投资业务。放宽对外资创业投资基金投资限制，鼓励中外合资创业投资机构发展。引导和鼓励创业投资机构加大对境外高端研发项目的投资，积极分享境外高端技术成果。按投资领域、用途、募集资金规模，完善创业投资境外投资管理。

七、发展创业服务，构建创业生态

（十五）加快发展创业孵化服务。大力发展创新工场、车库咖啡等新型孵化器，做大做强众创空间，完善创业孵化服务。引导和鼓励各类创业孵化器与天使投资、创业投资相结合，完善投融资模式。引导和推动创业孵化与高校、科研院所等技术成果转移相结合，完善技术支撑服务。引导和鼓励国内资本与境外合作设立新型创业孵化平台，引进境外先进创业孵化模式，提升孵化能力。

（十六）大力发展第三方专业服务。加快发展企业管理、财务咨询、市场营销、人力资源、法律顾问、知识产权、检验检测、现代物流等第三方专业化服务，不断丰富和完善创业服务。

（十七）发展"互联网+"创业服务。加快发展"互联网+"创业网络体系，建设一批小微企业创业创新基地，促进创业与创新、创业与就业、线上与线下相结合，降低全社会创业门槛和成本。加强政府数据开放共享，推动大型互联网企业和基础电信企业向创业者开放计算、存储和数据资源。积极推广众包、用户参与设计、云设计等新型研发组织模式和创业创新模式。

（十八）研究探索创业券、创新券等公共服务新模式。有条件的地方继续探索通过创业券、创新券等方式对创业者和创新企业提供社会培训、管理咨询、检验检测、软件开发、研发设计等服务，建立和规范相关管理制度和运行机制，逐步形成可复制、可推广的经验。

八、建设创业创新平台，增强支撑作用

（十九）打造创业创新公共平台。加强创业创新信息资源整合，建立创业政策集中发布平台，完善专业化、网络化服务体系，增强创业创新信息透明度。鼓励开展各类公益讲坛、创业论坛、创业培训等活动，丰富创业平台形式和内容。支持各类创业创新大赛，定期办好中国创新创业大赛、中国农业科技创新创业大赛和创新挑战大赛等赛事。加强和完善中小企业公共服务平台网络建设。充分发挥企业的创新主体作用，鼓励和支持有条件的大型企业发展创业平台、投资并购小微企业等，支持企业内外部创业者创业，增强企业创业创新活力。为创业失败者再创业建立必要的指导和援助机制，不断增强创业信心和创业能力。加快建立创业企业、天使投资、创业投资统计指标体系，规范统计口径和调查方法，加强监测和分析。

（二十）用好创业创新技术平台。建立科技基础设施、大型科研仪器和专利信息资源向全社会开放的长效机制。完善国家重点实验室等国家级科研平台（基地）向社会开放机制，为大众创业、万众创新提供有力支撑。鼓励企业建立一批专业化、市场化的技术转移平台。鼓励依托三维（3D）打印、网络制造等先进技术和发展模式，开展面向创业者的社会化服务。引导和支持有条件的领军企业创建特色服务平台，面向企业内部和外部创业者提供资金、技术和服务支撑。加快建立军民两用技术项目实施、信息交互和标准化协调机制，促进军民创新资源融合。

（二十一）发展创业创新区域平台。支持开展全面创新改革试验的省（区、市）、国家综合配套改革试验区等，依托改革试验平台在创业创新体制机制改革方面积极探索，发挥示范和带动作用，为创业创新制度体系建设提供可复制、可推广的经验。依托自由贸易试验区、国家自主创新示范区、战略性新兴产业集聚区等创业创新资源密集区域，打造若干具有全球影响力的创业创新中心。引导和鼓励创业创新型城市完善环境，推动区域集聚发展。推动实施小微企业创业基地城市示范。鼓励有条件的地方出台各具特色的支持政策，积极盘活闲置的商业用

房、工业厂房、企业库房、物流设施和家庭住所、租赁房等资源，为创业者提供低成本办公场所和居住条件。

九、激发创造活力，发展创新型创业

（二十二）支持科研人员创业。加快落实高校、科研院所等专业技术人员离岗创业政策，对经同意离岗的可在3年内保留人事关系，建立健全科研人员双向流动机制。进一步完善创新型中小企业上市股权激励和员工持股计划制度规则。鼓励符合条件的企业按照有关规定，通过股权、期权、分红等激励方式，调动科研人员创业积极性。支持鼓励学会、协会、研究会等科技社团为科技人员和创业企业提供咨询服务。

（二十三）支持大学生创业。深入实施大学生创业引领计划，整合发展高校毕业生就业创业基金。引导和鼓励高校统筹资源，抓紧落实大学生创业指导服务机构、人员、场地、经费等。引导和鼓励成功创业者、知名企业家、天使和创业投资人、专家学者等担任兼职创业导师，提供包括创业方案、创业渠道等创业辅导。建立健全弹性学制管理办法，支持大学生保留学籍休学创业。

（二十四）支持境外人才来华创业。发挥留学回国人才特别是领军人才、高端人才的创业引领带动作用。继续推进人力资源市场对外开放，建立和完善境外高端创业创新人才引进机制。进一步放宽外籍高端人才来华创业办理签证、永久居留证等条件，简化开办企业审批流程，探索由事前审批调整为事后备案。引导和鼓励地方对回国创业高端人才和境外高端人才来华创办高科技企业给予一次性创业启动资金，在配偶就业、子女入学、医疗、住房、社会保障等方面完善相关措施。加强海外科技人才离岸创业基地建设，把更多的国外创业创新资源引入国内。

十、拓展城乡创业渠道，实现创业带动就业

（二十五）支持电子商务向基层延伸。引导和鼓励集办公服务、投融资支持、创业辅导、渠道开拓于一体的市场化网商创业平台发展。鼓励龙头企业结合乡村特点建立电子商务交易服务平台、商品集散平台和物流中心，推动农村依托互联网创业。鼓励电子商务第三方交易平台渠道下沉，带动城乡基层创业人员依托其平台和经营网络开展创业。完善有利于中小网商发展的相关措施，在风险可控、商业可持续的前提下支持发展面向中小网商的融资贷款业务。

（二十六）支持返乡创业集聚发展。结合城乡区域特点，建立有市场竞争力的协作创业模式，形成各具特色的返乡人员创业联盟。引导返乡创业人员融入特色专业市场，打造具有区域特点的创业集群和优势产业集群。深入实施农村青年

创业富民行动，支持返乡创业人员因地制宜围绕休闲农业、农产品深加工、乡村旅游、农村服务业等开展创业，完善家庭农场等新型农业经营主体发展环境。

（二十七）完善基层创业支撑服务。加强城乡基层创业人员社保、住房、教育、医疗等公共服务体系建设，完善跨区域创业转移接续制度。健全职业技能培训体系，加强远程公益创业培训，提升基层创业人员创业能力。引导和鼓励中小金融机构开展面向基层创业创新的金融产品创新，发挥社区地理和软环境优势，支持社区创业者创业。引导和鼓励行业龙头企业、大型物流企业发挥优势，拓展乡村信息资源、物流仓储等技术和服务网络，为基层创业提供支撑。

十一、加强统筹协调，完善协同机制

（二十八）加强组织领导。建立由发展改革委牵头的推进大众创业万众创新部际联席会议制度，加强顶层设计和统筹协调。各地区、各部门要立足改革创新，坚持需求导向，从根本上解决创业创新中面临的各种体制机制问题，共同推进大众创业、万众创新蓬勃发展。重大事项要及时向国务院报告。

（二十九）加强政策协调联动。建立部门之间、部门与地方之间政策协调联动机制，形成强大合力。各地区、各部门要系统梳理已发布的有关支持创业创新发展的各项政策措施，抓紧推进"立、改、废"工作，将对初创企业的扶持方式从选拔式、分配式向普惠式、引领式转变。建立健全创业创新政策协调审查制度，增强政策普惠性、连贯性和协同性。

（三十）加强政策落实情况督查。加快建立推进大众创业、万众创新有关普惠性政策措施落实情况督查督导机制，建立和完善政策执行评估体系和通报制度，全力打通决策部署的"最先一公里"和政策落实的"最后一公里"，确保各项政策措施落地生根。

各地区、各部门要进一步统一思想认识，高度重视、认真落实本意见的各项要求，结合本地区、本部门实际明确任务分工、落实工作责任，主动作为、敢于担当，积极研究解决新问题，及时总结推广经验做法，加大宣传力度，加强舆论引导，推动本意见确定的各项政策措施落实到位，不断拓展大众创业、万众创新的空间，汇聚经济社会发展新动能，促进我国经济保持中高速增长、迈向中高端水平。

国务院

2015年6月11日

附录 D　国务院办公厅关于支持农民工等人员返乡创业的意见

国办发〔2015〕47 号

各省、自治区、直辖市人民政府，国务院各部委、各直属机构：

支持农民工、大学生和退役士兵等人员返乡创业，通过大众创业、万众创新使广袤乡镇百业兴旺，可以促就业、增收入，打开新型工业化和农业现代化、城镇化和新农村建设协同发展新局面。根据《中共中央国务院关于加大改革创新力度加快农业现代化建设的若干意见》和《国务院关于进一步做好新形势下就业创业工作的意见》（国发〔2015〕23号）要求，为进一步做好农民工等人员返乡创业工作，经国务院同意，现提出如下意见：

一、总体要求

（一）指导思想。全面贯彻落实党的十八大和十八届二中、三中、四中全会精神，按照党中央、国务院决策部署，加强统筹谋划，健全体制机制，整合创业资源，完善扶持政策，优化创业环境，以人力资本、社会资本的提升、扩散、共享为纽带，加快建立多层次多样化的返乡创业格局，全面激发农民工等人员返乡创业热度，创造更多就地就近就业机会，加快输出地新型工业化、城镇化进程，全面汇入大众创业、万众创新热潮，加快培育经济社会发展新动力，催生民生改善、经济结构调整和社会和谐稳定新动能。

（二）基本原则。

——坚持普惠性与扶持性政策相结合。既要保证返乡创业人员平等享受普惠性政策，又要根据其抗风险能力弱等特点，落实完善差别化的扶持性政策，努力促进他们成功创业。

——坚持盘活存量与创造增量并举。要用好用活已有园区、项目、资金等存量资源全面支持返乡创业，同时主动探索公共创业服务新方法、新路径，开发增量资源，加大对返乡创业的支持力度。

——坚持政府引导与市场主导协同。要加强政府引导，按照绿色、集约、实用的原则，创造优良的创业环境，更要充分发挥市场的决定性作用，支持返乡创业企业与龙头企业、市场中介服务机构等共同打造充满活力的创业生态系统。

——坚持输入地与输出地发展联动。要推进创新创业资源跨地区整合，促进输入地与输出地在政策、服务、市场等方面的联动对接，扩大返乡创业市场空间，延长返乡创业产业链条。

二、主要任务

（三）促进产业转移带动返乡创业。鼓励输入地在产业升级过程中对口帮扶输出地建设承接产业园区，引导劳动密集型产业转移，大力发展相关配套产业，带动农民工等人员返乡创业。鼓励已经成功创业的农民工等人员，顺应产业转移的趋势和潮流，充分挖掘和利用输出地资源和要素方面的比较优势，把适合的产业转移到家乡再创业、再发展。

（四）推动输出地产业升级带动返乡创业。鼓励积累了一定资金、技术和管理经验的农民工等人员，学习参考发达地区的产业组织形式、经营管理方法，顺应输出地消费结构、产业结构升级的市场需求，抓住机遇创业兴业，把小门面、小作坊升级为特色店、连锁店、品牌店。

（五）鼓励输出地资源嫁接输入地市场带动返乡创业。鼓励农民工等人员发挥既熟悉输入地市场又熟悉输出地资源的优势，借力"互联网+"信息技术发展现代商业，通过对少数民族传统手工艺品、绿色农产品等输出地特色产品的挖掘、升级、品牌化，实现输出地产品与输入地市场的嫁接。

（六）引导一、二、三产业融合发展带动返乡创业。统筹发展县域经济，引导返乡农民工等人员融入区域专业市场、示范带和块状经济，打造具有区域特色的优势产业集群。鼓励创业基础好、创业能力强的返乡人员，充分开发乡村、乡土、乡韵潜在价值，发展休闲农业、林下经济和乡村旅游，促进农村一、二、三产业融合发展，拓展创业空间。以少数民族特色村镇为平台和载体，大力发展民族风情旅游业，带动民族地区创业。

（七）支持新型农业经营主体发展带动返乡创业。鼓励返乡人员共创农民合作社、家庭农场、农业产业化龙头企业、林场等新型农业经营主体，围绕范围种养、农产品加工、农村服务业以及农技推广、林下经济、贸易营销、农资配送、信息咨询等合作建立营销渠道，合作打造特色品牌，合作分散市场风险。

三、健全基本公共工程和创业服务体系

（八）加强基层服务平台和互联网创业线上线下基本公共工程建设。切实加大人力财力投入，进一步推进县乡基层就业和社会保障服务平台、中小企业公共服务平台、农村基层综合公共服务平台、农村社区公共服务综合信息平台的建设，使其成为加强和优化农村基层公共服务的重要基本公共工程。支持电信企业加大互联网和移动互联网建设投入，改善县乡互联网服务，加快提速降费，建设高速畅通、覆盖城乡、质优价廉、服务便捷的宽带网络基本公共工程和服务体系。继续深化和扩大电子商务进农村综合示范县工作，推动信息入户，引导和鼓励电子商务交易平台渠道下沉，带动返乡人员依托其平台和经营网络创业。加大交通物流等基本公共工程投入，支持乡镇政府、农村集体经济组织与社会资本合作共建智能电商物流仓储基地，健全县、乡、村三级农村物流基本公共工程网络，鼓励物流企业完善物流下乡体系，提升冷链物流配送能力，畅通农产品进城与工业品下乡的双向流通渠道。

（九）依托存量资源整合发展农民工返乡创业园。各地要在调查分析农民工等人员返乡创业总体状况和基本需求基础上，结合推进新型工业化、信息化、城镇化、农业现代化和绿色化同步发展的实际需要，对农民工返乡创业园布局做出安排。依托现有各类合规开发园区、农业产业园，盘活闲置厂房等存量资源，支持和引导地方整合发展一批重点面向初创期"种子培育"的返乡创业孵化基地、引导早中期创业企业集群发展的返乡创业园区，聚集创业要素，降低创业成本。挖掘现有物业设施利用潜力，整合利用零散空地等存量资源，并注意与城乡基本公共工程建设、发展电子商务和完善物流基本公共工程等统筹结合。属于非农业态的农民工返乡创业园，应按照城乡规划要求，结合老城或镇村改造、农村集体经营性建设用地或农村宅基地盘整进行开发建设。属于农林牧渔业态的农民工返乡创业园，在不改变农地、集体林地、草场、水面权属和用途前提下，允许建设方通过与权属方签订合约的方法整合资源开发建设。

（十）强化返乡农民工等人员创业培训工作。紧密结合返乡农民工等人员创业特点、需求和地域经济特色，编制实施专项培训计划，整合现有培训资源，开发有针对性的培训项目，加强创业师资队伍建设，采取培训机构面授、远程网络互动等方法有效开展创业培训，扩大培训覆盖范围，提高培训的可获得性，并按规定给予创业培训补贴。建立健全创业辅导制度，加强创业导师队伍建设，从有经验和行业资源的成功企业家、职业经理人、电商辅导员、天使投资人、返乡创业带头人当中选拔一批创业导师，为返乡创业农民工等人员提供创业辅导。支持返乡创业培训实习基地建设，动员知名乡镇企业、农产品加工企业、休闲农业企业和专业市场等为返乡创业人员提供创业见习、实习和实训服务，加强输出地与东部地区对口协作，组织返乡创业农民工等人员定期到东部企业实习，为其学习和增强管理经验提供支持。发挥好驻贫困村"第一书记"和驻村工作队作用，帮助开展返乡农民工教育培训，做好贫困乡村创业致富带头人培训。

（十一）完善农民工等人员返乡创业公共服务。各地应本着"政府提供平台、平台集聚资源、资源服务创业"的思路，依托基层公共平台集聚政府公共资源和社会其他各方资源，组织开展专项活动，为农民工等人员返乡创业提供服务。统筹考虑社保、住房、教育、医疗等公共服务制度改革，及时将返乡创业农民工等人员纳入公共服务范围。依托基层就业和社会保障服务平台，做好返乡人

员创业服务、社保关系转移接续等工作,确保其各项社保关系顺畅转移接入。及时将电子商务等新兴业态创业人员纳入社保覆盖范围。探索完善返乡创业人员社会兜底保障机制,降低创业风险。深化农村社区建设试点,提升农村社区支持返乡创业和吸纳就业的能力,逐步建立城乡社区农民工服务衔接机制。

(十二)改善返乡创业市场中介服务。运用政府向社会力量购买服务的机制,调动教育培训机构、创业服务企业、电子商务平台、行业协会、群团组织等社会各方参与主动性,帮助返乡创业农民工等人员解决企业开办、经营、发展过程中遇到的能力不足、经验不足、资源不足等难题。培育和壮大专业化市场中介服务机构,提供市场分析、管理辅导等深度服务,帮助返乡创业人员改善管理、开拓市场。鼓励大型市场中介服务机构跨区域拓展,推动输出地形成专业化、社会化、网络化的市场中介服务体系。

(十三)引导返乡创业与万众创新对接。引导和支持龙头企业建立市场化的创新创业促进机制,加速资金、技术和服务扩散,带动和支持返乡创业人员依托其相关产业链创业发展。鼓励大型科研院所建立开放式创新创业服务平台,吸引返乡创业农民工等各类创业者围绕其创新成果创业,加速科技成果资本化、产业化步伐。鼓励社会资本特别是龙头企业加大投入,结合其自身发展壮大需要,建设发展市场化、专业化的众创空间,促进创新创意与企业发展、市场需求和社会资本有效对接。鼓励发达地区众创空间加速向输出地扩展、复制,不断输出新的创业理念,集聚创业活力,帮助返乡农民工等人员解决创业难题。推行科技特派员制度,建设一批"星创天地",为农民工等人员返乡创业提供科技服务,实现返乡创业与万众创新有序对接、联动发展。

四、政策办法

(十四)降低返乡创业门槛。深化商事制度改革,落实注册资本登记制度改革,优化返乡创业登记方法,简化创业住所(经营场所)登记手续,推动"一址多照"、集群注册等住所登记制度改革。放宽经营范围,鼓励返乡农民工等人员投资农村基本公共工程和在农村兴办各类事业。对政府主导、财政支持的农村公益性工程和项目,可采取购买服务、政府与社会资本合作等方法,引导农民工等人员创设的企业和社会组织参与建设、管护和运营。对能够商业化运营的农村服务业,向社会资本全面开放。制定鼓励社会资本参与农村建设目录,探索建立乡镇政府职能转移目录,鼓励返乡创业人员参与建设或承担公共服务项目,支持返乡人员创设的企业参加政府采购。将农民工等人员返乡创业纳入社会信用体系,建立健全返乡创业市场交易规则和服务监管机制,促进公共管理水平提升和交易成本下降。取消和下放涉及返乡创业的行政许可审批事项，全面清理并切实取消非行政许可审批事项，减少返乡创业投资项目前置审批。

（十五）落实定向减税和普遍性降费政策。农民工等人员返乡创业，符合政策规定条件的，可适用财政部、国家税务总局《关于小型微利企业所得税优惠政策的通知》（财税〔2015〕34号）、《关于进一步支持小微企业增值税和营业税政策的通知》（财税〔2014〕71号）、《关于对小微企业免征有关政府性基金的通知》（财税〔2014〕122号）和《人力资源和社会保障部、财政部关于调整失业保险费率有关问题的通知》（人社部发〔2015〕24号）的政策规定，享受减征企业所得税，免征增值税、营业税、教育费附加、地方教育附加、水利建设基金、文化事业建设费、残疾人就业保障金等税费减免和降低失业保险费率政策。各级财政、税务、人力资源社会保障部门要密切配合，严格按照上述政策规定和《国务院关于税收等优惠政策相关事项的通知》（国发〔2015〕25号）的要求，切实抓好工作落实，确保优惠政策落地并落实到位。

（十六）加大财政支持力度。充分发挥财政资金的杠杆引导作用，加大对返乡创业的财政支持力度。对返乡农民工等人员创办的新型农业经营主体，符合农业补贴政策支持条件的，可按规定同等享受相应的政策支持。对农民工等人员返乡创办的企业，招用就业困难人员、毕业年度高校毕业生的，按规定给予社会保险补贴。对符合就业困难人员条件，从事灵活就业的，给予一定的社会保险补贴。对具备各项支农惠农资金、小微企业发展资金等其他扶持政策规定条件的，要及时纳入扶持范围，便捷申请程序，简化审批流程，建立健全政策受益人信息联网查验机制。经工商登记注册的网络商户从业人员，同等享受各项就业创业扶持政策；未经工商登记注册的网络商户从业人员，可认定为灵活就业人员，同等享受灵活就业人员扶持政策。

（十七）强化返乡创业金融服务。加强政府引导，运用创业投资类基金，吸引社会资本加大对农民工等人员返乡创业初创期、早中期的支持力度。在返乡创业较为集中、产业特色突出的地区，探索发行专项中小微企业集合债券、公司债券，开展股权众筹融资试点，扩大直接融资范围。进一步提高返乡创业的金融可获得性，加快发展村镇银行、农村信用社等中小金融机构和小额贷款公司等机构，完善返乡创业信用评价机制，扩大抵押物范围，鼓励银行业金融机构开发符合农民工等人员返乡创业需求特点的金融产品和金融服务，加大对返乡创业的信贷支持和服务力度。大力发展农村普惠金融，引导加大涉农资金投放，运用金融服务"三农"发展的相关政策办法，支持农民工等人员返乡创业。落实创业担保

贷款政策，优化贷款审批流程，对符合条件的返乡创业人员，可按规定给予创业担保贷款，财政部门按规定安排贷款贴息所需资金。

（十八）完善返乡创业园支持政策。农民工返乡创业园的建设资金由建设方自筹；以土地租赁方法进行农民工返乡创业园建设的，形成的固定资产归建设方所有；物业经营收益按相关各方合约分配。对整合发展农民工返乡创业园，地方政府可在不增加财政预算支出总范围、不改变专项资金用途前提下，合理调整支出结构，安排相应的财政引导资金，以投资补助、贷款贴息等恰当方法给予政策支持。鼓励银行业金融机构在有效防范风险的基础上，主动创新金融产品和服务方法，加大对农民工返乡创业园区基本公共工程建设和产业集群发展等方面的金融支持。有关方面可安排相应项目给予对口支持，帮助返乡创业园完善水、电、交通、物流、通信、宽带网络等基本公共工程。适当放宽返乡创业园用电用水用地标准，吸引更多返乡人员入园创业。

五、组织实施

（十九）加强组织协调。各地区、各部门要高度重视农民工等人员返乡创业工作，健全工作机制，明确任务分工，细化配套措施，跟踪工作进展，及时总结推广经验，研究解决工作中出现的问题。支持农民工等人员返乡创业，关键在地方。各地特别是中西部地区，要结合产业转移和推进新型城镇化的实际需要，制定更加优惠的政策办法，加大对农民工等人员返乡创业的支持力度。有关部门要密切配合，抓好《鼓励农民工等人员返乡创业三年行动计划纲要（2015—2017年）》的落实，明确时间进度，制定实施细则，确保工作实效。

（二十）强化示范带动。结合国家新型城镇化综合试点城市和中小城市综合改革试点城市组织开展试点工作，探索优化鼓励创业创新的体制机制环境，打造优良创业生态系统。打造一批民族传统产业创业示范阵地、一批县级互联网创业示范阵地，发挥示范带动作用。

（二十一）抓好宣传引导。坚持正确导向，以返乡创业人员喜闻乐见的形式加强宣传解读，充分利用微信等移动互联社交平台搭建返乡创业交流平台，使之发挥凝聚返乡创业人员和交流创业信息、分享创业经验、展示创业项目、传播创业商机的作用。大力宣传优秀返乡创业典范事迹，充分调动社会各方面支持、促进农民工等人员返乡创业的积极性、主动性，大力营造创业、兴业、乐业的优良环境。

国务院办公厅

2015年6月17日

附录 E　国务院关于积极推进"互联网+"行动的指导意见

国发〔2015〕40 号

各省、自治区、直辖市人民政府，国务院各部委、各直属机构：

"互联网+"是把互联网的创新成果与经济社会各领域深度融合，推动技术进步、效率提升和组织变革，提升实体经济创新力和生产力，形成更广泛的以互联网为基础设施和创新要素的经济社会发展新形态。在全球新一轮科技革命和产业变革中，互联网与各领域的融合发展具有广阔前景和无限潜力，已成为不可阻挡的时代潮流，正对各国经济社会发展产生着战略性和全局性的影响。积极发挥我国互联网已经形成的比较优势，把握机遇，增强信心，加快推进"互联网+"发展，有利于重塑创新体系、激发创新活力、培育新兴业态和创新公共服务模式，对打造大众创业、万众创新和增加公共产品、公共服务"双引擎"，主动适应和引领经济发展新常态，形成经济发展新动能，实现中国经济提质增效升级具有重要意义。

近年来，我国在互联网技术、产业、应用以及跨界融合等方面取得了积极进展，已具备加快推进"互联网+"发展的坚实基础，但也存在传统企业运用互联网的意识和能力不足、互联网企业对传统产业理解不够深入、新业态发展面临体制机制障碍、跨界融合型人才严重匮乏等问题，亟待加以解决。为加快推动互联网与各领域深入融合和创新发展，充分发挥"互联网+"对稳增长、促改革、调结构、惠民生、防风险的重要作用，现就积极推进"互联网+"行动提出以下意见。

一、行动要求

（一）总体思路。

顺应世界"互联网+"发展趋势，充分发挥我国互联网的规模优势和应用优势，推动互联网由消费领域向生产领域拓展，加速提升产业发展水平，增强各行业创新能力，构筑经济社会发展新优势和新动能。坚持改革创新和市场需求导向，突出企业的主体作用，大力拓展互联网与经济社会各领域融合的广度和深度。着力深化体制机制改革，释放发展潜力和活力；着力做优存量，推动经济提质增效和转型升级；着力做大增量，培育新兴业态，打造新的增长点；着力创新政府服务模式，夯实网络发展基础，营造安全网络环境，提升公共服务水平。

（二）基本原则。

坚持开放共享。营造开放包容的发展环境，将互联网作为生产生活要素共享的重要平台，最大限度优化资源配置，加快形成以开放、共享为特征的经济社会

运行新模式。

坚持融合创新。鼓励传统产业树立互联网思维，积极与"互联网+"相结合。推动互联网向经济社会各领域加速渗透，以融合促创新，最大程度汇聚各类市场要素的创新力量，推动融合性新兴产业成为经济发展新动力和新支柱。

坚持变革转型。充分发挥互联网在促进产业升级以及信息化和工业化深度融合中的平台作用，引导要素资源向实体经济集聚，推动生产方式和发展模式变革。创新网络化公共服务模式，大幅提升公共服务能力。

坚持引领跨越。巩固提升我国互联网发展优势，加强重点领域前瞻性布局，以互联网融合创新为突破口，培育壮大新兴产业，引领新一轮科技革命和产业变革，实现跨越式发展。

坚持安全有序。完善互联网融合标准规范和法律法规，增强安全意识，强化安全管理和防护，保障网络安全。建立科学有效的市场监管方式，促进市场有序发展，保护公平竞争，防止形成行业垄断和市场壁垒。

（三）发展目标。

到2018年，互联网与经济社会各领域的融合发展进一步深化，基于互联网的新业态成为新的经济增长动力，互联网支撑大众创业、万众创新的作用进一步增强，互联网成为提供公共服务的重要手段，网络经济与实体经济协同互动的发展格局基本形成。

——经济发展进一步提质增效。互联网在促进制造业、农业、能源、环保等产业转型升级方面取得积极成效，劳动生产率进一步提高。基于互联网的新兴业态不断涌现，电子商务、互联网金融快速发展，对经济提质增效的促进作用更加凸显。

——社会服务进一步便捷普惠。健康医疗、教育、交通等民生领域互联网应用更加丰富，公共服务更加多元，线上线下结合更加紧密。社会服务资源配置不断优化，公众享受到更加公平、高效、优质、便捷的服务。

——基础支撑进一步夯实提升。网络设施和产业基础得到有效巩固加强，应用支撑和安全保障能力明显增强。固定宽带网络、新一代移动通信网和下一代互联网加快发展，物联网、云计算等新型基础设施更加完备。人工智能等技术及其产业化能力显著增强。

——发展环境进一步开放包容。全社会对互联网融合创新的认识不断深入，互联网融合发展面临的体制机制障碍有效破除，公共数据资源开放取得实质性进展，相关标准规范、信用体系和法律法规逐步完善。

到2025年，网络化、智能化、服务化、协同化的"互联网+"产业生态体系基本完善，"互联网+"新经济形态初步形成，"互联网+"成为经济社会创新发展的重要驱动力量。

二、重点行动

（一）"互联网+"创业创新。

充分发挥互联网的创新驱动作用，以促进创业创新为重点，推动各类要素资源聚集、开放和共享，大力发展众创空间、开放式创新等，引导和推动全社会形成大众创业、万众创新的浓厚氛围，打造经济发展新引擎。（发展改革委、科技部、工业和信息化部、人力资源和社会保障部、商务部等负责，列第一位者为牵头部门，下同）

1. 强化创业创新支撑。鼓励大型互联网企业和基础电信企业利用技术优势和产业整合能力，向小微企业和创业团队开放平台入口、数据信息、计算能力等资源，提供研发工具、经营管理和市场营销等方面的支持和服务，提高小微企业信息化应用水平，培育和孵化具有良好商业模式的创业企业。充分利用互联网基础条件，完善小微企业公共服务平台网络，集聚创业创新资源，为小微企业提供找得着、用得起、有保障的服务。

2. 积极发展众创空间。充分发挥互联网开放创新优势，调动全社会力量，支持创新工场、创客空间、社会实验室、智慧小企业创业基地等新型众创空间发展。充分利用国家自主创新示范区、科技企业孵化器、大学科技园、商贸企业集聚区、小微企业创业示范基地等现有条件，通过市场化方式构建一批创新与创业相结合、线上与线下相结合、孵化与投资相结合的众创空间，为创业者提供低成本、便利化、全要素的工作空间、网络空间、社交空间和资源共享空间。实施新兴产业"双创"行动，建立一批新兴产业"双创"示范基地，加快发展"互联网+"创业网络体系。

3. 发展开放式创新。鼓励各类创新主体充分利用互联网，把握市场需求导向，加强创新资源共享与合作，促进前沿技术和创新成果及时转化，构建开放式创新体系。推动各类创业创新扶持政策与互联网开放平台联动协作，为创业团队和个人开发者提供绿色通道服务。加快发展创业服务业，积极推广众包、用户参与设计、云设计等新型研发组织模式，引导建立社会各界交流合作的平台，推动跨区域、跨领域的技术成果转移和协同创新。

（二）"互联网+"协同制造。

推动互联网与制造业融合，提升制造业数字化、网络化、智能化水平，加强产业链协作，发展基于互联网的协同制造新模式。在重点领域推进智能制造、大规模个性化定制、网络化协同制造和服务型制造，打造一批网络化协同制造公共服务平台，加快形成制造业网络化产业生态体系。（工业和信息化部、发展改革委、科技部共同牵头）

1. 大力发展智能制造。以智能工厂为发展方向，开展智能制造试点示范，加快推动云计算、物联网、智能工业机器人、增材制造等技术在生产过程中的应用，推进生产装备智能化升级、工艺流程改造和基础数据共享。着力在工控系统、智能感知元器件、工业云平台、操作系统和工业软件等核心环节取得突破，加强工业大数据的开发与利用，有效支撑制造业智能化转型，构建开放、共享、协作的智能制造产业生态。

2. 发展大规模个性化定制。支持企业利用互联网采集并对接用户个性化需求，推进设计研发、生产制造和供应链管理等关键环节的柔性化改造，开展基于个性化产品的服务模式和商业模式创新。鼓励互联网企业整合市场信息，挖掘细分市场需求与发展趋势，为制造企业开展个性化定制提供决策支撑。

3. 提升网络化协同制造水平。鼓励制造业骨干企业通过互联网与产业链各环节紧密协同，促进生产、质量控制和运营管理系统全面互联，推行众包设计研发和网络化制造等新模式。鼓励有实力的互联网企业构建网络化协同制造公共服务平台，面向细分行业提供云制造服务，促进创新资源、生产能力、市场需求的集聚与对接，提升服务中小微企业能力，加快全社会多元化制造资源的有效协同，提高产业链资源整合能力。

4. 加速制造业服务化转型。鼓励制造企业利用物联网、云计算、大数据等技术，整合产品全生命周期数据，形成面向生产组织全过程的决策服务信息，为产品优化升级提供数据支持。鼓励企业基于互联网开展故障预警、远程维护、质量诊断、远程过程优化等在线增值服务，拓展产品价值空间，实现从制造向"制造+服务"的转型升级。

（三）"互联网+"现代农业。

利用互联网提升农业生产、经营、管理和服务水平，培育一批网络化、智能化、精细化的现代"种养加"生态农业新模式，形成示范带动效应，加快完善新型农业生产经营体系，培育多样化农业互联网管理服务模式，逐步建立农副产品、农资质量安全追溯体系，促进农业现代化水平明显提升。（农业部、发展改革委、科技部、商务部、质检总局、食品药品监管总局、林业局等负责）

1. 构建新型农业生产经营体系。鼓励互联网企业建立农业服务平台，支撑专业大户、家庭农场、农民合作社、农业产业化龙头企业等新型农业生产经营主体，加强产销衔接，实现农业生产由生产导向向消费导向转变。提高农业生产经营的科技化、组织化和精细化水平，推进农业生产流通销售方式变革和农业发展方式转变，提升农业生产效率和增值空间。规范用好农村土地流转公共服务平台，提升土地流转透明度，保障农民权益。

2. 发展精准化生产方式。推广成熟可复制的农业物联网应用模式。在基础较好的领域和地区，普及基于环境感知、实时监测、自动控制的网络化农业环境监测系统。在大宗农产品规模生产区域，构建天地一体的农业物联网测控体系，实施智能节水灌溉、测土配方施肥、农机定位耕种等精准化作业。在畜禽标准化规模养殖基地和水产健康养殖示范基地，推动饲料精准投放、疾病自动诊断、废弃物自动回收等智能设备的应用普及和互联互通。

3. 提升网络化服务水平。深入推进信息进村入户试点，鼓励通过移动互联网为农民提供政策、市场、科技、保险等生产生活信息服务。支持互联网企业与农业生产经营主体合作，综合利用大数据、云计算等技术，建立农业信息监测体系，为灾害预警、耕地质量监测、重大动植物疫情防控、市场波动预测、经营科学决策等提供服务。

4. 完善农副产品质量安全追溯体系。充分利用现有互联网资源，构建农副产品质量安全追溯公共服务平台，推进制度标准建设，建立产地准出与市场准入衔接机制。支持新型农业生产经营主体利用互联网技术，对生产经营过程进行精细化信息化管理，加快推动移动互联网、物联网、二维码、无线射频识别等信息技术在生产加工和流通销售各环节的推广应用，强化上下游追溯体系对接和信息互通共享，不断扩大追溯体系覆盖面，实现农副产品"从农田到餐桌"全过程可追溯，保障"舌尖上的安全"。

（四）"互联网+"智慧能源。

通过互联网促进能源系统扁平化，推进能源生产与消费模式革命，提高能源利用效率，推动节能减排。加强分布式能源网络建设，提高可再生能源占比，促进能源利用结构优化。加快发电设施、用电设施和电网智能化改造，提高电力系统的安全性、稳定性和可靠性。（能源局、发展改革委、工业和信息化部等负责）

1. 推进能源生产智能化。建立能源生产运行的监测、管理和调度信息公共服务网络，加强能源产业链上下游企业的信息对接和生产消费智能化，支持电厂和电网协调运行，促进非化石能源与化石能源协同发电。鼓励能源企业运用大数据技术对设备状态、电能负载等数据进行分析挖掘与预测，开展精准调度、故障判断和预测性维护，提高能源利用效率和安全稳定运行水平。

2. 建设分布式能源网络。建设以太阳能、风能等可再生能源为主体的多能源协调互补的能源互联网。突破分布式发电、储能、智能微网、主动配电网等关键技术，构建智能化电力运行监测、管理技术平台，使电力设备和用电终端基于互联网进行双向通信和智能调控，实现分布式电源的及时有效接入，逐步建成开放共享的能源网络。

3. 探索能源消费新模式。开展绿色电力交易服务区域试点，推进以智能电网为配送平台，以电子商务为交易平台，融合储能设施、物联网、智能用电设施等硬件以及碳交易、互联网金融等衍生服务于一体的绿色能源网络发展，实现绿色电力的点到点交易及实时配送和补贴结算。进一步加强能源生产和消费协调匹配，推进电动汽车、港口岸电等电能替代技术的应用，推广电力需求侧管理，提高能源利用效率。基于分布式能源网络，发展用户端智能化用能、能源共享经济和能源自由交易，促进能源消费生态体系建设。

4. 发展基于电网的通信设施和新型业务。推进电力光纤到户工程，完善能源互联网信息通信系统。统筹部署电网和通信网深度融合的网络基础设施，实现同缆传输、共建共享，避免重复建设。鼓励依托智能电网发展家庭能效管理等新型业务。

（五）"互联网+"普惠金融。

促进互联网金融健康发展，全面提升互联网金融服务能力和普惠水平，鼓励互联网与银行、证券、保险、基金的融合创新，为大众提供丰富、安全、便捷的金融产品和服务，更好满足不同层次实体经济的投融资需求，培育一批具有行业影响力的互联网金融创新型企业。（人民银行、银监会、证监会、保监会、发展改革委、工业和信息化部、网信办等负责）

1. 探索推进互联网金融云服务平台建设。探索互联网企业构建互联网金融云服务平台。在保证技术成熟和业务安全的基础上，支持金融企业与云计算技术提供商合作开展金融公共云服务，提供多样化、个性化、精准化的金融产品。支持银行、证券、保险企业稳妥实施系统架构转型，鼓励探索利用云服务平台开展金融核心业务，提供基于金融云服务平台的信用、认证、接口等公共服务。

2. 鼓励金融机构利用互联网拓宽服务覆盖面。鼓励各金融机构利用云计算、移动互联网、大数据等技术手段，加快金融产品和服务创新，在更广泛地区提供便利的存贷款、支付结算、信用中介平台等金融服务，拓宽普惠金融服务范围，为实体经济发展提供有效支撑。支持金融机构和互联网企业依法合规开展网络借贷、网络证券、网络保险、互联网基金销售等业务。扩大专业互联网保险公司试点，充分发挥保险业在防范互联网金融风险中的作用。推动金融集成电路卡（IC

卡）全面应用，提升电子现金的使用率和便捷性。发挥移动金融安全可信公共服务平台（MTPS）的作用，积极推动商业银行开展移动金融创新应用，促进移动金融在电子商务、公共服务等领域的规模应用。支持银行业金融机构借助互联网技术发展消费信贷业务，支持金融租赁公司利用互联网技术开展金融租赁业务。

3. 积极拓展互联网金融服务创新的深度和广度。鼓励互联网企业依法合规提供创新金融产品和服务，更好地满足中小微企业、创新型企业和个人的投融资需求。规范发展网络借贷和互联网消费信贷业务，探索互联网金融服务创新。积极引导风险投资基金、私募股权投资基金和产业投资基金投资于互联网金融企业。利用大数据发展市场化个人征信业务，加快网络征信和信用评价体系建设。加强互联网金融消费权益保护和投资者保护，建立多元化金融消费纠纷解决机制。改进和完善互联网金融监管，提高金融服务安全性，有效防范互联网金融风险及其外溢效应。

（六）"互联网+"益民服务。

充分发挥互联网的高效、便捷优势，提高资源利用效率，降低服务消费成本。大力发展以互联网为载体、线上线下互动的新兴消费，加快发展基于互联网的医疗、健康、养老、教育、旅游、社会保障等新兴服务，创新政府服务模式，提升政府科学决策能力和管理水平。（发展改革委、教育部、工业和信息化部、民政部、人力资源和社会保障部、商务部、卫生计生委、质检总局、食品药品监管总局、林业局、旅游局、网信办、信访局等负责）

1. 创新政府网络化管理和服务。加快互联网与政府公共服务体系的深度融合，推动公共数据资源开放，促进公共服务创新供给和服务资源整合，构建面向公众的一体化在线公共服务体系。积极探索公众参与的网络化社会管理服务新模式，充分利用互联网、移动互联网应用平台等，加快推进政务新媒体发展建设，加强政府与公众的沟通交流，提高政府公共管理、公共服务和公共政策制定的响应速度，提升政府科学决策能力和社会治理水平，促进政府职能转变和简政放权。深入推进网上信访，提高信访工作质量、效率和公信力。鼓励政府和互联网企业合作建立信用信息共享平台，探索开展一批社会治理互联网应用试点，打通政府部门、企事业单位之间的数据壁垒，利用大数据分析手段，提升各级政府的社会治理能力。加强对"互联网+"行动的宣传，提高公众参与度。

2. 发展便民服务新业态。发展体验经济，支持实体零售商综合利用网上商店、移动支付、智能试衣等新技术，打造体验式购物模式。发展社区经济，在餐饮、娱乐、家政等领域培育线上线下结合的社区服务新模式。发展共享经济，规范发展网络约租车，积极推广在线租房等新业态，着力破除准入门槛高、服务规范难、个人征信缺失等瓶颈制约。发展基于互联网的文化、媒体和旅游等服务，培育形式多样的新型业态。积极推广基于移动互联网入口的城市服务，开展网上社保办理、个人社保权益查询、跨地区医保结算等互联网应用，让老百姓足不出户享受便捷高效的服务。

3. 推广在线医疗卫生新模式。发展基于互联网的医疗卫生服务，支持第三方机构构建医学影像、健康档案、检验报告、电子病历等医疗信息共享服务平台，逐步建立跨医院的医疗数据共享交换标准体系。积极利用移动互联网提供在线预约诊疗、候诊提醒、划价缴费、诊疗报告查询、药品配送等便捷服务。引导医疗机构面向中小城市和农村地区开展基层检查、上级诊断等远程医疗服务。鼓励互联网企业与医疗机构合作建立医疗网络信息平台，加强区域医疗卫生服务资源整合，充分利用互联网、大数据等手段，提高重大疾病和突发公共卫生事件防控能力。积极探索互联网延伸医嘱、电子处方等网络医疗健康服务应用。鼓励有资质的医学检验机构、医疗服务机构联合互联网企业，发展基因检测、疾病预防等健康服务模式。

4. 促进智慧健康养老产业发展。支持智能健康产品创新和应用，推广全面量化健康生活新方式。鼓励健康服务机构利用云计算、大数据等技术搭建公共信息平台，提供长期跟踪、预测预警的个性化健康管理服务。发展第三方在线健康市场调查、咨询评价、预防管理等应用服务，提升规范化和专业化运营水平。依托现有互联网资源和社会力量，以社区为基础，搭建养老信息服务网络平台，提供护理看护、健康管理、康复照料等居家养老服务。鼓励养老服务机构应用基于移动互联网的便携式体检、紧急呼叫监控等设备，提高养老服务水平。

5. 探索新型教育服务供给方式。鼓励互联网企业与社会教育机构根据市场需求开发数字教育资源，提供网络化教育服务。鼓励学校利用数字教育资源及教育服务平台，逐步探索网络化教育新模式，扩大优质教育资源覆盖面，促进教育公平。鼓励学校通过与互联网企业合作等方式，对接线上线下教育资源，探索基础教育、职业教育等教育公共服务提供新方式。推动开展学历教育在线课程资源共享，推广大规模在线开放课程等网络学习模式，探索建立网络学习学分认定与学分转换等制度，加快推动高等教育服务模式变革。

（七）"互联网+"高效物流。

加快建设跨行业、跨区域的物流信息服务平台，提高物流供需信息对接和使用效率。鼓励大数据、云计算在物流领域的应用，建设智能仓储体系，优化物流

运作流程，提升物流仓储的自动化、智能化水平和运转效率，降低物流成本。（发展改革委、商务部、交通运输部、网信办等负责）

1. 构建物流信息共享互通体系。发挥互联网信息集聚优势，聚合各类物流信息资源，鼓励骨干物流企业和第三方机构搭建面向社会的物流信息服务平台，整合仓储、运输和配送信息，开展物流全程监测、预警，提高物流安全、环保和诚信水平，统筹优化社会物流资源配置。构建互通省际、下达市县、兼顾乡村的物流信息互联网络，建立各类可开放数据的对接机制，加快完善物流信息交换开放标准体系，在更广范围内促进物流信息充分共享与互联互通。

2. 建设深度感知智能仓储系统。在各级仓储单元积极推广应用二维码、无线射频识别等物联网感知技术和大数据技术，实现仓储设施与货物的实时跟踪、网络化管理以及库存信息的高度共享，提高货物调度效率。鼓励应用智能化物流装备提升仓储、运输、分拣、包装等作业效率，提高各类复杂订单的出货处理能力，缓解货物囤积停滞瓶颈制约，提升仓储运管水平和效率。

3. 完善智能物流配送调配体系。加快推进货运车联网与物流园区、仓储设施、配送网点等信息互联，促进人员、货源、车源等信息高效匹配，有效降低货车空驶率，提高配送效率。鼓励发展社区自提柜、冷链储藏柜、代收服务点等新型社区化配送模式，结合构建物流信息互联网络，加快推进县到村的物流配送网络和村级配送网点建设，解决物流配送"最后一公里"问题。

（八）"互联网+"电子商务。

巩固和增强我国电子商务发展领先优势，大力发展农村电商、行业电商和跨境电商，进一步扩大电子商务发展空间。电子商务与其他产业的融合不断深化，网络化生产、流通、消费更加普及，标准规范、公共服务等支撑环境基本完善。（发展改革委、商务部、工业和信息化部、交通运输部、农业部、海关总署、税务总局、质检总局、网信办等负责）

1. 积极发展农村电子商务。开展电子商务进农村综合示范，支持新型农业经营主体和农产品、农资批发市场对接电商平台，积极发展以销定产模式。完善农村电子商务配送及综合服务网络，着力解决农副产品标准化、物流标准化、冷链仓储建设等关键问题，发展农产品个性化定制服务。开展生鲜农产品和农业生产资料电子商务试点，促进农业大宗商品电子商务发展。

2. 大力发展行业电子商务。鼓励能源、化工、钢铁、电子、轻纺、医药等行业企业，积极利用电子商务平台优化采购、分销体系，提升企业经营效率。推动各类专业市场线上转型，引导传统商贸流通企业与电子商务企业整合资源，积极向供应链协同平台转型。鼓励生产制造企业面向个性化、定制化消费需求深化电子商务应用，支持设备制造企业利用电子商务平台开展融资租赁服务，鼓励中小微企业扩大电子商务应用。按照市场化、专业化方向，大力推广电子招标投标。

3. 推动电子商务应用创新。鼓励企业利用电子商务平台的大数据资源，提升企业精准营销能力，激发市场消费需求。建立电子商务产品质量追溯机制，建设电子商务售后服务质量检测云平台，完善互联网质量信息公共服务体系，解决消费者维权难、退货难、产品责任追溯难等问题。加强互联网食品药品市场监测监管体系建设，积极探索处方药电子商务销售和监管模式创新。鼓励企业利用移动社交、新媒体等新渠道，发展社交电商、"粉丝"经济等网络营销新模式。

4. 加强电子商务国际合作。鼓励各类跨境电子商务服务商发展，完善跨境物流体系，拓展全球经贸合作。推进跨境电子商务通关、检验检疫、结汇等关键环节单一窗口综合服务体系建设。创新跨境权益保障机制，利用合格评定手段，推进国际互认。创新跨境电子商务管理，促进信息网络畅通、跨境物流便捷、支付及结汇无障碍、税收规范便利、市场及贸易规则互认互通。

（九）"互联网+"便捷交通。

加快互联网与交通运输领域的深度融合，通过基础设施、运输工具、运行信息等互联网化，推进基于互联网平台的便捷化交通运输服务发展，显著提高交通运输资源利用效率和管理精细化水平，全面提升交通运输行业服务品质和科学治理能力。（发展改革委、交通运输部共同牵头）

1. 提升交通运输服务品质。推动交通运输主管部门和企业将服务性数据资源向社会开放，鼓励互联网平台为社会公众提供实时交通运行状态查询、出行路线规划、网上购票、智能停车等服务，推进基于互联网平台的多种出行方式信息服务对接和一站式服务。加快完善汽车健康档案、维修诊断和服务质量信息服务平台建设。

2. 推进交通运输资源在线集成。利用物联网、移动互联网等技术，进一步加强对公路、铁路、民航、港口等交通运输网络关键设施运行状态与通行信息的采集。推动跨地域、跨类型交通运输信息互联互通，推广船联网、车联网等智能化技术应用，形成更加完善的交通运输感知体系，提高基础设施、运输工具、运行信息等要素资源的在线化水平，全面支撑故障预警、运行维护以及调度智能化。

3. 增强交通运输科学治理能力。强化交通运输信息共享，利用大数据平台挖掘分析人口迁徙规律、公众出行需求、枢纽客流规模、车辆船舶行驶特征等，为优化交通运输设施规划与建设、安全运行控制、交通运输管理决策提供支撑。利用互联网加强对交通运输违章违规行为的智能化监管，不断提高交通运输治理能力。

（十）"互联网+"绿色生态。

推动互联网与生态文明建设深度融合，完善污染物监测及信息发布系统，形成覆盖主要生态要素的资源环境承载能力动态监测网络，实现生态环境数据互联互通和开放共享。充分发挥互联网在逆向物流回收体系中的平台作用，促进再生资源交易利用便捷化、互动化、透明化，促进生产生活方式绿色化（发展改革委、环境保护部、商务部、林业局等负责）

1. 加强资源环境动态监测。针对能源、矿产资源、水、大气、森林、草原、湿地、海洋等各类生态要素，充分利用多维地理信息系统、智慧地图等技术，结合互联网大数据分析，优化监测站点布局，扩大动态监控范围，构建资源环境承载能力立体监控系统。依托现有互联网、云计算平台，逐步实现各级政府资源环境动态监测信息互联共享。加强重点用能单位能耗在线监测和大数据分析。

2. 大力发展智慧环保。利用智能监测设备和移动互联网，完善污染物排放在线监测系统，增加监测污染物种类，扩大监测范围，形成全天候、多层次的智能多源感知体系。建立环境信息数据共享机制，统一数据交换标准，推进区域污染物排放、空气环境质量、水环境质量等信息公开，通过互联网实现面向公众的在线查询和定制推送。加强对企业环保信用数据的采集整理，将企业环保信用记录纳入全国统一的信用信息共享交换平台。完善环境预警和风险监测信息网络，提升重金属、危险废物、危险化学品等重点风险防范水平和应急处理能力。

3. 完善废旧资源回收利用体系。利用物联网、大数据开展信息采集、数据分析、流向监测，优化逆向物流网点布局。支持利用电子标签、二维码等物联网技术跟踪电子废物流向，鼓励互联网企业参与搭建城市废弃物回收平台，创新再生资源回收模式。加快推进汽车保险信息系统、"以旧换再"管理系统和报废车管理系统的标准化、规范化和互联互通，加强废旧汽车及零部件的回收利用信息管理，为互联网企业开展业务创新和便民服务提供数据支撑。

4. 建立废弃物在线交易系统。鼓励互联网企业积极参与各类产业园区废弃物信息平台建设，推动现有骨干再生资源交易市场向线上线下结合转型升级，逐步形成行业性、区域性、全国性的产业废弃物和再生资源在线交易系统，完善线上信用评价和供应链融资体系，开展在线竞价，发布价格交易指数，提高稳定供给能力，增强主要再生资源品种的定价权。

（十一）"互联网+"人工智能。

依托互联网平台提供人工智能公共创新服务，加快人工智能核心技术突破，促进人工智能在智能家居、智能终端、智能汽车、机器人等领域的推广应用，培育若干引领全球人工智能发展的骨干企业和创新团队，形成创新活跃、开放合作、协同发展的产业生态。（发展改革委、科技部、工业和信息化部、网信办等负责）

1. 培育发展人工智能新兴产业。建设支撑超大规模深度学习的新型计算集群，构建包括语音、图像、视频、地图等数据的海量训练资源库，加强人工智能基础资源和公共服务等创新平台建设。进一步推进计算机视觉、智能语音处理、生物特征识别、自然语言理解、智能决策控制以及新型人机交互等关键技术的研发和产业化，推动人工智能在智能产品、工业制造等领域规模商用，为产业智能化升级夯实基础。

2. 推进重点领域智能产品创新。鼓励传统家居企业与互联网企业开展集成创新，不断提升家居产品的智能化水平和服务能力，创造新的消费市场空间。推动汽车企业与互联网企业设立跨界交叉的创新平台，加快智能辅助驾驶、复杂环境感知、车载智能设备等技术产品的研发与应用。支持安防企业与互联网企业开展合作，发展和推广图像精准识别等大数据分析技术，提升安防产品的智能化服务水平。

3. 提升终端产品智能化水平。着力做大高端移动智能终端产品和服务的市场规模，提高移动智能终端核心技术研发及产业化能力。鼓励企业积极开展差异化细分市场需求分析，大力丰富可穿戴设备的应用服务，提升用户体验。推动互联网技术以及智能感知、模式识别、智能分析、智能控制等智能技术在机器人领域的深入应用，大力提升机器人产品在传感、交互、控制等方面的性能和智能化水平，提高核心竞争力。

三、保障支撑

（一）夯实发展基础。

1. 巩固网络基础。加快实施"宽带中国"战略，组织实施国家新一代信息基础设施建设工程，推进宽带网络光纤化改造，加快提升移动通信网络服务能力，促进网间互联互通，大幅提高网络访问速率，有效降低网络资费，完善电信普遍服务补偿机制，支持农村及偏远地区宽带建设和运行维护，使互联网下沉为各行业、各领域、各区域都能使用，人、机、物泛在互联的基础设施。增强北斗卫星全球服务能力，构建天地一体化互联网络。加快下一代互联网商用部署，加强互联网协议第6版（IPv6）地址管理、标识管理与解析，构建未来网络创新试验平台。研究工业互联网网络架构体系，构建开放式国家创新试验验证平台。（发展

改革委、工业和信息化部、财政部、国资委、网信办等负责）

2. 强化应用基础。适应重点行业融合创新发展需求，完善无线传感网、行业云及大数据平台等新型应用基础设施。实施云计算工程，大力提升公共云服务能力，引导行业信息化应用向云计算平台迁移，加快内容分发网络建设，优化数据中心布局。加强物联网网络架构研究，组织开展国家物联网重大应用示范，鼓励具备条件的企业建设跨行业物联网运营和支撑平台。（发展改革委、工业和信息化部等负责）

3. 做实产业基础。着力突破核心芯片、高端服务器、高端存储设备、数据库和中间件等产业薄弱环节的技术瓶颈，加快推进云操作系统、工业控制实时操作系统、智能终端操作系统的研发和应用。大力发展云计算、大数据等解决方案以及高端传感器、工控系统、人机交互等软硬件基础产品。运用互联网理念，构建以骨干企业为核心、产学研用高效整合的技术产业集群，打造国际先进、自主可控的产业体系。（工业和信息化部、发展改革委、科技部、网信办等负责）

4. 保障安全基础。制定国家信息领域核心技术设备发展时间表和路线图，提升互联网安全管理、态势感知和风险防范能力，加强信息网络基础设施安全防护和用户个人信息保护。实施国家信息安全专项，开展网络安全应用示范，提高"互联网+"安全核心技术和产品水平。按照信息安全等级保护等制度和网络安全国家标准的要求，加强"互联网+"关键领域重要信息系统的安全保障。建设完善网络安全监测评估、监督管理、标准认证和创新能力体系。重视融合带来的安全风险，完善网络数据共享、利用等的安全管理和技术措施，探索建立以行政评议和第三方评估为基础的数据安全流动认证体系，完善数据跨境流动管理制度，确保数据安全。（网信办、发展改革委、科技部、工业和信息化部、公安部、安全部、质检总局等负责）

（二）强化创新驱动。

1. 加强创新能力建设。鼓励构建以企业为主导，产学研用合作的"互联网+"产业创新网络或产业技术创新联盟。支持以龙头企业为主体，建设跨界交叉领域的创新平台，并逐步形成创新网络。鼓励国家创新平台向企业特别是中小企业在线开放，加大国家重大科研基础设施和大型科研仪器等网络化开放力度。（发展改革委、科技部、工业和信息化部、网信办等负责）

2. 加快制定融合标准。按照共性先立、急用先行的原则，引导工业互联网、智能电网、智慧城市等领域基础共性标准、关键技术标准的研制及推广。加快与互联网融合应用的工控系统、智能专用装备、智能仪表、智能家居、车联网等细分领域的标准化工作。不断完善"互联网+"融合标准体系,同步推进国际国内标准化工作,增强在国际标准化组织(ISO)、国际电工委员会(IEC)和国际电信联盟(ITU)等国际组织中的话语权。(质检总局、工业和信息化部、网信办、能源局等负责)

3. 强化知识产权战略。加强融合领域关键环节专利导航,引导企业加强知识产权战略储备与布局。加快推进专利基础信息资源开放共享,支持在线知识产权服务平台建设,鼓励服务模式创新,提升知识产权服务附加值,支持中小微企业知识产权创造和运用。加强网络知识产权和专利执法维权工作,严厉打击各种网络侵权假冒行为。增强全社会对网络知识产权的保护意识,推动建立"互联网+"知识产权保护联盟,加大对新业态、新模式等创新成果的保护力度。(知识产权局牵头)

4. 大力发展开源社区。鼓励企业自主研发和国家科技计划(专项、基金等)支持形成的软件成果通过互联网向社会开源。引导教育机构、社会团体、企业或个人发起开源项目,积极参加国际开源项目,支持组建开源社区和开源基金会。鼓励企业依托互联网开源模式构建新型生态,促进互联网开源社区与标准规范、知识产权等机构的对接与合作。(科技部、工业和信息化部、质检总局、知识产权局等负责)

(三)营造宽松环境。

1. 构建开放包容环境。贯彻落实《中共中央国务院关于深化体制机制改革加快实施创新驱动发展战略的若干意见》,放宽融合性产品和服务的市场准入限制,制定实施各行业互联网准入负面清单,允许各类主体依法平等进入未纳入负面清单管理的领域。破除行业壁垒,推动各行业、各领域在技术、标准、监管等方面充分对接,最大限度地减少事前准入限制,加强事中事后监管。继续深化电信体制改革,有序开放电信市场,加快民营资本进入基础电信业务。加快深化商事制度改革,推进投资贸易便利化。(发展改革委、网信办、教育部、科技部、工业和信息化部、民政部、商务部、卫生计生委、工商总局、质检总局等负责)

2. 完善信用支撑体系。加快社会征信体系建设,推进各类信用信息平台无缝对接,打破信息孤岛。加强信用记录、风险预警、违法失信行为等信息资源在线披露和共享,为经营者提供信用信息查询、企业网上身份认证等服务。充分利用互联网积累的信用数据,对现有征信体系和评测体系进行补充和完善,为经济调节、市场监管、社会管理和公共服务提供有力支撑。(发展改革委、人民银行、工商总局、质检总局、网信办等负责)

3. 推动数据资源开放。研究出台国家大数据战略，显著提升国家大数据掌控能力。建立国家政府信息开放统一平台和基础数据资源库，开展公共数据开放利用改革试点，出台政府机构数据开放管理规定。按照重要性和敏感程度分级分类，推进政府和公共信息资源开放共享，支持公众和小微企业充分挖掘信息资源的商业价值，促进互联网应用创新。（发展改革委、工业和信息化部、国务院办公厅、网信办等负责）

4. 加强法律法规建设。针对互联网与各行业融合发展的新特点，加快"互联网+"相关立法工作，研究调整完善不适应"互联网+"发展和管理的现行法规及政策规定。落实加强网络信息保护和信息公开有关规定，加快推动制定网络安全、电子商务、个人信息保护、互联网信息服务管理等法律法规。完善《反垄断法》配套规则，进一步加大《反垄断法》执行力度，严格查处信息领域企业垄断行为，营造互联网公平竞争环境。（法制办、网信办、发展改革委、工业和信息化部、公安部、安全部、商务部、工商总局等负责）

（四）拓展海外合作。

1. 鼓励企业抱团出海。结合"一带一路"等国家重大战略，支持和鼓励具有竞争优势的互联网企业联合制造、金融、信息通信等领域企业率先走出去，通过海外并购、联合经营、设立分支机构等方式，相互借力，共同开拓国际市场，推进国际产能合作，构建跨境产业链体系，增强全球竞争力。（发展改革委、外交部、工业和信息化部、商务部、网信办等负责）

2. 发展全球市场应用。鼓励"互联网+"企业整合国内外资源，面向全球提供工业云、供应链管理、大数据分析等网络服务，培育具有全球影响力的"互联网+"应用平台。鼓励互联网企业积极拓展海外用户，推出适合不同市场文化的产品和服务。（商务部、发展改革委、工业和信息化部、网信办等负责）

3. 增强走出去服务能力。充分发挥政府、产业联盟、行业协会及相关中介机构的作用，形成支持"互联网+"企业走出去的合力。鼓励中介机构为企业拓展海外市场提供信息咨询、法律援助、税务中介等服务。支持行业协会、产业联盟与企业共同推广中国技术和中国标准，以技术标准走出去带动产品和服务在海外推广应用。（商务部、外交部、发展改革委、工业和信息化部、税务总局、质检总局、网信办等负责）

（五）加强智力建设。

1. 加强应用能力培训。鼓励地方各级政府采用购买服务的方式，向社会提供互联网知识技能培训，支持相关研究机构和专家开展"互联网+"基础知识和应用培训。鼓励传统企业与互联网企业建立信息咨询、人才交流等合作机制，促进双方深入交流合作。加强制造业、农业等领域人才特别是企业高层管理人员的互联网技能培训，鼓励互联网人才与传统行业人才双向流动。（科技部、工业和信息化部、人力资源和社会保障部、网信办等负责）

2. 加快复合型人才培养。面向"互联网+"融合发展需求，鼓励高校根据发展需要和学校办学能力设置相关专业，注重将国内外前沿研究成果尽快引入相关专业教学中。鼓励各类学校聘请互联网领域高级人才作为兼职教师，加强"互联网+"领域实验教学。（教育部、发展改革委、科技部、工业和信息化部、人力资源和社会保障部、网信办等负责）

3. 鼓励联合培养培训。实施产学合作专业综合改革项目，鼓励校企、院企合作办学，推进"互联网+"专业技术人才培训。深化互联网领域产教融合，依托高校、科研机构、企业的智力资源和研究平台，建立一批联合实训基地。建立企业技术中心和院校对接机制，鼓励企业在院校建立"互联网+"研发机构和实验中心。（教育部、发展改革委、科技部、工业和信息化部、人力资源和社会保障部、网信办等负责）

4. 利用全球智力资源。充分利用现有人才引进计划和鼓励企业设立海外研发中心等多种方式，引进和培养一批"互联网+"领域高端人才。完善移民、签证等制度，形成有利于吸引人才的分配、激励和保障机制，为引进海外人才提供有利条件。支持通过任务外包、产业合作、学术交流等方式，充分利用全球互联网人才资源。吸引互联网领域领军人才、特殊人才、紧缺人才在我国创业创新和从事教学科研等活动。（人力资源和社会保障部、发展改革委、教育部、科技部、网信办等负责）

（六）加强引导支持。

1. 实施重大工程包。选择重点领域，加大中央预算内资金投入力度，引导更多社会资本进入，分步骤组织实施"互联网+"重大工程，重点促进以移动互联网、云计算、大数据、物联网为代表的新一代信息技术与制造、能源、服务、农业等领域的融合创新，发展壮大新兴业态，打造新的产业增长点。（发展改革委牵头）

2. 加大财税支持。充分发挥国家科技计划作用，积极投向符合条件的"互联网+"融合创新关键技术研发及应用示范。统筹利用现有财政专项资金，支持"互联网+"相关平台建设和应用示范等。加大政府部门采购云计算服务的力度，探索基于云计算的政务信息化建设运营新机制。鼓励地方政府创新风险补偿机制，探

索"互联网+"发展的新模式。（财政部、税务总局、发展改革委、科技部、网信办等负责）

3. 完善融资服务。积极发挥天使投资、风险投资基金等对"互联网+"的投资引领作用。开展股权众筹等互联网金融创新试点，支持小微企业发展。支持国家出资设立的有关基金投向"互联网+"，鼓励社会资本加大对相关创新型企业的投资。积极发展知识产权质押融资、信用保险保单融资增信等服务，鼓励通过债券融资方式支持"互联网+"发展，支持符合条件的"互联网+"企业发行公司债券。开展产融结合创新试点，探索股权和债权相结合的融资服务。降低创新型、成长型互联网企业的上市准入门槛，结合《证券法》修订和股票发行注册制改革，支持处于特定成长阶段、发展前景好但尚未盈利的互联网企业在创业板上市。推动银行业金融机构创新信贷产品与金融服务，加大贷款投放力度。鼓励开发性金融机构为"互联网+"重点项目建设提供有效融资支持。（人民银行、发展改革委、银监会、证监会、保监会、网信办、开发银行等负责）

（七）做好组织实施。

1. 加强组织领导。建立"互联网+"行动实施部际联席会议制度，统筹协调解决重大问题，切实推动行动的贯彻落实。联席会议设办公室，负责具体工作的组织推进。建立跨领域、跨行业的"互联网+"行动专家咨询委员会，为政府决策提供重要支撑。（发展改革委牵头）

2. 开展试点示范。鼓励开展"互联网+"试点示范，推进"互联网+"区域化、链条化发展。支持全面创新改革试验区、中关村等国家自主创新示范区、国家现代农业示范区先行先试，积极开展"互联网+"创新政策试点，破除新兴产业行业准入、数据开放、市场监管等方面的政策障碍，研究适应新兴业态特点的税收、保险政策，打造"互联网+"生态体系。（各部门、各地方政府负责）

3. 有序推进实施。各地区、各部门要主动作为，完善服务，加强引导，以动态发展的眼光看待"互联网+"，在实践中大胆探索拓展，相互借鉴"互联网+"融合应用成功经验，促进"互联网+"新业态、新经济发展。有关部门要加强统筹规划，提高服务和管理能力。各地区要结合实际，研究制定适合本地的"互联网+"行动落实方案，因地制宜，合理定位，科学组织实施，杜绝盲目建设和重复投资，务实有序推进"互联网+"行动。（各部门、各地方政府负责）

国务院

2015年7月1日

［后记］

21世纪初，中国的市场经济日趋成熟，国家经济社会的快速发展需要高等教育培养出大批高素质创新创业人才。而在工作中，我们发现有很多大学生对自己所学的专业表现得意兴阑珊，一部分学生将弥足珍贵的大学时光耗费在玩乐上，既消耗了自己的青春，也"浪费"了大学的教育资源。

为了能够激发学生的潜能，全面提升学生的综合素质，加快创新创业人才培养的步伐，适应国家发展的要求。从2002年起，我们开始积极推进大学生创业教育，在全国率先开展创业教育实践探索，率先将创业教育纳入人才培养方案，推进创新创业教育贯穿大学人才培养的全过程，提出并促进创业教育与专业教育融合，构建了中南大学创业教育培养新模式。2006年，我们开始推进创业教育课程体系构建，开发、开设了一批创业指导、技能和实训类课程，团队大部分成员担任了主讲教师。同时，我们针对创新创业教育课程教学和实践教学，进行了深入的理论研究与实践探索，在汇集多年教学成果的基础上，于2011年完成了本书的初稿。

几年来，我们始终秉承追求卓越的观念，未敢轻易将书稿呈现于世人，而是静下心来对书稿内容不断斟酌，并在教学实践中打磨锤炼，力求其能臻于完美和愈加实用。如今，本书终于付梓出版，既心怀喜悦，也心存忐忑，恳请方家和读者多多赐教。

本书聚集阐述国内外先进的创业观念、观点和理论知识，侧重于创业实务过程和对实务的指导，重点着力于创业实践技能的培养和锻炼。本书安排了认识创业、学会创业、准备创业、启动创业、实施创业五大模块，共计十一章内容。本书紧密联系大学生创业实际，突出原创性、时代性、系统性和针对性，内容设计上符合教学规律，通过学习目标、核心内容、知识导图、扩展阅读、案例、思考题等形式，帮助学生对重点内容进行理解和掌握。

杨芳教授任主编，设计了整体框架结构，撰写了大纲，并在成书的全过程中进行了审核、修订和统稿。各章的编者分别是：第一章杨芳，第二章杨芳、李杨扬，第三章周文辉、段庆华，第四章李广川、杨芳，第五章桂玲智、田可，第六章李苑，第七章韩雷，第八章李满春，第九章段庆华、汤志斌，第十章陶辉锦、傅沂，第十一章肖双江、孟川瑾、周文辉。

　　本书的编写参考、借鉴和引用了许多学者的著作和研究成果，及国内外很多网络上的相关内容，同时得到了我们的家人和朋友的大力支持，在此一并表示衷心的感谢。

　　由于编者水平有限，不足和疏漏之处在所难免，欢迎广大使用者批评指正，以使本书进一步完善。

编者